"十三五"国家重点出版物出版规划
NATIONAL THIRTEENTH FIVE YEARS PLAN KEY BOOK PUBLISHING

Contemporary Research Series on
The Anthropology of Art in China

当代中国艺术人类学研究丛书

主编 / 李砚祖
执行主编 / 朱怡芳

瓷都新景

双创群体的手工之声

邓文杰 著

江苏凤凰美术出版社

图书在版编目（CIP）数据

瓷都新景：双创群体的手工之声 / 邓文杰著；李砚祖主编. -- 南京：江苏凤凰美术出版社，2024.9.
(当代中国艺术人类学研究丛书 / 李砚祖主编).
ISBN 978-7-5741-2334-2

Ⅰ. F426.71

中国国家版本馆CIP数据核字第20244224N9号

策 划 编 辑	方立松
责 任 编 辑	王左佐
责 任 监 印	唐　虎
责 任 校 对	孙剑博
书 籍 设 计	魏宗光
责任设计编辑	赵　秘

书　　　名	瓷都新景：双创群体的手工之声
主　　　编	李砚祖
执 行 主 编	朱怡芳
著　　　者	邓文杰
出 版 发 行	江苏凤凰美术出版社（南京市湖南路1号　邮编210009）
制　　　版	江苏凤凰制版有限公司
印　　　刷	南京互腾纸制品有限公司
开　　　本	787 mm × 1092 mm　1/16
印　　　张	18.5
版　　　次	2024年9月第1版
印　　　次	2024年9月第1次印刷
标 准 书 号	ISBN 978-7-5741-2334-2
定　　　价	98.00元

营销部电话　025-68155345　营销部地址　南京市湖南路1号
江苏凤凰美术出版社图书凡印装错误可向承印厂调换

总序 PREFACE

艺术是人类文化的一部分，也是最具特性和变化、最为显著的文化类型之一。从发生学的角度看，艺术产生于人类的日常生活和劳作。也可以说，人类早期的所谓艺术，本质上是劳动生活的一部分和一种存在形式。劳动生活与美的结合统一形成了所谓"实用艺术"，美的纯化导致"纯艺术"的产生，即"艺术"成为艺术之后，开枝散叶、日益丰繁，形成艺术的大千世界，古典艺术、现代艺术、后现代艺术等一浪接一浪，一潮赶一潮，直至当代有人宣告"艺术"死亡、艺术史的终结。实际上，并非艺术死了、艺术史终结了，而是传统定义的艺术不能涵盖当今艺术的千变万化，不能框定艺术的呈现范围与样式。当代艺术走向日常、走向生活，似乎又回到了艺术初始的状态。

日常、生活、劳作是人之为人的最基本的状态。人类学即人学，是研究人本身的学问。在专业研究领域，人类学研究的主题是人的生物特性（体质人类学）和文化性（文化人类学）；文化人类学中包含的考古学、语言学和民族学等，涉及的范围实际上很广。不难看到，考古学、语言学、民族学等亦是独立的专业学科，艺术人类学也是如此：在艺术学中，采用人类学的理论和方法进行艺术研究，是谓艺术人类学；在人类学研究中，如果以艺术为研究对象，也可以称作艺术人类学。研究艺术及其现象，是人类学研究的传统，如对原始艺术的研究。在当代，人类学对艺术的研究基于艺术作为人类的生活、生产的文化活动这一特性而展开，艺术的社会化、生活化、物质化特征正是人类学研究的最佳切入口。

上述是我对艺术人类学的基本认知，也契合我多年从事工艺、设计一类的教学与研究工作的经验与思考。基于这些思考，我策划了这套丛书，主旨是面向中国悠久而丰繁的传统艺术历史和发展现状，采用人类学的研究方法和视角，进行系统梳理和个案研究。丛书不但专注于传统工艺领域，如陶瓷、玉器、景泰蓝、木雕、刺绣以及少数民族工艺等，还聚焦具有代表性的人物和群体。丛书作者大多为博士，他们有着工艺或设计学专业的学习和研究经历，也有着对传统工艺文化的浓厚兴趣和研究热情。

"当代中国艺术人类学研究"丛书首批出版的有：《玉山之巅：琢磨世界的真实与想象》《剪出的四季：一个中国农民的生活与艺术》《铜上书写：张同禄的景泰蓝艺术之路》《敦煌之路：常莎娜艺术教育人生》《木头的生命：福建莆田木雕群像》《景德镇新景：双创中的青年人》《瓷都的画匠：王锡良的瓷绘人生与世界》《匠艺与生活：海南黎族的工艺文化》《手艺的村庄：流动世界中的女红刺绣》《壶中天地：宜兴紫砂家族变迁史》等。这些著述，在深入考察调研的基础上，从不同角度对传统工艺及其文化进行了深度阐释，对于梳理和总结传统工艺文化具有重要的学术价值和现实意义。

中国传统手工艺文化是中外人类学学者关注的热点之一，也出现了不少研究成果，但这对于中国丰繁深厚的造物文化历史和作为人类文明的辉煌成就而言，还是远远不够的。我以为，国人引以为傲的工艺文化，是中国传统知识体系和造物文化的一部分。历史遗留之物不仅仅是"物"，不仅仅是以"艺术之眼"看到的造型、装饰一类的美学因素，其身上实际承载着深厚的历史、文化基因。具体而言，造物者、使用者在场时的社会样态、经济条件、生活方式、信仰世界、价值观、工艺技术、人生理想等组合成的知识体系是其决定性因素。或者说，"物"是这一知识体系具体化、物化的结晶。以"玉"为例，在上万年的历程中，玉所形成的知识体系整一而庞大，每一个环节都可谓"文""化"的环节。原始初民赋予了玉这种"自然之石"文化属性，接着，通过命名、文字的表达、工艺加工使其成为具有特定功能之物（如礼器、配饰），赋予其人格（如玉有九德）等等一系列的文化品质，使"玉"成为"中华文化之石"，形成整一的玉文化知识体系。譬如形成知识传统的"命名"，仅《山海经》中直接与"玉"相关的名称就有白玉、金玉、美玉、苍玉、水玉、文玉、藻玉、玄玉、碧玉、珠玉、吉玉等三十余种（参见《玉山之巅》）。这些命名，大多与人们的信仰世界相关，"昆仑之玉"已不是地理概念，而是关于"天 – 地 – 人"的文化概念。

人类学理论和方法开拓了艺术研究的视域，它作为艺术研究的一种工具和平台，提供了对于传统工艺文化再认识的一种可能性。对于历史之物的研究，需要发掘诸多历史材料和证据，也需要某种综合与想象，更需要置于其知识体系中来认识；当代的工艺文化之"物"或通过物的个案研究，可以田野调查等方式直接进入被研究者的个人世界，被研究者个人世界的独特性即职业的专业性和人生历程的个性，这是令研究者感到陌生的地方；除此之外，研究者同样生活于这个时空环境之中，可以具身地体验和感悟，书写出活生生的文字来。如《剪出的四季》的作者追踪调查民间艺人（本质上是农民）王桂英十余年，其中有一年时间做了完整的视频记录。作为中国农民的日常生活，王桂英的剪纸是她对自我生活的记录，而这种记录也是她日常生活的一部分：白天劳作，晚上有空余时间就把白天主要的活动"剪下来"。这种"剪生活"，可以视为民间艺术创作，但更准确的表达应该是一个中国农民的日常生活。

在人类学的视域下，作为一种历史性的记录和书写，这套当代中国艺术人类学研究的著作，对于中国艺术文化的传播、民族艺术精神的传承、民族文化自信的增强，具有重要的意义和价值。在此，我要感谢诸位作者的刻苦努力，完成了相应的写作与研究任务；感谢江苏凤凰美术出版社方立松总编辑、王左佐编辑的大力支持和付出。作为主编，我也清楚地看到，丛书虽然是艰辛付出的成果，但还存在许多不足之处，如材料的收集、访谈的向度、解析的深度等等。这将作为一个起点，希望有更多更好的相关研究问世。

李砚祖

2022 年 5 月

目录

CONTENTS

第一章 绪 论   001

    问题：当代景德镇发展新景   002
    范围：社会发展背景溯源   003
    方法：文化人类学视角   008

第二章 领域背景   015

    第一节 文化人类学   015
    第二节 创业概念   017
    第三节 景德镇创业问题   019
    第四节 设计与人类学   020
    第五节 消费学   021
    第六节 本书研究回避的一些问题   022

第三章 景德镇陶瓷产业的发展分期及其阶段特征   023

    第一节 景德镇自然环境与生态状况   024
        一、景德镇自然环境概述   024
        二、景德镇生态环境   025
    第二节 20世纪以前景德镇陶瓷产业的发展状况   026
        一、景德镇陶瓷产业发展的萌芽期   027
        二、景德镇陶瓷产业创新的发展期   028
        三、景德镇陶瓷产业的鼎盛期   029
        四、景德镇陶瓷产业的衰落期   030

第三节　20世纪50—90年代初景德镇陶瓷产业的发展　　031
　　一、景德镇恢复初期的样貌：1949—1952年　　031
　　二、第一个五年计划发展期：1953—1957年　　033
　　三、1958年开始的曲折发展　　035
　　四、20世纪70年代后期至90年代初的快速发展时期　　037

第四节　20世纪90年代以来景德镇陶瓷产业发展及其反思　　038
　　一、景德镇国营"十大瓷厂"变迁　　038
　　二、景德镇21世纪以来陶瓷产业的发展现状　　040
　　三、对景德镇陶瓷产业的初步反思　　041

第四章　当代景德镇青年群体陶瓷创业产业发展的宏观环境　　043

第一节　产业自然环境　　043
　　一、景德镇手工陶瓷艺术设计产业发展现状　　043
　　二、"乐天陶社"和"陶溪川"集市平台的创建　　045
　　三、展销场域的形成和发展　　047
　　四、机遇和挑战　　048

第二节　政策宏观环境　　051
　　一、国家宏观环境政策实施情况　　051
　　二、政策与文化产业的关联　　053
　　三、政府政策对青年创业群体的作用与影响　　054

第三节　社会文化发展　　056
　　一、设计专业青年群体融入景德镇　　056
　　二、新型的文化传播方式与消费模式的发展　　057
　　三、问题：全面型人才匮乏　　059
　　四、陶瓷文化传播的现状　　060

第四节　行业消费及市场竞争　　062
　　一、消费市场转型下的青年创业群体　　063
　　二、新传播媒介影响下的大众消费需求　　064
　　三、市场竞争引发的矛盾　　066

第五章　当代景德镇陶瓷创业青年群体与创业模式　　068

第一节　当代景德镇大学生创业群体　　068
一、扎根于当地创业的青年学子　　068
二、现实生活与艺术理想　　072
三、创业与创造之间　　075

第二节　传统行业师徒传承模式中的青年创业群体　　077
一、传承"非言述"的创业群体　　077
二、市场竞争下的传承与创业群体　　078
三、渴望创新的传统师徒传承群体　　080

第三节　青年群体创业文化语境下的创业模式　　082
一、景德镇青年群体创新创业的文化语境　　082
二、景德镇青年群体的创业模式　　085
三、景德镇青年群体创业的社会意义　　096

第四节　景德镇青年创业群体、创业模式与创业市场　　097
一、面向学生的创意集市　　097
二、从摆摊到初具规模的小商铺　　100
三、自然与文化的尺度　　103

第五节　来自设计文化的再思考　　105
一、创业者设计思想的转变　　105
二、陶瓷产品设计的文化特质　　106
三、创业区域的新时空　　109

第六章　当代景德镇陶瓷设计价值建构与设计教育　　112

第一节　设计价值的建构　　113
一、陶瓷艺术设计的市场价值　　113
二、设计的主客体价值　　118
三、消费群体价值　　123
四、群体消费的价值　　126

　　第二节　设计教育的引导　　　　　　　　　　127
　　　　一、学校教育引导　　　　　　　　　　　　127
　　　　二、传统师徒制引导　　　　　　　　　　　138
　　第三节　政府政策的影响　　　　　　　　　　143
　　　　一、政府出台的相关政策　　　　　　　　　143
　　　　二、政策效果与政策支持　　　　　　　　　144
　　　　三、政策发展的困境　　　　　　　　　　　145
　　　　四、建议和措施　　　　　　　　　　　　　147
　　第四节　市场观念的更新　　　　　　　　　　150
　　　　一、生活美学与质量　　　　　　　　　　　150
　　　　二、设计创新需求　　　　　　　　　　　　156

第七章　结论　　　　　　　　　　　　　　　　　158

参考文献　　　　　　　　　　　　　　　　　　　164
附　录　　　　　　　　　　　　　　　　　　　　172

第一章
绪　论

　　景德镇是世界闻名的千年瓷业之都，汇集了来自全国各地的能工巧匠，创造并积淀了无数精湛的陶瓷工艺文化，谱写了世界瓷器史上最为辉煌的篇章。随着20世纪中国社会的变革与发展，尤其是20世纪80年代以来，景德镇陶瓷业已然发生了深刻的变化，更值得注意的是其生产体制与生产结构的变革。基于国内市场经济与生产体制的变革，景德镇以"十大瓷厂"为主体的陶瓷企业逐渐进行改制和转型，千百家个体手工陶瓷作坊和工作室兴起，手工业制瓷成为主流，使得景德镇陶瓷行业的发展步入了一个新阶段，产品升级换代，中高端工艺瓷产品兴盛。由此，景德镇陶瓷行业及其从业人员的结构也随之发生变化，以青年创业者为主体的陶瓷艺术设计创业群体应运而生。这一制瓷群体主要来源于以景德镇陶瓷大学为中心的高校陶瓷专业毕业生，还有一部分是传统陶瓷行业培养产生的青年一代。这类全新的创业群体的形成及其产业的发展，反映了当代中国社会经济、文化、生活乃至设计等各个领域的深刻变革。另外，景德镇陶瓷艺术设计产品的营销市场及其审美要求也发生了重大变化。尤其是随着互联网销售的兴起，景德镇陶瓷营销市场正从实体销售向网络销售转换，由此带来的销售体验和产品美学也因社会需求而发生变革。

　　研究发现，景德镇青年创业群体是景德镇陶瓷业创新的主力军，随之，新的作品、形式、业态相继出现，推动着景德镇陶瓷的发展和创新。其中也有一部分仍然是在传统的师徒传承技艺模式下成长起来的青年人，他们没有接受过正规且系统的艺术设计教育，专守于传统技艺而创新不够；同时，即便是大学生也面临着专业知识范围和技能不足的局限，在陶瓷艺术设计产业发展中缺乏经营管理知识与陶瓷艺术设计兼具的"设计管理者"，缺乏善于包装策划的销售团队，在产品的定位、包装、设计、营销、推广等各个方面存在着或多或少的问题，故而在某种程度上限制了陶瓷艺术设计产业的发展，并阻碍了产业效益的进一步提升。

　　本书以景德镇陶瓷业青年创业群体为研究对象，主要采用文化人类学的田野调查方法，通过实地调查、访谈，获取了大量第一手资料，进而运用艺术社会学、文化人类学等理论与方法，对景德镇陶瓷业青年创业群体展开全方位的考察与研究，侧重分析他们是如何适应社会发展并面向市场设计创新产品的。此外，通过数十个案例，深入分析和阐述当代景德镇陶瓷产业发展的脉络、群体结构和模式特征以及陶瓷产业新生态和发展的新光景、新趋势。本书研究或能增益于中国陶瓷产业文化的转型升级和景德镇陶瓷产业文化的未来发展，有利于中国陶瓷产业人力资本及其文化建设，亦能提供中国陶瓷文创的理论资源和实践借鉴。

问题：当代景德镇发展新景

在中国陶瓷文化发展史上，景德镇的陶瓷文化占据着重要的历史地位。就创造主体而言，景德镇陶瓷文化与社会工匠群体文化的变化息息相关。伴随当代景德镇陶瓷文化产业的发展，青年陶瓷创业群体已然成为当地工匠群体的重要组成部分。鉴于此，本书研究选题主要基于以下几点考虑：

其一，当代景德镇手工陶瓷行业从业环境发生的变化。受经济全球化影响，国内各种产业转型发展，景德镇陶瓷手工业也发生了重大变化。尤其是近五年来，在文化创意产业、新农村建设以及手工艺复兴的环境下，景德镇手工陶瓷的创意设计、生产模式和销售市场已然发生了深刻的变化。

其二，景德镇手工陶瓷行业体制发生的深刻变化。当代大批陶瓷专业的青年群体加入陶瓷产业和创业之中，他们以设计为工具、以市场为导向，进一步推动了景德镇陶瓷产业与文化的发展。尽管这些青年创业群体在景德镇手工陶瓷产业群体中所占比重并不大，但景德镇传统手工陶瓷所具有的独特的历史地位，使得这一群体在景德镇陶瓷产业的发展中扮演着越来越重要的角色。

其三，景德镇手工陶瓷行业从业人员整体结构发生的变革。近些年，景德镇手工陶瓷行业的复兴吸引了一批批来自全国各地的青年才俊借助陶瓷创业，从而自发形成了青年创业群体。他们围绕陶瓷产品进行了一系列的设计、生产、销售与消费活动，在促进本地陶瓷产业经济与文化发展的同时，也面临着各种各样的选择、机遇、矛盾和挑战。这些现状无不直接或间接地影响到与景德镇陶瓷艺术设计相关的社会、经济、教育乃至工艺、技术、设计等多个层面。但至今学界仍然很少对当代景德镇陶瓷青年创业群体发展进行学术性的分析与研究。为此，从理论上探讨当代景德镇青年创业群体变化的现象，不仅对陶瓷创业青年群体自身的发展，还对景德镇陶瓷产业的健康发展都具有重要的意义。

因此，本书试图从文化人类学和艺术设计学等理论视角，就当代景德镇的产业自然环境、国家政策引导、社会文化发展和销售市场四个方面展开较为系统的研究，以期对当代景德镇陶瓷青年创业群体的发展现状、结构特征以及未来进行理论阐释与实践分析。

范围：社会发展背景溯源

（一）历史溯源与行业发展

千余年来，景德镇一直是中国手工制瓷行业的主要产区之一，作为汇集了历代窑口制瓷技艺精华的"瓷都"，其历史自然源远流长。蒋祈《陶记略》[1]记载："景德陶昔三百余座，埏埴之器，洁白不疵，故鬻于他所，皆有'饶玉'之称。"文献和考古发现均表明景德镇陶瓷业始于宋代，发展至元朝便设有浮梁磁局，史载："浮梁磁局，秩正九品。至元十五年立，掌烧造磁器。"[2]延续至明代甚至出现了商贸交易不分昼夜的景象[3]。史载：

> 天下窑器所聚，其民繁富，甲于一省。余尝分守督运至其地，万杵之声殷地，火光烛天，夜令人不能寝，戏目之曰：四时雷电镇。[4]

可见明代景德镇陶瓷产业发展已经进入了繁荣时期。及至清代，由于统治阶级的大力提倡和社会需求，景德镇的陶瓷产业发展进入了一个全盛时期。

与中国其他众多陶瓷产区相比，景德镇产区的特殊性在于它至今仍保留着最为完整的手工陶瓷技艺产业体系，并且没有被现代工业化生产所同化。同时，景德镇陶瓷艺术设计的发展又具有独特的创新体制和生命力，如20世纪50年代以来，景德镇陶瓷不仅传承了传统陶瓷技艺的核心技术，而且在不断创新的同时又较好地保留了传统陶瓷文化的特点。尤其是在当下，因为新青年创业群体的加入，其展现出勃勃生机，以下几点值得关注：

---

[1]《陶记略》的作者蒋祈，有学者认为是宋代人，也有学者认为是元代人，本书视作者为元代人。
[2]《元史》卷八十八"百官志四"详细记载了当时朝廷所设制瓷人员的官职。
[3] 明代王世懋所著《二酉委谭》卷二〇六描述了当时景德镇繁盛的瓷业之景。
[4] 冯先铭.中国古陶瓷文献集释：上册[M].台北：艺术家出版社，2000：81-82.

第一，区域社会环境为青年群体陶瓷创业提供了展示其创新产品必要的实践平台。譬如2005年雕塑瓷厂入驻的乐天陶社和乐天集市平台，近几年以政府为主导扶持的陶溪川文化产业园，都为青年群体陶瓷创业提供了展示其创新产品的必要空间。

第二，在网络信息环境的影响下，传统技艺的传承和分享已然进入了一个共融的新局面。许多传统技艺等相关知识可通过学术交流或是媒体记录的方式，使新的从业者能更迅速全面地得到相关的信息要点，逐步摆脱了依赖于传统手工业师徒传承制习俗的束缚。再加上现代消费群体的审美转变，一个全新的创业群体在景德镇诞生了。

第三，陶瓷行业从业人员结构发生的变化。20世纪90年代中期之前，景德镇陶瓷行业从业者单一地以陶瓷工厂的工人为主，即社会主义集体经济体制下的陶瓷工业从业者、陶瓷工人。企业改制后，以中小企业和个体企业为主，"陶瓷大师"和"设计师"成为陶瓷行业的代表。以大量陶瓷专业院校毕业的学生甚至高校教师为代表形成的"学院派"成为产区和非产区陶瓷从业的生力军。

第四，陶瓷行业成本逐年增加。景德镇千年陶瓷产业的形成和发展，得益于自然环境、条件优势。陶瓷原料高岭土，过去可谓取之不尽、用之不竭，但现在却遇到了资源枯竭的困境。景德镇市于2009年3月5日正式被国务院列为资源枯竭型城市，景德镇市国土资源局官方数据显示，截至2016年11月高岭土的资源存储量只有692.6万吨，2008年至2015年间年均产量1.8万吨。调研得知，当前优质高岭土每吨的采购价格在1800元左右，经销商批量处理过后的零售单价更高，每千克售价在25—30元，但这只是原料成本单项的支出，还不包括釉料、翻模石膏等其他原料成本的上涨。在景德镇，普通拉坯技术工人一个月计件工资在10 000—30 000元之间，普通绘画技术工人一个月计件工资在6 000—20 000元之间，还不包含具有相应技术职称级别的工资加成。此外，参加交易的经济成本也在逐年增加，如参与雕塑瓷厂创意交易集市摆摊的价格由每月200元上升至800—1000元，店面的租金也由最初的每平方米10元上升至每平方米50—100元不等。以上这些还不包括烧窑、次品率等环节的额外支出，基本上一般工作室和家庭作坊的生产成本会占总销售额的一半以上。

（二）国家政策引领

在国家政策指导下，景德镇市政府于2015年颁布了以青年大学生为主体的大学生创业引领计划,力争每年引领 500 名大学生创业,并出台了相关政策[1]。地方政府的具体政策实施在一定程度上推进了景德镇陶瓷业青年创业群体的发展,但在具体落实过程中却出现了新问题:新的帮扶政策宣传力度欠佳;许多一线从业的创业青年无法第一时间获悉最新的利好政策;部分创业青年面对新政策态度漠然;在政策红利发布的同时,执行中烦琐的行政程序也让许多申请者望而却步;等等。此外,政府部门的相关政策虽然对新创业群体的扶持力度较大,但对发展中的群体缺乏持续性的政策关怀。

笔者在调研过程中发现,许多家庭作坊及工作室初始运营资金都是依靠家里人的支持,之后通过自身的不断积累才逐渐扩大规模。这样的发展模式导致了产量规模小、资金周转困难,并且由于资金问题,大部分作坊和工作室不愿意去注册纳税,由此也得不到政府的政策关注和银行的贷款扶持。产品不具规模和不成体系也经常会造成资源浪费,资金流水的控制也随市场变化时好时坏。销售市场不好时,产品会出现积压滞销的情况,产品成本的增加也造成了运营资金周转的不便。

除了上述问题之外,许多陶瓷从业者还会遇到另一个严重的现实问题,即普遍的设计抄袭现象背后的知识产权保护问题。许多人辛辛苦苦研发数周的产品转眼之间就成为他人货架上的新品。从业者们缺乏知识产权法相关知识和意识,这意味着他们既无法合理地保障自身的合法权益,也可能会侵犯他人的产权。

(三)产业状况与发展

近年来在景德镇陶瓷业青年创业群体中,出现了不少接受过设计教育的学生。他们将现代设计的思维模式和方法融入陶瓷产品的创作当中,使手工陶瓷产品既具有一定的实用性,又拥有了相应的艺术文化的新内涵,使产品的观赏价值和实用价值有机地融为一体。在面对审美意识日益提高的大众消费群体时,这个群体

---

[1] 将求职补贴调整为求职创业补贴,对象范围扩展到已获得国家助学贷款的毕业年度高校毕业生,一次性求职补贴标准由每人 800 元提高到 1 000 元。对符合条件的大学生(在校及毕业 5 年内)给予一次性创业补贴,补贴标准由 2 000 元提高到 5 000 元。对已进行就业创业登记并参加社会保险的自主创业大学生,可按灵活就业人员待遇给予社会保险补贴。各主管部门和院校应建立健全弹性学制管理办法,支持大学生保留学籍休学创业。参见景德镇市人民政府.景德镇市人民政府关于大力推进大众创业万众创新若干政策措施的实施意见[EB/OL].2015-10-09.http://www.jdz.gov.cn/zwgk/fdzdgknr/zcwj/zfwj/t424765.shtml.

显现出全新的活力，创造出可持续发展的陶瓷文化发展新模式[1]。

景德镇陶瓷创业青年群体的构成，除了一部分是来自以景德镇陶瓷大学为首的数个高校的陶瓷专业毕业生外，另一部分则是在传统景德镇陶瓷行业师徒传承技艺模式下成长起来的年轻一代。需要特别指出的是：这两类群体由于其"出身"，皆存在着各自的先天不足。后者可以称作"传承派"，他们虽然沿袭了诸多制瓷技艺，但大多没有接受过正规和系统的现代艺术设计教育，故而存在着"专守"有余而创新不够的问题。对于"学院型创业者"来说，也面临着对景德镇传统制瓷行业缺乏认识等诸多问题，他们需要将书本知识转化为实际能力。上述新型的创业群体中大多数以单一技术为特长，有不少人原本是陶瓷工人或陶瓷设计师，他们基于作坊或工作室之类的运作模式，专注于生产而缺少营销、管理、策划的经验和知识。故而目前景德镇陶瓷业的青年创业者中缺少能将经营管理知识与陶瓷艺术设计相结合的"设计管理者"，缺乏在产品的营销、设计、推广和定位等各个方面都熟悉的"全能型"人才。

（四）消费及市场竞争

消费及市场竞争所涉及的范围较广，主要集中表现为以下几点：

第一，从大众认知层面来看，早期信息交流较为闭塞时，大众对景德镇陶瓷艺术设计产品的认知始终停留在"官窑"这类奢侈型陶瓷艺术收藏品的层面，造成大多数人忽略了陶瓷艺术设计产品的实质发展。而导致这种窘迫局面的原因，正如李砚祖先生对中国现代陶艺的困境评价所指出的那样："理解和收藏、购买的人太少，即尚没有形成一个面向国际国内有广大群众基础的陶艺作品市场。"他还认为："如果说，中国现代陶艺的艺术品市场还未成熟……首先是我们的陶艺家还未成熟，还没有找到一条真正通向市场而不是孤芳自赏的道路。另一方面的困境是：作为有着悠久陶瓷历史的文明大国，在中国的当代文明中，我们普遍缺少一种对中国固有传统陶瓷文化和艺术的热情理解。"[2]

笔者认为，对陶瓷艺术设计产品的理解应在其蕴含的"价值"层面。此处的

---

[1] 文化传播与消费模式的新发展，促使"实用"的陶瓷艺术逐渐融入社会大众日常生活，成为日常生活的一部分。大众对陶瓷艺术设计发展的理解，应从视觉审美感知转换为生活体验感受。发展与传承中国陶瓷文化，其根本的目的就是要将陶瓷艺术融入当代人的生活之中，真正从"美之看"转换成"美之用"的方式。参见邓文杰. 景德镇青年群体陶瓷创业空间的网络人类学解析 [J]. 南京艺术学院学报（美术与设计），2019(02):159–167.

[2] 李砚祖. 奇思妙造开新篇：邢良坤的现代陶艺 [J]. 文艺研究，1999(04):150–152.

"价值"包含了陶瓷产品的实用价值和超越实用价值的艺术价值两个方面。实用价值主要体现为容器功能；而另外一个类别则更多的是欣赏的价值，并具有实验性和前卫性。虽然陶瓷收藏类作品始终是属于小众的喜好，但是随着信息的开放和人们审美意识的提高，加上新一代手工从业者们创作观念的转变，手工陶瓷产品已逐渐由"奢侈"艺术产品的定位衍生出"生活型"艺术设计产品的类别。这类产品的陶瓷艺术设计，很大一部分会以融入大众生活为主旨，以独特的传统元素和手工技艺作为依托，将家庭日常生活的审美情趣融入手工创作的产品当中，进而得到大众消费群体的认可和青睐。

第二，从当前市场消费层面来看，国家整体经济的迅速发展、国内民众生活水平的提高对陶瓷消费产生了重要影响，陶瓷消费产品开始出现高质量的状态。消费群体对陶瓷产品的需求直接体现在购买力的不断增强上。调查发现，在2008—2010年间，几乎所有陶瓷制造的首饰、茶具、餐具等，基本上都出现了销售良好的状况，甚至大部分的陶瓷工作室和作坊处于产品供不应求的状态。各种新产品层出不穷，再加上信息的发达和物流的便利，消费者购买优质陶瓷产品的渠道不断拓展，景德镇的陶瓷设计产品消费也相应地出现了个性化、多元化、差异化、品牌化的特征。消费者开始对产品的质量有了较高的追求，而且这种追求并不单纯是对实用质量的追求，而且追求产品的品位、设计、蕴意、美感要和谐地融入同一件陶瓷产品之中。年轻一代的消费群体更希望自己拥有的陶瓷产品能具有类似于奢侈品的价值，因此为了满足消费需求个性化的专属定制类产品也开始进入市场。

第三，从新传播媒介技术层面来看，新媒体传播技术的革新，使手工陶瓷消费产生了三种不同类型的模式。其一，消费者自身的消费意向受到知识信息爆发式的影响，导致消费者自身的消费认知与意向发生转变，形成"创造消费"。其二，消费大众容易受到网络中"意见领袖"或自身兴趣爱好认同的心理情绪左右，信息传播主体通过情感导向引发"分享消费"。其三，消费者通过开放的网络分享信息，进行自主对比和选择，不仅使消费者更能深入地了解手工陶瓷产品的信息，而且让手工类陶瓷的消费体现出更高的"价值"，这种主动、理性的网络消费即"自主消费"。第四，从行业发展壁垒层面来看，行业消费中存有的其他现实问题也不容忽视。譬如某些陶瓷企业为了寻求利益最大化，常通过不正当手段参与竞争，客观上阻碍了传统手工技艺的发展。景德镇的许多手工陶瓷创意产品在进入市场后，其他地区的陶瓷企业会进行仿制，寻求相对廉价的材料代替现有的陶瓷原料，并对现有的手工陶瓷工艺技术实施机械化改造生产。虽然这样批量化生产的做法降低了成本，增加了企业的利润，但是许多手工技艺操作的程序被机械化所代替，使得相应的一些手工技艺发展与传承在客观上失去了应有的空间，从而不利于景德镇陶瓷传统手工技艺的发展。

此外，市场需求的发展对手工陶瓷行业的冲击也是非常巨大的。一方面，生活方式出现了多种选择的可能，以前大家使用的食器主要是陶瓷制品，但现在铁、塑料、玻璃等新型的工业化材料制成的日用器皿形式多样、价格低廉。另一方面，由于手工产品的特殊性，生产周期长，产量会比工业化生产少很多。因此，市场上需求量较大的日用器皿，手工类经常会出现供不应求的状态，尤其是手工陶瓷一直无法进行较大规模的生产，产量的不足会无形中导致销售推广的滞后。这些状况的出现，皆在一定程度上影响了手工陶瓷产业的发展。

方法：文化人类学视角

景德镇陶瓷业青年创业群体一直都处于自由发展的状态，群体中大部分从业者设计的陶瓷产品类型比较单一，同质化现象较为严重；产品的设计创新与群体的创业规划统筹皆缺乏科学合理的引导。此外，景德镇地区的经济发展也尚未形成系统、整体的政府统一管理模式。为此，对于促进景德镇青年创业群体的艺术设计创新和完善整体性的统筹规划而言，需要有更深层次的理论分析与市场引导。本书研究一定程度上推进了景德镇青年群体创业的发展，并从侧面加强了传统制瓷手工技艺的保护与传承。

本书从文化人类学的研究方法切入，围绕景德镇陶瓷业青年创业群体现象中的产业自然环境、社会文化发展、销售行业市场和国家政策引导四个层面进行综合分析，初步建构起青年创业群体生存与发展体系的雏形。虽然本研究是基于大量的田野调查分析，但囿于创业青年群体自身的多样性和经济市场导向的多变性，调研中人力及物力的消耗较多，因此在一定时间内需要不断调查补充完善相关数据，进行必要的实时追踪、更新分析。

本书意在通过田野实证考察探索景德镇陶瓷艺术设计的文化产业发展路径，思考如何在时代变迁中借助新生力量开拓创新。景德镇陶瓷艺术设计创业青年相关的案例研究较少，统计的方式和方法都各有偏差，如果不能以一手数据进行归纳和总结，将不利于本土青年陶瓷艺术设计与创业的发展引导。为此，本书通过不同学科之间的交叉分析和研究，选择不同类型的案例进行分析，将不同的学科研究融入对案例的分析当中，试图从中寻找出不同视角下对设计、文化、经济等相关内容的解读。

首先，运用文化人类学研究的方法，从不同学科和不同维度进行交叉分析，深描出当代景德镇青年创业群体的发展现状。从田野调查中发现的问题着手，尝试对相关问题进行反思，为未来研究景德镇创业青年群体的学者们提供相关的经验和线索。通过对陶瓷文化的深层剖析，尝试让大众了解传统陶瓷文化发展的目标。认清当下社会文化的发展方向并不是单纯依赖经济的发展，而是需要加强对传统文化发展的信心，并总结归纳出景德镇陶瓷的未来发展趋势。通过剖析当下景德镇陶瓷业青年创业群体从业的核心价值，尝试引导其他手工技艺发展群体的集体性思考。因此，为了针对性地解决相关问题，本书采用个案研究法和调查研究法进行研究。

一是个案研究法。主要是对创业群体、作坊或商铺进行深度调查，以研究和分析其行为发展的过程，包括收集、记录和撰写案例材料的相关研究。个案研究通常会使用观察、访谈、证据收集、描述性统计、问卷调查、图片或视频数据等方法来研究变量之间的关系。

二是调查研究法。这是一种通过考察客观对象直接获取材料，并对这些材料进行统计分析的研究方法。笔者亲自深入调查区域，进行直接观察和调查访谈，并根据调查资料进行分析研究。调查研究法主要包括观察与参与观察、访谈与过程、问卷调查和定点跟踪调查等。

其次，文化人类学的研究，主要由基础的田野调查研究和深入分析的方法论研究两大部分构成。其中，"田野调查"被诸多学者认定为是文化人类学研究的基础核心，是通过直接观察与实践取得第一手数据的重要手段。除了对基础数据进行收集之外，还需要深入了解研究对象主体的行为与思维的方法，更要通过"浸入"研究的方式熟悉对象群体或区域的文化与社会体系运作过程。

在方法论层面，文化人类学研究所关注的问题主要集中在以下几个方面：其一，文化人类学的方法论主要是用客观的描述记录，去研究与认知当前社会所存有的既定现象。其二，以文化人类学的视角去阐释社会现象中客观发展的一般规律。其三，选用不同的调研方法，对不同类型的社会现状进行有针对性的采样研究。其四，进行整体性的细致梳理和分析，对相应的结论提出科学的论证。其五，研究的核心在于以"人"为主体的发展过程对文化人类学研究所产生的影响。

在研究方式层面，可归类为以下几个部分：第一，从研究时间维度来看，可以分为横剖面研究和纵向性研究。第二，从研究区域范围来看，可以分为群体研究、抽样研究和个体研究。第三，从研究阶段过程来看，可以分为陈述研究、剖析研究和前瞻研究。第四，从研究结论成果来看，可以分为学术性理论研究和应用性价值研究。第五，从研究对象层次分析来看，可以分为统一整体性的宏观研究和个体局部性的微观研究。除此之外，根据实际调研过程的研究结果，在针对不同的对象研究的过程中，还能归纳总结出不同的研究方式类型。

最后，除了上述研究方法之外，还采用了比较分析法。景德镇陶瓷业青年创业群体中有两大类人群：一是来源于以景德镇陶瓷大学为首的数个高校的陶瓷专业毕业生；二是陶瓷行业传统师徒传承制下培养的青年一代。这两类人群的成长经历、职业理想、人生态度等诸方面都有着很大的不同。因此，如何体现两者的区别是本书始终要把握的问题。通过比较研究法，可以更加明确研究的重点和方向，以体现出景德镇陶瓷业青年创业群体的特殊性。

笔者认为，本书的研究具有重要的学科建设意义，它具体表现在学术理论和实际应用两个层面的意义建构上。

在学术理论层面，本书的学术价值主要体现在以下几点：

第一，开拓陶瓷领域文化人类学研究的理论空间与题域。景德镇当代青年的创业群体具有特殊的地位与价值，本研究以景德镇青年创业群体为研究对象，结合社会学、文化学、人类学、设计学等相关交叉学科理论，运用文化人类学的方法，对陶瓷艺术设计产业在景德镇青年创业群体发展中所遇到的困境和问题给予多个维度的理论分析与建议，并且为景德镇陶瓷艺术设计的发展与变迁做好当下的记录，为文化人类学研究提供参照，进一步深化陶瓷文化学研究的理论空间。

第二，充实创意文化产业理论及其方法。实际上，当代学者对青年创业发展研究范围不够全面、研究不够精细，本书梳理了创业能力发展的非线性过程和复杂的培养路径，研究如何遵循创业经营规律、青年成长规律和人才开发规律，层级式地推动青年创业者能力的发展。本书对已经调研的 100 个青年创业者案例进行统计分析，将田野考察研究聚焦在青年创业群体聚集较多的商业区域，对创业群体的创业路径、成果和设计的文化内涵进行"深描"和阐述，以期丰富与发展当代文化创意产业理论及其方法。

第三，拓宽文化产业价值观研究的理论领域。本书立足价值哲学的视角、观点和方法，聚焦景德镇陶瓷业青年创业群体这一具体微观领域，采取质性研究和实证研究相结合的研究方法，对青年创业及其中突出的价值问题进行了系统、深入的研究。或者说，本书不仅关注青年这一群体的创业价值观问题，而且更多地聚焦于微观个体的创业价值冲突问题。因此，本书将进一步丰富相关的价值观理论，为其他微观领域的价值研究提供方法和理论参考；将进一步拓宽文化产业价值研究的实践平台，从传统的形而上走向生活实践的价值观研究。

在实际应用层面，本书的应用价值主要有以下几点：

第一，有益于景德镇陶瓷产业的发展，促进地方文化经济的发展。从国家宏观层面来看，本书通过实证检验了国家提出的"大众创业，万众创新"政策的实践成果，有利于更系统地进行现阶段产业结构关系的调整和相关产业配套服务的科学发展规划，使景德镇手工技艺陶瓷生产区域发挥出本土优势，形成具有本土特色的产业发展模式以及合理的产业布局，以更好地推进传统技艺的传承、区域的社会稳定、本土的文化传播、学校的劳动就业以及地方经济的和谐发展。

第二，有助于激发景德镇陶瓷艺术设计的新思路，推动陶瓷文化的发展。从微观层面来看，本书研究生产、消费、经营等多个层面，通过理论分析和实际案例分析，论证并拟定符合当今新消费需求的思路，以期使景德镇的陶瓷艺术设计产业在经济、社会、传承等各个方面具备可持续发展的活力。

第三，有利于景德镇的陶瓷文化传播，为政府和相关部门提供产业发展思路和策略。从现实层面来看，近年来景德镇陶瓷艺术设计行业进入了发展平缓期。本书通过采访相关的创业群体，研究景德镇不同创业者的生存与陶瓷艺术设计的发展状况，在深入研究的基础上，梳理清楚景德镇陶瓷艺术设计的文化产业发展方向，可以为从事本行业的从业者在一定程度上提出建议，为政府和相关管理部门提供有效的政策改革依据。

那么，文化人类学的研究到底是如何进行的呢？简言之，它是一种直观的、整体的、科学的、发展的研究方法。

首先，文化人类学是一种直观的研究方法。文化人类学研究方法在艺术设计研究中的应用，可以为艺术设计提供一种新的认识方式，为艺术设计开辟新的研究视角和方法。以文化人类学的视角研究艺术设计的三个基本思想如下：

第一，从设计行为切入。首先，对行为的关注可以捕捉一系列对设计现象的看法，例如价值观、习俗、方法、过程和经历等。其次，艺术设计的人类学研究并不会关注那些处于特殊阶层的人造物，而是关注那些存于普通阶层的人造物。最后，研究者的研究会侧重于文化主体"人"，它将设计者和使用者视为一种文化"信息主体"，围绕他们的思想行为发掘设计的新意义。简言之，"对文化的分析不是一种需求规律的实验科学，而是一种探求意义的解释科学"[1]。

第二，注重设计文化现象。文化是文化人类学研究的核心概念，若以文化人类学的视角进行现象研究，其中存在的文化异同便是衡量群体类别的重要指标。通常，能促使不同类型个体的人组织聚集在一起构成群体的缘由，便是该群体对文化中所独有的共同价值理念与意义的认同。为此，艺术设计文化中所具有的特

---

[1] 克利福德·格尔兹.文化的解释[M].韩莉，译.南京：译林出版社，2014：5.

质,其本质也是受到了社会生活中群体文化认同的影响。

第三,重视场域体验的操作方式。文化人类学视角下的艺术设计研究可以遵循民族志研究的方法,保证研究者介入研究对象时的"亲历性、整体性和内在性"[1],以获得研究对象所在区域网络关系中受环境约束的行为与自身携带的资本所构成的双向互动体验的经验,并在整体上掌握既定社会文化环境里研究对象行为体验的相关经验事实,以寻找出合理的内在逻辑关系及理论观点的论证。

其次,文化人类学是整体的研究方法。运用文化人类学的方法与理论进行研究,重点是解析景德镇陶瓷业创业青年群体系统内部的事件、行为和经验;探究景德镇陶瓷业创业群体的生产、贸易、生活和学习等其他社会活动一起发生的场所,即所谓的"文化"事件及行为和经验在整个文化体系中所处的位置;深入剖析陶瓷业青年创业群体同其他社会活动之间的联系。

文化人类学分析的对象为创业群体的生活状态和工作环境,囊括日常的审美、生存和理想,创业环境中的市场贸易、设计构思和行业发展等,这些通常会被认定是社会文化交流系统中不可缺少的元素。其中,交流系统又是以创业区域、市场关系、生存状态和活动关系的确立为核心的,被看成是以生活和贸易为导向的目的行为系统内的元素。研究的焦点集中于陶瓷艺术设计文化和创业群体之间密切的互动关系。文化人类学有别于"草根理论"[2]范式寻求定性研究理论的普遍适应性,其不仅是对特定文化特征和形式直接、全面和充分的描述,而且还关注人类更深层次的心理结构、人类的情感体验以及事件与时间行为的互动现象。

再次,文化人类学是科学的研究方法。从宏观角度解析景德镇青年陶瓷创业的产业环境,着重研究乐天陶社和乐天集市的创办、陶溪川陶瓷展销区的形成和发展等宏观环境改变下的青年创业群体发展平台产生了怎样的变化。面对新媒体的强势介入、原材料价格的上涨、创业成本的增加等情况,景德镇青年陶瓷创业群体又是如何面对机遇与挑战的。在国家政策的引导下,着重研究随着国家文化产业政策的落实,多个专项资金扶持政策的出现,景德镇青年陶瓷创业群体生活生产状态发生了哪些改变。进而从微观角度探究知识产权保护、政府专项支持创业资金审核、管理部门服务意识、小型家庭作坊及工作室资金运作状态等存在的

---

[1] 洪颖. 艺术人类学研究的民族志方法讨论 [J]. 清华大学学报(哲学社会科学版),2007(04):97–107.
[2] 草根理论是社会学研究理论,源于社会学家巴尼·格拉索(Barney Glaser)和安索·斯特劳斯(Anselm Strauss)在20世纪60年代的一项医学社会学的临床观察,是一种自下而上生成的理论方法,又称"生成型理论"或"扎根理论"。研究者不带任何看法和理论假说直接进入实际观察,在系统收集的原始数据中归纳出经验性总结,然后建构起相关理论体系。"草根理论"分为客观主义草根理论和建构主义草根理论。客观主义草根理论是指:假设有一个外在的客观现实,资料收集不带任何偏见,站在被调查者的立场思考问题。建构主义草根理论是指:注重第一手数据,获得并了解背后深藏的意义,从数据中提取经验思想,并通过反复的验证构建相关理论。参见李立新. 设计价值论 [M]. 北京:中国建筑工业出版社,2011:106–109.

问题，提出相应的对策或建议。在社会文化发展上，着重研究随着接受了学院设计教育的新青年群体的融入，新型的文化传播与消费模式的发展在加速陶瓷文化传承与传播的同时，也出现了诸如能适应新时期景德镇陶瓷产业发展的"全面型"人才匮乏等方面的问题。在行业消费及市场竞争上，着重研究随着消费社会的转型，景德镇陶瓷设计由"质"到"量"的发展，在新媒体环境中大众消费对手工陶瓷产品提出了哪些新的要求，以及研究在利益驱动下产生的不当竞争、市场需求的发展对手工陶瓷行业产生的巨大冲击。

当代景德镇陶瓷创业青年群体与创业模式方面，首先，研究当代景德镇大学生创业群体。研究景德镇高校学生近十年毕业与就业的情况，既注意横向的比较，又注意纵向的发展，既注意整体情况的资料变化，又注意个案的解析；研究他们的艺术理想与现实生活，在创业与创造之间如何做到平衡。其次，对传统行业师徒传承中的创业青年群体发展现状进行研究。研究陶瓷手工艺青年传承者的生活状态与发展前景，研究依靠师徒传承掌握传统技艺的他们在市场竞争条件下面临的机遇和挑战，研究他们作为设计创新的渴望者与实践者如何参与到景德镇青年陶瓷创业的群体之中。再次，研究景德镇陶瓷创业青年群体与创业模式。研究创业青年如何处理生存与设计创新、实现艺术理想与设计创新的关系，进而研究创业青年群体的创业模式。最后，以市场为尺度对景德镇青年群体陶瓷创业进行研究。研究学生时代创业集市的发展状况、特色和使命。

最后，文化人类学是发展的研究方法，研究景德镇陶瓷文化产业的未来发展。

表1-1 本书内容框架体系设计

本体	当代景德镇青年群体陶瓷创业现象					对象
层面	理论层	历史层	社会层	实践层	发展层	横向
单元	创业理论	历史发展	社会环境	创业群体	创业模式	发展问题	内容
要素	文化 行为 人类	20世纪以前 20世纪50—80年代 20世纪90年代以来	自然环境 产业政策 社会消费 市场竞争 文化发展	学生群体 青年群体	商业型 理想型 文化型	设计主体 设计教育 设计创新	核心
维度	以"理论建构"为宗旨	以"历史与社会"为基础	以"实践"为中心	以"发展"为导向	视角
模块	概念与文献模块—历史与形态模块—传承与发展模块					叙事

首先，要研究景德镇青年群体陶瓷创业的设计价值建构。主要研究陶瓷艺术设计的市场价值、设计主客体价值、消费群体价值等。其次，研究景德镇陶瓷创业青年群体受教育情况对其发展的影响。一方面，对景德镇各高校的创新创业教育现状进行研究，其中包括教育理念与目标、教育模式与运行机制、教育制度和效果评价等；另一方面，研究传统行业师徒传承制的引导，包括引导的环境、模式、发展前景等。再次，研究影响景德镇青年群体陶瓷创业的相关政策并提出建议。研究政府的指导与政策支持，未来的政府政策走向及对青年群体陶瓷创业产生的效果与实际影响。最后，对未来市场与观念更新影响下的景德镇青年陶瓷创业群体进行研究。研究信息时代的到来对手工业规模化及多元化经济模式融合所带来的影响。另外，还对景德镇青年陶瓷创业群体未来的发展进行展望和反思研究。

第二章
领域背景

第一节
文化人类学

　　文化人类学是人类学研究中的一个分支。总体上来看，人类学的研究主要分为四大类，即"文化人类学、体质人类学、史前学和民族志四个主要的分支学科或者分支领域"[1]12。其中由于各个区域划分的称谓不同，基本上认为"文化人类学"等同于"社会人类学"和"民族学"[1]9-11。但对于文化人类学的理解，国内外诸多学者皆有不同的研究视角和见解。

　　人类学家林惠祥先生在其《文化人类学》中从词源解析的角度，对"文化人类学"[1]3-8做了详细的定义解读，认为人类学研究的目的大体如下：首先在于解决"人类历史的'还原'"[1]18，其次是"文化原理的发现"[1]18，再次是"种族偏见的消灭与蛮族的开化"[1]19，最后是"文明民族中野蛮遗存物的扫除"[1]20。英国人类学家罗伯特·莱顿（Robert Layton）在其著作《他者的眼光：人类学理论入门》中提出了人类学的研究观点[2]：人类学是关于人的研究；社会人类学（social anthropology）是研究人类社会的学科。社会人类学可归结为"比较社会学"（comparative sociology）。它通过研究各种人类社会，得出关于社会如何运行的一般理论。具体地说，社会人类学往往被认为是对"小规模"社会的研究，这些社会相对简单，更易从整体上把握。社会人类学还可以理解成"文化翻译"（the translation of culture），即理解陌生人群的那些貌似奇异的风俗，并认为人类学关注的是特定群体的社会与文化解释，通过运用人类学中的理论去寻找出其理论的实用价值，试图通过不同的人类学理论的碰撞对同一个现象个案阐述不同的观点和补充。英国学者爱德华·伯内特·泰勒（Edward

---

[1] 林惠祥.文化人类学[M].北京：东方出版社，2013.
[2] 罗伯特·莱顿.他者的眼光：人类学理论入门[M].蒙养山人，译.北京：华夏出版社，2005：1.

Burnett Tylor)在《原始文化》中通过对人类文化历史的重构，提出了对文化的理解[1]。在他的观点下，文化的发展既是对过往阶段性发展的进化，又具有发展过程中广泛应用的普适性。美国学者弗朗兹·博厄斯（Franz Boas）在其著作《人类学与现代生活》[2]中提出，人类学（anthropology）通常被认为是一门搜集各种奇异风俗，说明异地居民的奇异长相并描述其独特风俗和信仰的学科。它被认为是供人消遣的学问，显而易见与现代文明社团生活的行为没有任何关系。这样的看法是错误的。更进一步，他还希望说明：清楚地认识人类学的原理有助于理解我们这个时代的社会进程，而且如果我们准备听取教诲，人类学能够知道我们应当做什么和应当避免什么。此书中弗朗兹·博厄斯已经意识到，运用主观意识的科学材料去解读人类社会群体的现象，其本身便具有一定的局限性，反而运用人类学的知识会具有更为自由广阔的视角和真实性。他认为对人类社会事实材料的解读必须回归到群体性的研究当中，并且需要保证足够的理性和客观的态度。这一观点的阐述说明了在现今社会发展当中，许多社会科学无法合理解释的人类社会群现象是可以通过人类学的视角进行深入研究和解读的。人类学不仅是叙事学，还可以使我们从更广阔的角度说明一些人类生活群体存在的意义，正如文中提到的"人类学家一直关注的重点主要是群体而不是个人"[3]。通常的社会科学研究习惯地将研究的对象框定于某个固定的个体身上，通过心理学、解剖学或语言学等，将个体的某一特质剖析研究得淋漓尽致。但是我们如果要讨论某一个体的反应特质时，将不得不把个体置于他所处的社会环境当中；因为反应必须通过其对照物才能产生对比。如一个人要观察自己必须有相应的映像，他人的语言描述、镜子的反射、环境的改变等，都是其观察自身映射的一个对立现象。美国人类学家乔治·马尔库斯（George Marcus）和米开尔·费彻尔（Michael Fischer）也在他们的著作中说："人类学并不等于盲目搜集奇风异俗，而是为了文化的自我反省，为了培养'文化的富饶性'。"[4]文化的富饶性将人类学拆分为外部和内部两个层面的背景解释：外部的背景说明"社会科学如何从追求社会伦理，转变到受文学评判影响而关

---

[1] 人类社会中各种不同的文化现象，只要能够用普遍适用的原理来研究，就都可称为适合于研究人类思想和活动规律的对象。一方面，在文明中有如此广泛的共同性，使得在很大程度上能够拿一些相同的原因来解释相同的现象；另一方面，文化的各种不同阶段，可以认为是发展或进化的不同阶段，而其中的每一阶段都是前一阶段的产物，并对将来的历史进程起着相当大的作用。参见爱德华·泰勒.原始文化[M].连树声，译.上海：上海文艺出版社，1992：1.

[2] 弗朗兹·博厄斯.人类学与现代生活[M].刘莎，谭晓勤，张卓宏，译.北京：华夏出版社，1999：3.

[3] 弗朗兹·博厄斯.人类学与现代生活[M].刘莎，谭晓勤，张卓宏，译.北京：华夏出版社，1999：4.

[4] 乔治·E.马尔库斯，米开尔·M.J.费彻尔.作为文化批评的人类学.王铭铭，蓝达居，译.北京：生活·读书·新知三联书店，1998：11.

注解释和描述社会现实中所产生的问题";内部的背景说明"讨论民族志这种文学著作的创造如何支配着人类学的研究实践,以及民族志写作经历过何种变迁"。通过对文化的批判性解读,从发展历史层面解读人类学所面临的困境和解决的出路,还为笔者的研究提供了解释人类学的另一视角。德国学者艾约博（Jacob Eyferth）在其著作《以竹为生——一个四川手工造纸村的20世纪社会史》中,以夹江造纸业为切入点,用"技术"这一主线贯穿书中的所有章节篇幅,并运用社会人类学的研究方法将1920—2000年间以夹江造纸业为中心的乡村区域进行了详细的叙述研究,丰富了中国乡村研究的学术传统,并提出了更宏大的观点。该著作以口述式访谈和地区相关文献资料搜集为基础进行,结合中心论点的陈述,总结性地将农村与城市界限的经济划分方式、手工业经济的发展历程、农民与城市人的界定、农民的定义、社会组织关系、农民性的由来（也可以说是对农民失去公民权的解释）、去技能化夹江造纸行业与欧美之间的区别、技能的本质（一种为现象学哲学,一种为认知科学的研究成果）进行了自我观点视角下的陈述研究。费孝通先生在其《江村经济——中国农民的生活》中,提供了应用社会学和人类学的研究范式。通过引入小型社会的研究界域,对中国本土乡村进行了细致的剖析,将农民的生活、消费、生产和贸易等事件置于具体的自然环境当中,进一步说明了社会结构关系在研究中的相互作用和影响。

综上所述,各位学者研究文化人类学时虽视角的切入点和最终结论有所不同,但其所关注的问题大多集中于研究人本身及其文化行为,这为本书的研究提供了方法论基础和广阔的研究界域。

第二节
创业概念

关于创业现象的学术研究可以一直追溯到18世纪中叶,但当时对创业的理解与当前的创业现状存在一定的差异。随着经济技术的高速发展,创业已成为促进社会经济发展和缓解就业压力的有效手段,为此,对创业现象的研究自然成为学术界备受关注的话题之一。自1987年《管理科学》（*Science Of Management*）期刊相关的研究问世以来,近十几年来,各位专家学者相继进入这个议题的研究当中,不同学科的跨界促进了对创业研究的学术发展。然而,关于"创业"概念的界定，一直都未明确。有学者在对"竞争和企业家精神"的研究过程中指出，创业需要拥有适当的时机来进行实践[1]。还有学者在对"创业的心态"的研究中认为，创业不仅是对商业机会的追求，还应当把握住未来必要的发展资源[2]。更有学者认为理解影响创业行为的要素，应从个体认知的角度出发，个人效能和归因将起到一定的作用[3]。

近些年来，我国学术界讨论较多的是由"创业"一词衍生出的"双创"话题。诸位学者大致持有以下几种观点：

一是从"双创"相互作用的关系上解读，认为两者是"相互支撑和相互促动的关系"[4]。

二是从"双创"发展特点进行分析，认为"双创呈现出创业主体大众化的特点，呈现出创业动力和路径的市场化的特点，呈现出开放性的特点"[5]。

三是从"双创"实施的进展与建议上进行理解，指出需要"不断完善顶层设计和总体规划，把经济、政治、文化、社会、生态等方面的体制改革有机结合起来"[6]。

四是从"双创"教育辨析的角度进行研究，揭示出"双创教育重心在于创新而不是创业"[7]。

五是从"双创"的理念发展及其路径进行研究，认为"一方面，创新可以激发创业热情……另一方面，创业是创新探索的温床，是实现创新的过程"[8]。

总之，当下学术界从不同的研究视角皆对"双创"进行了探析，某种程度上深化了大众对这一概念的认识，但仍缺乏对其深入的本质探讨和有实际成效的具体分析。

---

[1] Israel M. Kirzner. *Competition and entrepreneurship*[M]. Chicago: University of Chicago Press, 1973.

[2] Rita Gunther McGrath, *Ian MacMillan.The entrepreneurial mindset*[M]. Boston: Harvard Business School Press, 2000.

[3] William. B. Gartner. *A conceptual framework for describing the phenomenon of new venture creation*[J]. The Academy of Management Review, 1985, 10(4), 696–705.

[4] 天津课题组. 大众创业万众创新 [J]. 天津经济, 2015（05）: 28–35.

[5] 熊思东. 大众创业、万众创新中的大学作为 [J]. 群言, 2015(04):29–31.

[6] 曾红颖. "双创"的实施进展与建议 [J]. 宏观经济管理, 2015(12):21–23.

[7] 匡瑛, 石伟平. 职业院校"双创"教育辨析：基于现实审视与理性思考 [J]. 教育研究, 2017,38(02):97–103.

[8] 王博. 高校"双创"理念发展问题及其路径研究 [J]. 黑龙江高教研究, 2016(03):53–56.

第三节
景德镇创业问题

当前学界对景德镇陶瓷创业问题的研究，其中集中在以下三个方面：

一是以"景漂"人群和创意集市为中心，对景德镇陶瓷创业微观环境进行解析。自2003年《江西日报》以《"景漂"和他们的景德镇》为题报道了"景漂"一族后，包括《人民日报》《中国青年报》《中国文化报》在内的众多媒体从各个角度报道和介绍了"景漂"，这也引起了学界的关注。例如：有学者研究了"景漂"群体的形成、特征、分类等问题[1]；还有以乐天陶社创意市集为案例，对"景漂"一族进行了分析[2]；甚至有学者研究了"景漂"的形成原因与文化意味[3]；等等。

二是国家与本地政策的实施，对景德镇陶瓷创业的宏观影响进行探究。在推进缓解国家就业压力方面，李克强总理在2015年《政府工作报告》中提出"大众创业，万众创新"，全国掀起了创业热；多年来国家艺术基金培训计划的实施，提高了行业创业者们的技术能力。景德镇市政府就创业问题出台了多项扶持政策，如创业孵化基地的扩建、创业资金贷款零利息补贴、市场行业管理规划的实施等。

三是景德镇陶瓷类高校教育引导创业性问题研究。胡颖、葛振兴以景德镇陶瓷学院科技艺术学院为例，研究了行业特色独立学院创业型人才的培养模式[4]；艾军、陈宝琦指出，陶瓷创意创业是景德镇陶瓷艺术专业毕业生的先天优势，但景德镇艺术专业大学生实际创业率不高、创业成活率较低却是不能回避的现实情况，他们分析了影响景德镇艺术专业毕业生陶瓷创意创业的客观问题及解决对策[5]；杨应慧等人分析了景德镇地区高校创业教育的现状，提出高校应该充分提高对创业教育重要性的认识，积极开展创业教育[6]；郑海林、计

---

[1] 齐彪."景漂"怎么漂？美术观察[J]. 2014(09)：32-33.
[2] 李松杰."景漂"和景德镇当代陶艺：以乐天陶社创意市集为案例分析[J]. 内蒙古大学艺术学院学报，2014,11(03)：24-33.
[3] 金晓虹，梁邦福."景漂"的形成原因与文化意味[J]. 景德镇学院学报，2016,31(04)：6-10.
[4] 胡颖，葛振兴.行业特色独立学院创业型人才培养模式探究：以景德镇陶瓷学院科技艺术学院为例[J]. 景德镇高专学报，2011,26(01)：73-74.
[5] 艾军，陈宝琦.景德镇大学生陶瓷创意创业主要问题分析及对策研究[J]. 东华理工大学学报（社会科学版），2014,33(01)：80-82.
[6] 杨应慧，邱其霖，黄蕾.浅析景德镇地区高校创业教育现状及对策[J]. 职教论坛，2015(29)：37-40.

镇华以景德镇大学生陶瓷创业为例，对高校创新创业人才的培养模式进行了研究[1]。

第四节
设计与人类学

本书通过将设计学引入人类学的研究范式之中，以不同的视角、理论和方法扩展人类学研究领域，通过两种立场下的分析与综合，表明了设计人类学的身份状态及其研究空间。"设计人类学不只是一门学科……更是一种开放而切实的'为人民服务'的人文态度和人文举措。"[2] 即为人类学介入设计学科中的一种创造和可操作的整体性学术实践方式。

本书试图重新解读人类学中的"修补术"[3]概念，通过对设计概念的深入解读，建立起人类学和设计学之间的普遍协同关联[4]。

本书将人类学与设计相结合，探究人类学与设计研究之间内容的差异与融合，进一步深化研究方法等相关问题的探究。从主体层次上来看，设计学与人类学都是关注于"人"的研究，而人类学研究则囊括了设计学研究的范畴。从体质人类学所涉及的生物和文化角度，研究了人类物理特性在时间和空间内发展规律的特征，引入产品设计当中，将产品设计中的生理、心理、文化之间的各个问题进行细分，使得设计者更明确设计目的和计划。

> 设计人类学正处于刚刚起步的研究状态中，学科体系尚未完善，因而，没有现成的经验和成果得以借鉴。就设计人类学的构建问题还存有异议，

---

[1] 郑海林, 计镇华. 高校创新创业人才培养模式研究：以景德镇大学生陶瓷创业为例 [J]. 纳税, 2018(12): 248.

[2] 耿涵. 从民族志到设计人类学：设计学与人类学的偕同向度 [J]. 南京艺术学院学报（美术与设计版）, 2017(02): 17–22, 193.

[3] 英国学者潘纳格迪斯·罗瑞德在其著作《设计作为"修补术"：当设计思想遭遇人类学》中认为，虽然设计不是修补术，但修补术本质上是属于设计的，可以先把设计作为修补术来讨论。书中还把设计放入设计史的发展当中去审视，认为人类的文明发展史在一定程度上就是人类的设计史。另外，书中提到张道一先生在《造物的艺术》一文中也指出，现代设计是传统工艺美术在当代的新形式。张道一认为，从造物和设计的本质来看，人的造物和设计的目的，本质并没有因为生产方式的变化（如从手工到机械）而发生改变。20世纪60年代亚历山大在《形态综合注释》一书中将手工业时代的设计定义为"自发的设计"，将现代设计定义为"自觉的设计"。从人类学的"修补术"这一概念出发，介入设计的特性分析，延伸出一种新的视角去解读设计与科学、设计与艺术诸多关系的探讨。

[4] 李砚祖. 设计与"修补术"：读潘纳格迪斯·罗瑞德《设计作为"修补术"：当设计思想遭遇人类学》[J]. 设计艺术, 2006（03）: 10–11.

许多专家和学者拭目以待。[1]

民族学作为文化人类学的一种,所关注的重心和设计学相似,都是以"人"作为研究的主体对象。前者侧重于人类文化的研究和描述,后者侧重于人造系统的科学。设计学从广义的角度来看,即为研究典型人造物质文化系统现象的学科,具有大众研究的普遍性。随着消费社会的发展,"设计中心的'大众化'上移至'群体化'"[2],群体性的设计进入了设计学的研究范畴当中,此时借鉴人类学的研究方法将有助于更全面地了解用户群体的需求,以及依附于社会系统、知识背景、生活经验和文化差异上的各种其他需求。

简言之,随着全球化进程的发展和"地方化"市场的矛盾,运用学科交叉研究的方式,将能更准确地找到普遍适用的规律。

第五节
消费学

消费学在学界所研究的问题范围比较宽泛,大体有以下几个层面的研究。如国内学者朱迪在其对中国社会的研究中引申出对中产阶级消费模式的研究:

> 从日常消费、物质文化和品位三个维度,同时联系中国社会独特的文本、社会规范和社会习俗,揭示出中产阶层的消费模式特征和消费倾向。[3]

从而进一步探讨未来的消费和社会发展趋势,并为扩大消费、城市化和相关制度改革提供相应的政策建议。英国学者迈克·费瑟斯通(Mike Featherstone)将消费文化与后现代主义相结合,在《消费文化与后现代主义》一书中指出:"重要的是要着重研究变得越来越显著的消费文化,而不仅仅将消费看作是生产过程的顺理成章的结果。"[4]这促进了消费与文化从边缘性的研究探讨进入关键意义的讨论当中,深度地去理解消费文化现象产生的过程,对后现代主义兴起的相关问题进行充分的阐释。日本学者三浦展(Miura

---

[1] 刘佳.人类学与现代产品设计研究[J].艺术百家,2005(06):134-137.
[2] 胡飞.民族学方法及其在设计学中的应用[J].南京艺术学院学报(美术与设计版),2007(01):78-80,162.
[3] 朱迪.品味与物质欲望:当代中产阶层的消费模式[M].北京:社会科学文献出版社,2013:11.
[4] 迈克·费瑟斯通.消费文化与后现代主义[M].刘精明,译.南京:译林出版社,2000:19.

Atsushi)通过对日本经济 30 年发展情况的研究,将消费社会分为四个不同的阶段进行解读,并提出物质消费将会转向人性化的服务:

> 不是要发展那种将服务作为商品来消耗的服务消费,而是人们将更多地追求一种能够为施予方和接受方同时带来满足的服务行为。[1]

法国学者让·鲍德里亚(Jean Baudrillard)的《消费社会》将消费意识进行符号的编码转译,揭示出当下的消费意识导向使消费者卷入以商品为主导的奴役性的暗示意义链当中,批判了消费社会中存在的失真状态。

第六节
本书研究回避的一些问题

本书的研究对象是当代景德镇陶瓷业青年创业群体现象,研究重点是其现象背后涉及的设计、文化及发展的演变规律。本书整体性的框架研究决定了要回避以下相关问题:

一是那些较为特殊的创业群体或没有普遍代表意义的案例个体。对青年创业群体现象的多维度解析是本书研究的重点。因为对文化现象的理解,若仅依赖于单项层级的分析并不能获得较为整体全面的结果,从不同的角度探索研究,将有利于研究的实验论证;并且在景德镇创业群体当中,青年群体所占据的人数比例较大、创业类型较多,本书研究对象基本能够反映出一段时间内社会文化发展的面貌。因此,本书研究要回避一些较为特殊的创业群体或没有普遍代表意义的案例个体。

二是回避有关陶瓷艺术设计工艺的技术性分析。研究中理解陶瓷艺术设计文化的发展与嬗变,重点应放在对既有现象群体的现状解读和理论建构的引导上,除了必要的技术解读之外,一般不深入考察有关陶瓷艺术设计工艺的技术性分析。如陶瓷的练泥、拉坯、印坯、利坯、注浆、彩绘等多种工艺技法及其相关的技术理论也是本书回避的内容。

三是回避一些后续变迁。群体的文化发展是一种"动态"的现象,本书涉及的研究节点皆止于写作调查研究完成之时,对往后时间内所涉及的对象内容变迁,若非必要,将一律回避。

---

[1] 三浦展.第四消费时代[M].马奈,译.北京:东方出版社,2014:142.

第三章
景德镇陶瓷产业的发展分期及其阶段特征

景德镇陶瓷产业历经了多个不同的历史发展阶段，因为每一阶段的发展皆受到当时的社会环境影响而呈现出不同的社会文化景观；所以处于不同时间内，社会文化背景中的群体事物也会随之发生改变。因此，只有梳理清楚社会历史发展过程的变迁，才能更好地理解当下群体事物发展的缘由及情况。为此，对当代景德镇青年群体陶瓷创业现象的研究，应依托于对当地陶瓷产业发展历史的研究，才能将研究对象的历史背景梳理清楚，更好地完善此书相关的研究内容。

历史研究有助于对当下群体发展趋势做出较为客观的评价，对过往现实状况的研究，能赋予其符合逻辑理性的评判。历史研究中的乾嘉学派[1]，主张客观地还原历史记录，不掺杂任何作者的观点。如戴震所言，"凿空之弊有二：其一，缘词生训也；其一，守讹传谬也"[2]；钱大昕也认为，"史家以不虚美、不隐恶为良，美恶不摒，各得其实"[3]。上述所言便是对历史研究要持客观严谨之态度。当然，乾嘉学派的研究并不一定能完全发挥其宗师顾炎武提出的"经世致用"的作用，但其对客观事实论证的严谨态度，有助于我们厘清事物发展的一般规律。

从历史的研究视角出发，能对事物发展的现状做出合乎常理的推断。因为任何事物的产生都不可能是凭空想象，都有其发展的缘由和相关的事实依据。即便是看似不寻常的新生事物，其实也是其日常经验的历史积淀所催化出来的结果。如历史上景德镇手工陶瓷行业发达的原因，在于其产业长期发展及资源环境优势的沉淀；后由于思想、交通、信息、体制等多方因素的制约，改革开放后工业化大生产并不能完全适应景德镇陶瓷产业的发展等。由此可见，事物的发展往往隐含着历史积淀的结果。

因此，本章节通过对景德镇陶瓷产业发展历史进行客观的梳理，并运用多

---

[1] 乾嘉学派，又称清代"朴学""汉学"。该流派以经学为中心，涵盖史学、文学、音韵、训诂、历史地理、天文历算等各个学术领域，以重视实证、长于考据为宗旨和治学特征。
[2] 戴震.戴震集：文集卷十[M].汤志钧，校点.上海：上海古籍出版社，1980：192.
[3] 钱大昕.潜研堂文集[M].刻本.1806（清嘉庆十一年）.

种研究方法将景德镇陶瓷创业青年群体发展的历史背景进行深入的阐述，从中挖掘出能支撑进一步研究的关键要素。

第一节
景德镇自然环境与生态状况

一、景德镇自然环境概述

（一）名称由来

景德镇是一座拥有数千年历史的文明古镇，其地名的由来也具有特殊性。《浮梁县志》记载，最早景德镇名为"立马山"，相传是秦时（前221—前207年）的鄱阳县令吴芮，路过老市区珠山之巅时，见其马立于山脚之下而得。汉时（前206—220年）名为"新平"，沿至东晋时（317—420年）开始设镇，称为"新平镇"。到了唐天宝元年（742年），因景德镇地处昌江以南，所以称其为"昌南镇"，后也被称为"陶阳镇"。最终在北宋赵恒景德年间（1004—1007年），因陶阳镇所制陶瓷底款皆为"景德年制"，并畅销中外，故更名为"景德镇"，一直沿用至今[1]。

（二）地理位置

景德镇地处江西省的东北部，与安徽和浙江两省相邻，历代以来都是全国著名的手工陶瓷产业重镇。境内山地和丘陵位于黄山、怀玉山与鄱阳湖平原之间的过渡地带。东北地势较高而西南地势较低，地形为群山环绕的直条状盆地，盆地内地势较为平缓。景德镇境内最重要的水利资源便是昌江，它起源于赣、皖两省交界处的山岭，自东北方向朝西南方向流淌，贯穿了整个景德镇区域，曾是景德镇交通运输史上最重要的交通要道。景德镇其整体的空间格局与省内大部分地区

---

[1] 吴海云.瓷国及其高峰[M].北京：人民日报出版社，1986：9.

并无明显的差异，使景德镇成为产瓷大镇的核心自然要素，是围绕中心地区的山区存有大量的瓷土和木材资源。景德镇的瓷土质量在较长的历史时期都优于其他产区，从而一度成为全国瓷业的生产中心，也自然而然地成为陶瓷贸易的中心。

二、景德镇生态环境

景德镇陶瓷产业的历史发展，一直与其所处的生态环境息息相关。首先，景德镇四面环山。处于这种地理环境下的景德镇，凭借着周边群山资源的优势，不但拥有较为丰富的瓷土、煤矿等制作陶瓷必需的天然矿物资源，而且还获得了与世隔绝、较为安稳的社会发展环境。其次，景德镇凭借着昌江发达的水路运输网络，将本地的陶瓷产品运往全国乃至世界的各个地区。最后，与其他传统陶瓷产区相比，景德镇之所以能在宋元时期逐渐发展成为产瓷大区，也与其得天独厚的自然生态优势有着千丝万缕的关系。具体而言主要体现在以下几方面：

第一，人力资源充沛。从历史发展的角度来看，景德镇相对封闭稳定的环境格局，使制瓷业在发展中吸纳了不少寻求稳定生活的外来瓷业技术人员。中原地区历代常年易于爆发战乱，而景德镇相对稳定的生活环境空间，吸纳了各地大量逃避战乱的能工巧匠到此从事陶瓷生产。大量涌入的外来技术人员，不仅提供了制瓷行业中有效的人力资源，还加速了当地制瓷技术的发展，更促进了当地陶瓷文化的融合与转型。所以，景德镇制瓷业后发崛起，在元朝一跃成为国内重要的产瓷中心，并借助便利的水路运输和高质量的产品享誉中外，至"浮梁磁局"成立，景德镇的陶瓷更成为皇家贵族的专享用瓷。

第二，自然资源丰富。与中国同类型的陶瓷产区相比，景德镇所具有的独特的自然地理环境，是维系其发展经久不衰的重要因素。众所周知，陶瓷的成型主要是土与火融合后的自然结果。在自然经济时期，大多是以自然资源为主的发展模式。因此，陶瓷原料和燃料的储备将会直接影响到整体产业的发展状况。景德镇环绕的群山拥有丰富的森林木材资源，在没有煤气窑之前，景德镇烧制陶瓷主要是以木料作为燃料，充足的燃料资源，保证了景德镇当地制瓷业的生产。周边山区的瓷土资源则更为丰富，"景德镇及周边盛产瓷石、高岭土、釉果、釉灰、耐火土等制瓷原料40余种。瓷石、高岭土采矿点达169处之多"[1]。而且，瓷

---

[1] 刘昌兵.因瓷而兴：古代景德镇的瓷业城市历史和特点[J].江汉考古，2008(01)：104-109.

土原料质量好，保证了成品的质量。

第三，水利资源发达。景德镇拥有发达的水路交通资源，不仅满足了陶瓷产品出口贸易的需要，还为陶瓷制作的原材料加工运输提供了便利。其一，大量的陶瓷产品如果没有找到合适的运输渠道，将难以推进产品贸易活动的发展。景德镇就是因为拥有了较为便利的水利运输条件，其陶瓷产业才得以迅速发展。昌江作为贯穿景德镇全境的河流，隶属鄱阳湖水系。上游称为南宁河，发源于安徽昌门（今祁门县）东北部的大洪岭西南麓，先向南后折向西南，进入江西省，入境流经赣东北注入鄱江，江西境内的水道长 182 千米。昌江发源于安徽祁门，上游河道相对较窄，大些的货船并不能通行，但进入江西省内之后，水道逐渐变宽，货船和客运船能方便地通行，而这段较宽的河道恰好又贯穿了整个景德镇区域。其二，瓷土和釉料原料最开始开采出来是矿石，需要打磨碾碎，仅靠人力难以应付大量原料的加工，但是凭借着天然的水流落差形成的动力，建起水轮车和水碓便易于处理这些原矿。瓷土原料的开采也会依地形而建，加工好后将原料运输至景德镇。在传统的运输体系中，水运是能保证大件货物和易碎物品安全的最便捷的运输手段。可见，昌江作为当时与外界沟通的唯一运输渠道，肩负起了景德镇陶瓷生产与贸易的重担。

第二节
20 世纪以前景德镇陶瓷产业的发展状况

景德镇是拥有悠久历史文化的制瓷名镇，在近千年中一直占据着全国乃至世界制瓷产业霸主的位置，对推动国内陶瓷产业的发展起到了举足轻重的引导性作用。本书将 20 世纪以前景德镇陶瓷产业的发展历程划分为以下几个阶段：

一是萌芽期，大致由东汉至唐代期间。这一时期景德镇的陶瓷从无到有，处于最初期的探索阶段，并逐渐崭露头角。二是发展期，始于宋代，发展至元代。受工艺、人口、经济等多种复合有利因素的影响，景德镇陶瓷产业蓬勃发展，逐渐成为全国著名的制瓷中心产区之一。三是鼎盛期，明代至清代康雍乾时期。这一时期景德镇的陶瓷产业进入了空前繁荣的发展阶段，无论陶瓷产品的工艺水平还是产品装饰的题材类别等，都已达到了历史上的最高水平，景德镇成为全国和世界手工制瓷业当之无愧的中心。四是衰落期，自清朝乾隆中后期一直到 20 世纪上半叶。随着社会变迁和发展环境的恶化，景德镇陶瓷产业昌盛时期的风貌逐渐消逝。直至清末民初，景德镇陶瓷产业无论质量还是规模，皆落入发展的低谷期。此时景德镇陶瓷经营惨淡，勉强维持着行业的生存。

一、景德镇陶瓷产业发展的萌芽期

《南窑笔记》记载："新平之景德镇，在昌江之南，其治陶始于季汉。"[1]《浮梁县志》也同样载有："新平治陶，始于汉世。大抵坚重朴茂，范土和埴，有古先遗制。"[2] 由此可知，在汉代景德镇地区便已出现小规模的陶瓷产品制作场所。虽然古籍记载中的东汉时期已经初步将陶瓷制作区别于农业劳动，但在那个时期，陶瓷制作是"耕且陶焉"，制作陶瓷仍然是在农业劳动之余所从事的活动，尚无专职从事陶瓷制作的技术人员，所以制作工艺也会显得较为粗糙，所造之物"土墡垆，质粗，多黄黑色，即浇白者亦微带黄黑"[3]123。由此推测，这个时期的陶瓷产品应属于半陶半瓷的产品。为此，汉时景德镇陶瓷制作处于初步发展的时期，且当时的产瓷要地仍在今浙、苏两省一带，其他地区的制瓷水平与规模难以与两省相提并论。

鉴于景德镇特殊的地理位置，其容易受到苏浙一带制瓷区域的影响。三国至隋期间，随着苏浙一带青瓷的盛行，景德镇的制瓷水平自然而然地得到了提升。东晋之后，曾有"至德元年，诏镇以陶础贡建康"[3]117。后至隋大业年间，"作狮象大兽两座，奉于显仁宫"[1]。可见，景德镇陶瓷的发展已经逐渐受到了当时朝廷的关注，这也为景德镇的后续发展提供了有利的政治基础。

唐代以后，由于其整体手工业的发展远超前代，景德镇制瓷技术也同全国其他的陶瓷产区一样，已经发展到一个较高水平的新阶段。此时景德镇的陶瓷产品除了供民间使用之外，还进贡到宫廷。随着景德镇制瓷水平的逐渐提高，它甚至还能烧造出与玉器相媲美的陶瓷产品，所谓"饶玉。陶窑，唐初器也，土惟白壤，体稍薄，色素润，镇钟秀里人陶氏所烧。《邑志》云：唐武德中，镇民陶玉者载瓷入关中，称为假玉器，且贡于朝廷，于是昌南镇瓷名天下"[3]117。虽说

---

[1] 广州图书馆，张九钺.南窑笔记 [M].王婧，点校.桂林：广西师范大学出版社，2012：7.
[2] 程廷济，凌汝绵.浮梁县志（十二卷）：卷二 [M].刻本.1783（清乾隆四十八年）
[3] 蓝浦，郑廷桂.景德镇陶录图说 [M].连冕，校注.济南：山东画报出版社，2020.

制瓷工艺已有了较大的提升，但陶瓷产品大多仍出自依附水系而建的家庭作坊，并未形成较大规模的制瓷场所。

二、景德镇陶瓷产业创新的发展期

景德镇得名于宋代，真宗景德元年（1004年），因景德镇产青白瓷质地优良，遂以皇帝年号为名置景德镇，沿用至今。清蓝浦、郑廷桂《景德镇陶录》记载：

> 景德窑宋景德年间烧造。土白壤而填质薄腻，色滋润。真宗命进御，瓷器底书"景德年制"四字。其器尤光致茂美，当时则效著行海内。[1]

其时景德镇以生产青瓷与白瓷为主，所生产的陶瓷产品除了一部分用于民间销售之外，另一部分则成为朝廷的御用贡品。两宋时期，景德镇已经形成了具有一定规模的陶瓷产业。蒋祈《陶记略》记载，宋代景德镇瓷窑已多达300余座。当时已有大量的外地陶瓷技工来到景德镇，这表明宋代时期的景德镇已然成为全国著名的瓷器制造中心之一。由于北宋末期的战乱，当宋室南迁时，南北窑场的工匠聚集在景德镇，形成了"工匠来八方"的情势[2]。由定窑迁移过来的制瓷工人推进了景德镇本地陶瓷产业的发展，陶瓷产品的烧制工艺得到了大幅度的提升，所以在此期间景德镇成功烧制出有别于其他制瓷区域的青白瓷。

元朝拥有横跨亚欧大陆的辽阔疆域，打通了一直阻隔中西方交流的交通屏障，推进了中西方贸易及文化的频繁交流，这也使得景德镇陶瓷产业的发展获得了新的机遇。从陶瓷产品的工艺上来看，它摒弃了瓷土原料的一元配方，开创了高岭土与瓷石结合的二元新配方。这不仅提高了陶瓷的烧制温度，而且增加了成瓷坯胎的强度，降低了烧制大型器物变形的可能性，提升了陶瓷产品的成品率。由此创造性地利用青花、釉里红色料与中国传统绘画及装饰艺术结合，开启了青花、釉里红陶瓷的新时代。此外，由于贸易区域的扩张，国内外对陶瓷产品的需求量大增，为适应陶瓷产品的大流通，在景德镇形成了陶瓷产品包

---

[1] 蓝浦，郑廷桂. 景德镇陶录图说 [M]. 连冕，校注. 济南：山东画报出版社，2020：118.
[2]《景德镇》课题组. 景德镇 [M]. 北京：当代中国出版社，2011：23.

装行业的"茭草业"[1]，为陶瓷产品的长途运输提供了必要的保护。另外，最重要的是：景德镇的陶瓷产业得到了当时执政阶层的认同与重视。元朝统治阶级高度重视商业和手工业，在景德镇成立了专门管理皇家陶瓷制品的机构"浮梁磁局"，且将全国优秀的工匠和制造陶瓷的原料汇集于此，从而使得景德镇的陶瓷产业得到了更为迅速的发展。

三、景德镇陶瓷产业的鼎盛期

明朝初年，当局采取了一系列有利于农业和工商业发展的政策措施，并在元代"浮梁磁局"的基础上建立了专门的御窑厂，定期委派官员督造，以保障陶瓷制品的质量。御窑厂是国家权力直接控制下专门生产陶瓷的皇家机构，其产品主要用于皇室的日常生活和外交馈赠。皇家所需求的器物通常会不计成本地追求产品的至善至美，因此占用了当时全国最好的工匠和原料，这使得景德镇拥有了全国最优质的制造瓷器的人力和物力资源。可见，御窑厂的设立更明确了景德镇的制瓷中心地位，推动了当地陶瓷行业的发展。

万历年间，景德镇的陶瓷产品种类繁多，取得了非凡的成就。景德镇凭借着斑斓夺目的陶瓷，获得了"合并数郡，不敌江西饶郡产"[2]195的美誉。此外，当地陶瓷的生产规模、数量、品种、工艺皆居于各地名窑之首，奠定了全国制瓷业中心的地位，从而也吸引了大量不同窑口的优秀制瓷工匠，使景德镇制瓷除继承了本地既有的烧造技术之外，还吸收融合了其他各地窑口的优秀技艺和外来文化的精华，制瓷技术与艺术也随之达到了一个新的高度。经过大胆尝试，它创造了许多新的陶瓷产品，成为瓷器史上一颗璀璨的明珠。

明代中后期，景德镇逐渐出现了较大的私人陶瓷工厂，由此导致了更为细致的分工。宋应星在其《天工开物》中记载："辨认真足，然后绝薪止火。共计一杯工力，过手七十二，方克成器。其中微细节目尚不能尽也。"[1]202如此细致的分工说明制瓷活动中需要大量的专职劳动力。此时的制瓷场主已拥有了

---

[1] "茭草行"即以干稻草（禾秆）为陶瓷包装材料的行业，它以包装为中心工作环节，形成把桩、看色、茭草和打络子四个行头。"把桩"就是专为瓷商从窑户家提取瓷器到茭草行，并把茭好的瓷件堆积一处待运。"看色"又叫"汇色"，是专门为瓷商检验购进的瓷器质量后将合格瓷器交与茭草工的行业。"茭草"是包装瓷器的初步工序。"打络子"是在茭好的瓷件上再用竹篾编成一个网格，起加固瓷器的作用。

[2] 宋应星.天工开物 [M].钟广言，注解.广州：广东人民出版社，1976.

陶瓷生产的资本和场地，有的甚至搭建了自己的窑炉，因此他们需要专职的技术工人以保障产品的质量和产量，制瓷行业内从而出现了专职的窑口佣工。人力供求关系的形成，标志着景德镇制瓷行业已进入了资本主义生产关系的萌芽阶段。

由于民间陶瓷产业的兴盛和宫廷对瓷器的需求量大增，开始出现了"官搭民烧"的现象，即官窑出样在民窑中搭烧。该措施的实施形成了官窑与民窑之间竞争互利的局面。市场竞争不仅促进了当地官窑和民窑的共同发展，亦使得民窑陶瓷产品的质量得到了提高，释放了民窑生产发展的潜力。

清代自三藩叛乱之后，景德镇的制瓷业重新获得了在明代基础上继续发展的机会，明嘉靖时期关闭的御窑厂至清顺治年间得以复建。随着国民经济的复苏，景德镇的瓷业发展至雍正、乾隆之际呈现出了"昌南镇陶器，行于九域，施及外洋，事陶之人，动以数万计"[1]的盛况。康乾盛世时期，社会局势稳定、百姓富足，加之统治阶层对陶瓷艺术品的喜爱，直接影响到了普通民众对陶瓷艺术品的关注。清政府相继采取了一系列积极有效的政策措施，如原本束缚陶瓷手工从业者的"匠籍制"变成了相对自由的"雇募制"等，制瓷技术也可以说发展到了炉火纯青的境界。此时的景德镇，无论官窑还是民窑，皆达到了制瓷发展的顶峰。此外，景德镇陶瓷除了满足国内消费的奢侈品外，还出口至国外的皇室。

同一时期，景德镇的瓷业经营也聚集了大量的陶瓷商人和手工业者，"其人居之稠密，商贾之喧阗，市井之错综，物类之荟萃，几与通都大邑"[2]。甚至有人谓："浮处万山之中，而景德一镇，则固邑南一大都会也。"[3]随着景德镇制瓷行业的快速发展，尤其是御窑厂的发展和海外市场贸易需求的扩大，景德镇制瓷工艺不断完善和发展，景德镇的陶瓷产品在全球陶瓷行业中脱颖而出，成为世界瑰宝。

四、景德镇陶瓷产业的衰落期

19世纪，景德镇的陶瓷产业逐渐呈现出衰退的迹象，特别是1840年鸦片战争之后，随着外国势力的入侵，中国沦为半殖民地半封建社会，大量外国瓷

---

[1] 蓝浦, 郑廷桂. 景德镇陶录图说 [M]. 连冕, 校注. 济南：山东画报出版社, 2020：200.
[2] 唐英. 陶人心语 [M]. 刻本, 1772（乾隆三十七年）.
[3] 蓝浦, 郑廷桂. 景德镇陶录图说 [M]. 连冕, 校注. 济南：山东画报出版社, 2020：199.

器倾销国内市场。虽然景德镇力争维护其瓷业的中坚地位,但因战争等因素,仍难以恢复其鼎盛时期的风貌,产量和出口量锐减。

19世纪以来的侵略战争,不仅打开了中国贸易的大门,而且对当时的大众消费观念产生了一定的影响。物美价廉的洋货开始盛行,大众开始关注被赋予新消费符号意义的外来商品。对当时的大众而言,消费洋货成了高贵身份的象征。开放的市场环境对景德镇陶瓷产业带来了巨大的压力,清政府与太平天国之间的战争更是给了景德镇陶瓷业毁灭性的一击。遭到严重破坏的景德镇虽在战后逐渐恢复了陶瓷生产,但已难以恢复昔日的辉煌。宣统二年(1910年),江西瓷业公司成立,但由于长期的战乱,国力衰微,包括陶瓷行业在内的各行各业都出现了明显的颓势。

进入近代,随着工业革命影响下机械化大生产的出现与传播,景德镇的陶瓷市场失去了手工业时代的天然优势。作为曾经的世界陶瓷中心,景德镇的传统陶瓷生产方式受到了致命的打击。毋庸置疑的是:当时外国列强为景德镇陶瓷产业带来的不仅是现代化的生产竞争市场,更是在新的生产模式下所形成的新的生产方式,这直接影响到了当时景德镇较为封闭的传统陶瓷行业手工生产体系的保存与发展。

第三节
20世纪50—90年代初景德镇陶瓷产业的发展

一、景德镇恢复初期的样貌:1949—1952年

1949年4月29日景德镇宣告解放,此时的景德镇与国内大部分城市一样满目疮痍、百废待兴。中华人民共和国成立初期,全市尚有百余家工厂停业,大批瓷业工人失业:

> 全市共有私营瓷厂2 496家,每厂平均不足5人,其中规模最大的余鼎顺瓷厂也只有工人137人,最小的厂家仅有1—2人。正常开业的仅占7%,绝大部分处于停工或半停工状态,年产量仅6 350万件。[1]

---

[1] 陈帆.中国陶瓷百年史(1911—2010)[M].北京:化学工业出版社,2014:159.

由此可见，中华人民共和国成立初期景德镇的陶瓷行业生产基本停滞，大量的瓷工失业，当地的陶瓷产业结构濒临瓦解的边缘。面对如此严峻的局面，景德镇市人民政府对本地陶瓷生产给予了高度关注，借助多方协同合作，迅速恢复了作为景德镇立身之本的陶瓷产业。

恢复生产首先遇到的问题便是瓷工流散、组织性差，资本家资金匮乏且有较多的政策顾虑。为此，政府部门进行了专项的失业工人调查统计，并进行了教育和相关劳资政策的解释，针对性地召开了资方相关政策的讲解动员，以消除资方的顾虑。在此基础上，开展了第一次劳资双方的协商会谈，促成了大小陶瓷厂的复工生产。经过努力，至1949年11月，"景德镇复工的瓷厂已达1 375家，工人9 551人"[1]350。

其次，陶瓷产品的销售受到长期战乱的影响，运输和销路一直都存有不少问题，依靠民众的力量难以解决。对此，景德镇市政府一方面加大对周边各县散乱土匪的剿灭力度，派遣专门的地方武装护送商人的陶瓷运输；另一方面，公营贸易公司垫巨资采购本地私营企业生产的瓷器，运输到京沪地区进行统一销售，同时由人民银行出资为中小商人提供相应的贷款服务。有数据显示，"1949年5月景德镇输出的瓷仅800余担，但至7月份就达到了1万余担"[2]350–351。

最后，在制瓷原料供应问题上，景德镇市政府先动员本市周边农户提供烧窑使用的木柴原料（此时以柴窑为主），鼓励私人资本投资开采木料；接着破除了沿袭的"私人土矿只允许同姓承租开采制，组织土坑复工筹委会鼓励集体投资联合采掘"[2]351。

在全市陶瓷从业者的共同努力下，历经三年，景德镇制瓷业逐步恢复。至1952年，景德镇陶瓷行业的萧条状况扭转，大部分企业得到了恢复和发展。此外，随着全国经济的复苏，景德镇的陶瓷产品逐渐取得了不错的销售业绩。"1952年，景德镇从事陶瓷业的职工人数达到14 755人，失业工人基本得到安置，年产量已增至9 022万件。"[2]159 陶瓷产品的销路亦呈逐年扩大趋势，至1952年已基本销往全国各地。国内陶瓷产品1949年的销售数为32万件，到1952年增长到4351万件（表2–1）[1]333。此阶段是国民经济复苏时期，景德镇建设的目标便是快速恢复陶瓷产业发展，增加工人的就业机会，改善本市的环境和生活状况，维持社会的平稳和谐，对陶瓷行业相关的基础设施进行修复，并新建相关配套产业。

---

[1] 江西省轻工业厅陶瓷研究所.景德镇陶瓷史稿[M].北京：生活·读书·新知三联书店，1959.

[2] 陈帆.中国陶瓷百年史（1911—2010）[M].北京：化学工业出版社，2014.

表 2-1　1949—1952 年景德镇地区日用陶瓷销售统计

年份	内销数/万件
1949	32
1950	415
1951	2 416
1952	4 351

数据源：陈帆（2014 年），不含陶瓷企业自销数。
注：笔者整理绘制。

二、第一个五年计划发展期：1953—1957 年

1953 年起，国民经济进入第一个五年计划发展时期，国家轻工业部和地方政府对陶瓷行业的发展采取了一系列的鼓励措施。这个时期景德镇的产业仍以陶瓷产业发展为中心，加大对陶瓷产业的资金投入，深化陶瓷产业的技术改革。基本完成制瓷业的社会主义公有制改造，是第一个五年计划的主要目标。此五年计划的实施为景德镇陶瓷的工业化进程起到了重要的奠基作用。

其发展过程及其关键节点如下：

第一，大多数瓷器工人积极地参与到祖国的经济建设当中并开展了"查质量、查管理、查浪费、查责任"的"四查"运动，制瓷工人提出的多项生产改良技术倡议得到了重视并予以采纳。如"瓷业 32 座窑采用了改进的技术，光节约窑柴一项便节省了折合旧人民币 6 亿多元"[1]357；"1954 年脚踏旋坯车在全市推广，把全市全年瓷器产量提高了 20%，一年可多生产两千万件陶瓷"。除此之外，还有多项技术革新成果（表 2-2）应用于生产。技术改革运动的兴起，不仅提高了陶瓷工人的劳动生产率，而且降低了不必要的成本，改善了劳动大众的工作条件，促进了陶瓷产业的深化发展。

表 2-2　1953—1957 年景德镇地区瓷业技术改革情况

编号	类别	技术改革项目	改革的作用	推广范围
1	窑厂	铁扁担扑炉法	烧一次窑节省砌炉柱脚匣钵 60 只，每次节约窑柴 30 担	全市窑厂已推广 80%
2	窑厂	冷窑法	可以缩短冷窑 20% 左右	窑厂

---

[1] 江西省轻工业厅陶瓷研究所.景德镇陶瓷史稿[M].北京：生活·读书·新知三联书店，1959.

续表

编号	类别	技术改革项目	改革的作用	推广范围
3	窑厂	煤柴合烧	降低成本和保证质量	小柴窑
4	擂料	脚踏擂料器	提高工作效率（8倍）	全市可用
5	匣厂	溜筛筛土	提高效率（30%）	大小器全厂
6	彩绘	流水作业法	提高效率（35%），规格统一	彩绘
7	装坯	木架挑坯法	提高工作效率（4倍）	装大器
8	针匕	针匕压井做坯法	提高效率（40%）	针匕
9	圆器	脚踏辘铲车	提高工作效率（20%—50%）	圆器琢器
10	琢器	四嘴铸浆壶	提高了质量，节约了原料（50%）	30件器物

数据来源：江西省轻工业厅陶瓷研究所编（2014年）。

第二，基本完成了对本地陶瓷行业个体户的社会主义改造，逐步实现了从私有制到公有制的转变。

1956年1月，在全国社会主义改造高潮的推动下，市人民政府批准了全市32个行业的全行业公私合营，其中陶瓷行业剩下的6家私营联营瓷厂也随之实行了公私合营。至此，全市陶瓷行业实行了全行业的公私合营。[1]

另外，"1954年开始瓷业中百分之九十八的产品已经实现包销，自由市场基本消失"[2]360，市场价格的统一强化了政府对市场的调控管理。

第三，成立了专门的陶瓷科研机构——陶瓷研究所。"该机构以中德技术合作作为中心，对景瓷瓷质进行科学的总结工作。"[2]388-389 通过国内外多方合作技术交流活动的开展，景德镇陶瓷生产开始步入了科学发展的轨道。陶瓷研究所先通过对各部门优秀人才的选调，组建起核心的技术发展团队，进而与国内知名研究所合作，还邀请与陶瓷相关的各大高校教师来景德镇交流，并建立了专门的信息数据库。陶瓷研究所的创建为景德镇陶瓷的科学发展迈出了重要的一步，其研究成果促进了景德镇陶瓷产品产量和质量的提高。

第四，1953年至1957年，景德镇集全市之力发展陶瓷。经过大家的共同努力，景德镇陶瓷行业获得了新的发展契机，陶瓷产能得到了显著提升，为工

---

[1] 程振武.五十年代陶瓷工业的八大变革[M].中国人民政治协商会议景德镇市委员会文史资料研究委员会.草鞋码头的变迁（上）：《景德镇文史资料》第十三辑.乐平：乐平市印刷厂，1997：50.

[2] 江西省轻工业厅陶瓷研究所.景德镇陶瓷史稿[M].北京：生活·读书·新知三联书店，1959.

业技术的后续改造奠定了重要的基础。

据统计,至1957年,陶瓷行业固定资产原值增加到584万元,是1952年的2.02倍;固定资产净值已增至525万元,为1952年的1.9倍;年产量已增至27 587万件,为1952年的3倍;年产值已增至5 943万元,为1952年的4倍多;年利润已增至289万元,为1952年的2.4倍。[1]

第一个五年计划结束后,景德镇基本摆脱了经济落后的困境,为后续的工业化生产积累了一定的经济基础。

三、1958年开始的曲折发展

1958年至1960年,全国进入了"大跃进"时期。在全面赶超发达国家的动员下,景德镇也随之掀起了"大跃进"高潮,先后建立了建国瓷厂、人民瓷厂、艺术瓷厂、红星瓷厂、红旗瓷厂、为民瓷厂、东风瓷厂、光明瓷厂、景兴瓷厂、新华瓷厂等十大国营日用瓷厂和多个其他国营瓷厂。陶瓷生产开始进入了高产量、高速度的"跨越式"发展阶段,在取得了巨大成就的同时,也埋下了不少隐患。因为在高产量、高速度和高指标的推动下,景德镇的制瓷行业开始单纯地追求产量,而忽略了对产品质量的把控,大量粗制滥造的陶瓷产品影响了产品的正常销售。

前五年计划经济的高速发展和当时政策冒进的错误,诱发了过于乐观的经济发展定位,这与当时实际的生产能力产生了较大的差距,最终使景德镇陶瓷产业遭到了巨大的损失和挫折,由此发展一度陷入低迷的状态。

这一时期发展和问题并存,其原因是多方面的,本书研究认为:首先,在集体经济的规划与指导下,不同陶瓷厂明确了自身的分工定位。各厂可以按照整体有序的计划进行生产,在保证其产品满足社会需求的同时,还为本地制瓷行业培训出了大量技术娴熟的职业工人。其次,在计划经济体制之下,生产规模迅速扩大,所有力量都可以集中到发展陶瓷产业工业现代化上来。最后,国营企业拥有同步协作发展的产业优势,各部门和研究机构都可以直接参与工厂的技术创新改革,加上国有资本的持续高投入,极大地推动了陶瓷生产技术的

---

[1] 周思中. 中国陶瓷设计思想史论 [M]. 武汉:武汉大学出版社, 2012: 212.

现代化。如 1957 年国家建设了当时最先进的"景德镇瓷厂",有参与者称:"景德镇瓷厂是当时国家的重点项目,需要引进国外先进的技术和设备,在考察之后选取了当时比较先进的捷克技术进行建造。"[1]

但从另一个角度来看,片面追求产量、忽视质量的景德镇陶瓷产业俨然已经脱离了正常的发展路线。"大跃进"时期,对经济发展预期过高的判断,超越了当时生产实际发展的基础。从经济发展的一般规律来看,在社会主义改造基本完成后,应当巩固加强和完善多元化的经济发展体制,并逐步实现整体产业经济的协调稳步发展。但 1958 年后,由于过多的人为干预与调控、单一化的公有制格局,经济发展模式逾越了当时的生产力水平,从而阻碍了陶瓷工业的健康发展。

相关数据显示,历史上景德镇的陶瓷产业长期以手工业为主体的生产方式进行,其生产水平远不及大规模工业化的生产模式,且管理方式也较为松散,但完全可以作为工业化生产的补充。而且,手工业生产也有它自身的优势,倘若能够以公有制为主体,允许多种经济形式协同发展,那么可能会更符合当时的生产力发展水平,从而促进当地陶瓷产业的多元化和进步。

"大跃进"使第一个五年计划营造的发展大好局势出现了停滞乃至倒退,景德镇的陶瓷产业也因此遭受了巨大的损失。此后,随着中央指导思想的调整,陶瓷产业逐渐走出了发展困境。但随后的"文化大革命",使部分的工厂和科研教学机构停顿,给开始复兴的陶瓷产业带来了一些新的问题。即便如此,在这期间景德镇陶瓷生产仍取得了一定的成果。例如:

> 建成了隧道窑 18 条,引进了国外一些先进的设备,改造了陶瓷工业生产厂房,建设了两处石矿开采基地,为华风瓷厂和焦化瓷厂立项做了前期的准备工作。[2]

让人惋惜的是:1957 年建成并拥有当时最先进技术的景德镇瓷厂被拆除了。

> 景德镇瓷厂筹建于 1957 年,并投入了巨额的资金建设,是远东最先进且规模最大的瓷厂。但至 1966 年投产之后,一直亏损。1969 年由上级领导示意将景德镇瓷厂改造为直升机制造厂。这对于景德镇乃至全国的陶瓷工业发展来说,都是一个无法弥补的遗憾。[2]

---

[1] 赵渊. 认识瓷都 建设瓷都 [M]// 中国人民政治协商会议景德镇市委员会文史资料研究委员会. 草鞋码头的变迁(上):景德镇文史资料第十三辑. 乐平:乐平市印刷厂,1997:9.

[2] 陈帆. 中国陶瓷百年史(1911—2010)[M]. 北京:化学工业出版社,2014:160.

景德镇瓷厂的消失意味着景德镇失去了一次进入现代化工业生产体系的机会，意味着景德镇的制瓷业又回到了传统的手工制瓷模式中，推迟了当地陶瓷行业现代化发展的进程，并使其在与其他陶瓷产区的竞争中处于不利位置。

四、20世纪70年代后期至90年代初的快速发展时期

1976年10月粉碎了"四人帮"，"文化大革命"宣告结束。特别是在1978年十一届三中全会后，景德镇的瓷业进入了历史发展的新阶段。

相关数据统计见表2-3：

至1978年景德镇日用瓷的产量达到27 432万件，接近1957年的历史最高水平，盈利1 027万元。发展至1990年，全市共有个体陶瓷户414户，从业人员2 356人，内销量增至2.14亿件，出口量已达1.36亿件，出口创汇已达2 820万美元。[1]

表2-3　1976—1990年景德镇地区日用陶瓷销售和出口统计[1]

年份	内销数/万件	出口量/万件	出口创汇/万美元
1976	7 708	5 948	905
1977	8 506	10 878	1 656
1978	10 803	3 904	1 069
1979	10 829	10 407	2 622
1980	13 779	9 304	2 815
1981	13 585	10 146	3 015
1982	12 139	9 995	3 103
1983	11 074	7 781	2 220
1984	11 914	6 246	2 002
1985	11 282	7 213	2 005
1986	11 261	10 320	2 505
1987	9 596	10 226	2 606
1988	8 233	8 288	3 003
1989	5 441	8 588	2 701
1990	4 909	9 080	2 820

[1] 陈帆.中国陶瓷百年史（1911—2010）[M].北京：化学工业出版社，2014：160-161.

此期间国营"十大瓷厂"一直是日用瓷生产的中坚力量。虽说1949年至1990年间景德镇瓷业几经波折,但总体而言还是有一些较为显著的发展成果。比如:

> 先后成立了一批陶瓷科研机构,并已形成一个纵横交错的陶瓷科研体系。1990年与1949年相比,陶瓷产品内销产量增长了3.5倍,外贸出口量增长了56.8倍,出口创汇增长了140倍。陶瓷产品种类增至20个大类,250个系列,2 000多个器型,5 000多个画面。相继参加国内外大展,并荣获多项国内和国际大奖。[1]

第四节 20世纪90年代以来景德镇陶瓷产业发展及其反思

进入20世纪90年代以后,景德镇的陶瓷产业发展迅速,产业结构不断变革。首先,自改革开放以后,新兴的民营陶瓷企业不断涌现,同时瓷业原材料的价格也呈现逐渐上涨的趋势,陶瓷产业的市场竞争日益激烈。其次,众多历史遗留问题未能根除,滞后的国有企业管理机制难以适应现代化市场经济的发展需求。再次,景德镇陶瓷产品种类的组成结构过于单一,国营企业只关注日用瓷产品的发展而忽略了多元化结构并存的发展需求;同时,陶瓷产品的创新意识较为薄弱,陶瓷企业发展的重心倾向于对设备的改造和添置,而忽视了在现代消费经济发展时顺应消费趋势的产品设计创新,以致出现了设计落后和僵化的问题。最后,当地对国营陶瓷企业主体地位的过分强调,导致忽略了对广大民营企业和个体作坊的发展扶持,并在企业体制改革转换的过程中没能把握住时代对企业机制转变的实质需求等。

一、景德镇国营"十大瓷厂"变迁

自1959年创建国营"十大瓷厂"到1995年这些国营企业解体,景德镇"十

---

[1] 陈帆.中国陶瓷百年史(1911—2010)[M].北京:化学工业出版社,2014:161.

大瓷厂"历经了 36 年的产业发展变迁,是景德镇陶瓷产业发展的典型样本。"十大瓷厂"建厂时的初衷是要细化景德镇陶瓷产业的品类,使其生产更为专业化、质量进一步提升、产业规模进一步扩大。但在原有计划经济的模式下,没能解决如何适应市场需求的问题。20 世纪 90 年代初期,随着社会转型,这些国营企业便难以发展甚至生存了。

笔者总结"十大瓷厂"衰落的原因,大抵有如下几方面:

第一,部分沿海地区得改革开放之先机,经济迅猛发展。随着改革开放进程的推进,广东沿海地区的经济发展逐渐超过内地,陶瓷行业的发展也不例外。佛山、潮州等地的陶瓷企业,通过体制改革、引进先进的生产流水线、刺激外贸出口等多项措施,日用瓷和建筑卫生瓷的产能和品种都得到了极大的提升,陶瓷产业也逐渐成为该地区的支柱产业之一。

第二,体制改革和转型政策的失调。长期以来,景德镇国营瓷厂原有的传统管理经营意识固化,导致在改革开放之后市场经济介入时出现"水土不服"的状况。另外,由于计划经济体制中集体化概念的存在,瓷厂工人做多做少被一视同仁,极大地挫伤了工人群体的工作积极性,从而导致工厂的生产效率和经济效益下滑。同时,单一的产品结构难以适应自由开放的新市场需求。体制改革时期,简单地以承包转让和出售的方式对原有瓷厂进行改革,将厂区划分成多个区域交付私人管理。但改革措施不完善、不到位,各种先进生产设备并没有在后续的发展中发挥应有的作用,导致 20 世纪 90 年代初期的转型并没有促进景德镇制瓷工业的迅速发展,与其他新兴的陶瓷产区相比,在观念和行动上有较大差距。可见,面对新的市场经济改革,僵化的思想意识阻碍了快速有效地解决自身体制发展缺陷的进程,并没有从产业发展的源头上扭转颓势。

第三,相对分散的单一产品格局,面对突发的市场变化难以迅速调整产业结构来适应市场变化。在计划经济体制下的规划统筹,可以保证集体生产和销售的有序进行;但进入市场经济发展时期,市场竞争激烈,适者生存,不可避免地导致传统企业无法与具有多元化结构的新兴企业相抗衡。此外,陶瓷产品的产业链需要上下游相互之间的协调合作,若无法迅速进行调整并积极主动地应对市场的变化,终将会失去市场经营的主导权。

第四,思想的守旧与自我禁锢。虽然景德镇的陶瓷产业试图摆脱传统思想观念的束缚,但终究未能真正突破历史遗留下的小生产和计划经济理念的禁锢。比如有传统瓷业从业者就认为:"市场竞争与景德镇关系不大,只要保证陶瓷产品的质量和工艺提高,就不怕产品销量不好,'酒好不怕巷子深'。"在改革开放的新时代,受困于结构布局和发展定位等相关问题,甚至对有助于发展的新生事物出现抵触情绪，景德镇陶瓷产业难以对面临的形势予以正确合理的评估，以致错失了机会。此外，当景德镇陶瓷产业发展进入徘徊期时，未能完全摆脱"瓷都"的思想包袱，仍有人乐观地认为陶瓷产业的发展必然能恢复以往的辉煌；也有人对景德镇陶瓷产业的复兴和发展缺乏应有的信心，过于贬低自身发展所具有的优势，瞻前顾后、畏首畏尾；甚至有部分企业幻想依靠政府的资金扶持去完成自己在市场经济中的体制转化与发展。

当然，在改革进程中，也有值得总结的巨大成就，如伴随着国营企业发展的进程，在制瓷技艺的创新上仍获得了一些重要的成果。

其一，对日用瓷的传统工艺进行了革命性的技术改造，采用了全自动施釉、二次烧成和等静压干后压成型等技术，这已是当时国际制瓷技术发展的先进水平。其二，提高了高档陶瓷的生产力，通过技术改造，高档陶瓷生产能力达到2600万件。其三，大幅度提高了陶瓷生产技术装备的水平。"八五"期间，引进了国外先进的设备，形成了三条具有当代世界先进水平的高档瓷生产线。其四，产品开发获得了创新发展。至1995年年底，开发出16个系列，31个品种，53个花面，733套（件）造型别致、花面新颖的新产品。[1]

二、景德镇21世纪以来陶瓷产业的发展现状

进入21世纪，景德镇市政府重新组建了景德镇市陶瓷工业发展局。当地政府为引领当地的陶瓷产业发展，专门建立了景德镇市陶瓷工业园：通过"退城进园"的方式，调控地方国有企业和整个陶瓷产业的结构；通过政府招商引资，引入了一些国内外一流的日用陶瓷现代化企业，形成了新的陶瓷产业发展区域。

可以说，景德镇陶瓷产业已经进入了一个新的发展时期，但仍然存在不少需要解决的问题。如当前景德镇发展仍受到交通、信息、设计、设备相对滞后的影响，与占据天时地利的珠三角沿海地区和其他新兴陶瓷产区相比，仍有较大的差距。

2011年，景德镇陶瓷产值192.6亿元，与全国排名首位的广东佛山陶

---

[1] 陈帆. 中国陶瓷百年史（1911—2010）[M]. 北京：化学工业出版社，2014：162.

瓷产值800亿元相比，足足相差了4倍，与排名第四的潮州相比其产值也相差了2倍。[1]

此外，景德镇还缺乏对自身品牌的保护与发展意识。"瓷都"的品牌亦被少数不良厂商乱用，如不注重质量、以次充好、只关注自身利益而抄袭造假之类的情况层出不穷，导致景德镇"千年瓷都"的品牌声誉日益下降，直接影响到消费者对景德镇产品的信赖。

三、对景德镇陶瓷产业的初步反思

自19世纪开始，景德镇的陶瓷中心地位逐渐动摇并呈现衰落的迹象。虽然在20世纪初期和80年代的改革开放之后，曾出现了短暂的恢复与发展，但难以回到昔日陶瓷之都的霸主地位。其原因除了近现代社会局势动荡、经济衰退、产业革命等方面的影响之外，还有以下几点：

其一，与时代发展脱节。景德镇的陶瓷产业从历史发展来看，其之所以能在封建社会时期成为本行业垄断的寡头，是由于封建时代的全球发展仍以农业和手工业为中心。传统陶瓷产业正是以自然资源和人力资源为基础发展的，景德镇拥有先天的发展优势，从而造就了其陶瓷业霸主的地位。世界发展进入了工业时代和后工业时代之后，自然优势的核心价值被新的生产方式、资本、信息等因素所替代，欧美、日本等各国依赖大工业时代的发展，推进了本国近现代陶瓷产业的崛起，使全球陶瓷产业呈现出多元化和多中心的新局面。因此，无法完全融入现代工业化时代发展的景德镇，俨然已失去了它在全球陶瓷产业中的主导地位。

其二，产业创新力匮乏。景德镇陶瓷的历代发展大多是从前代陶瓷发展技艺的传承上开拓创新的，是基于新的材料、工艺和需求创造出来的新产品。一直以来，景德镇的陶瓷产品对传承与创新保有一定的优势；但发展到了近现代，景德镇的发展受传统观念、地方势力、社会背景等多种因素的不利影响，陶瓷行业整体创新力下降，不能及时顺应时代发展生产出新的产品，在某种程度上还导致一些传统技艺出现了传承断代的现象。一些从业者对新的产品和设计理念仍存有抵触的情绪，未能正确理解并运用新时代设计的力量提升陶瓷产品的

[1] 任江华.文化资源"重燃"千年窑火[N].人民日报，2013-02-18（14）.

经济效益。显而易见，此时的景德镇已不能依赖某种单一的产业发展模式来恢复昔日的辉煌了。

其三，恢复与发展得益于多种经济模式的蓬勃发展。当景德镇国营企业发展步履蹒跚之时，某些民营企业和个体手工作坊却凭借其应对市场灵活的自主调控能力，借助市场经济体制发展的红利，获得了自身发展的空间。这一新兴的群体充分利用了景德镇精湛的传统制瓷技艺，关注手工陶瓷生产过程中的每个细节，通过创新设计赋予陶瓷产品额外的手工艺附加值，将普通的陶瓷产品上升为艺术设计产品。当前景德镇陶瓷产业的发展主要依赖于中小企业和个体作坊的创新力量，其总数已达到上万家之多。这一群体单个规模虽然不大，但经营模式比较灵活，且易于管理，对于大型机械化生产流水线的依赖程度不高，经济投入较小。相比之下，若是要发展大型现代化陶瓷企业，可能仅仅一条生产线和其配套设施就要花费数千万元，而且短期内有可能无法获得高回报。对于具有千年手工艺传统的景德镇而言，非统筹经济的发展模式可能更有助于其产业的发展。

虽然景德镇瓷业发展仍存有不少问题，但是当地瓷业至今仍具有一些得天独厚的后续发展优势。

首先，景德镇是全国为数不多仍保留有完整手工陶瓷生产体系的城市。当前景德镇的中小型手工作坊占据了景德镇制瓷业的半壁江山，传统的手工制瓷技艺和生产方式仍在延续。传统的风俗习惯和活动仪式仍然是景德镇陶瓷文化遗产中重要的组成部分，也是当代景德镇独有的文化景观。

其次，景德镇已逐渐形成了全国较为完善的陶瓷教育研发体系，拥有了由多所高校构成的高校陶瓷专业集群，向全国各地的陶瓷生产区域输送了大量专业人才。

最后，现阶段景德镇的手工陶瓷作坊遍地开花，陈设生活类瓷产品发展迅速，至今仍占据着国内领先的地位。与以前的陈设陶瓷产品相比，无论从陶瓷产品的品种、工艺、质量、设计等各方面，它都有着巨大的变化和提高。当前景德镇的手工类陶瓷产品俨然已成为景德镇陶瓷产业发展的重要支柱。

总而言之，景德镇陶瓷产业出现的变化是社会发展进步的必然结果。面对新的社会发展需求，景德镇仍具有别的陶瓷产区所不具有的发展优势。在商品全球同质化的时代，对于仍拥有传统手工技艺的景德镇来说，这无疑拥有了再次发展的契机。此外，也不应该仅仅将工业化作为评价一座城市价值的唯一标准，而应当从更高的层次、更宽的范围，以经济价值和社会价值的统一作为评判的价值标准。

第四章
当代景德镇青年群体陶瓷创业产业发展的宏观环境

严复曾将"sociology"译作"群学"[1],费孝通受严复"群学"词源的启发,认为社会是由单个个体的人通过组织与聚合所形成的群体,是由生物界发展而成的社会界。由人的群体上升演变成的社会,要求社会中的每个成员的行为必须符合社会常规。因此,社会环境的形成要素必然会对生存于环境之中的群体产生一定的影响。

本章着重阐述在社会宏观背景下景德镇青年群体陶瓷创业的平台变化所产生的影响、国家的文化产业政策如何付诸实践、新型的媒介传播与消费模式的改变带来了什么样的问题,以及在行业消费及市场竞争中如何应对消费社会的转型与变迁等宏观要素的问题。通过分析社会宏观背景下景德镇青年群体陶瓷创业内部发生的变化,了解宏观环境对群体产业发展所带来的影响,有助于为今后调整和促进未来创新群体的发展提供变革依据。

本章是从社会宏观环境的多层次视角来解析景德镇创业青年群体发展的条件,分别从产业自然环境、国家政府政策引导、社会文化发展和行业消费及市场竞争等四个不同的维度,阐述在不同要素的影响下,景德镇陶瓷青年创业群体发展的现状及存在的问题。

第一节
产业自然环境

一、景德镇手工陶瓷艺术设计产业发展现状

中华人民共和国成立后,百废待兴的景德镇致力于陶瓷产业的恢复与发展,

---

[1] 费孝通. 论人类学与文化自觉 [M]. 北京:华夏出版社,2004:101.

先后组建了国营"十大瓷厂",在国内外享有盛誉。20世纪90年代以后,中国步入了市场经济的发展阶段。伴随着体制改革的推进,90年代初"十大瓷厂"被迫解体,民间陶瓷制造业逐渐复兴,景德镇的陶瓷产业形成了二元平行式发展的态势,即传统陶瓷与现代化的工业陶瓷齐头并进。政府主导形成了专注于手工陶瓷生产的聚集区,如雕塑瓷厂、陶溪川、三宝蓬、老厂、老鸭滩等地,主要是生产观赏及实用陶瓷艺术设计产品;工业陶瓷生产聚集区,主要集中在陶瓷工业园区和陶瓷科技园区及周边地区,生产建筑卫生瓷和大批量日用瓷以及进行新型陶瓷的研发。

近些年来,随着大众消费水平和审美意识的提升,景德镇手工陶瓷艺术设计产业逐渐发展,在众多的陶瓷产业区中走出了以手工陶瓷设计为基点的产业模式。这种别具一格的陶瓷文化产业发展模式,为景德镇陶瓷经济的复苏提供了良好的支撑。

景德镇的手工陶瓷文化资源与其他陶瓷产区相比,具有天然的优势。一是产业自然环境的优势。景德镇拥有全国最完整的手工艺生产体系和最完善的手工陶瓷生产配套体系,专业分工细致;对于创业者来说,从泥料、釉料到烧制陶瓷所要使用的各种窑炉设备都能够买到,窑炉设备也可以使用陶瓷生产社群区域的各种不同类型的公共窑炉资源,即传统的"搭窑"烧制。二是传统文化资源丰富。景德镇是世界著名的陶瓷产地,具有崇高的历史地位和影响力。自古以来,景德镇陶瓷一直是重要的外交礼品和商贸产品,具有不可忽视的文化价值。景德镇积淀了深厚的陶瓷文化底蕴,世界各地的陶瓷爱好者汇聚于此,融合当地的陶瓷文化,创造出了具有世界影响力的陶瓷文化,形成了独有的文化资源。

总体来看,景德镇当代手工陶瓷产业和艺术设计是在景德镇整个产业体制改革基础上进行重组的,历经多年的发展和转型,形成了一种新型的产业文化。这种新型的陶瓷产业文化,本质上是以艺术设计为基础、为特色的新型陶瓷产业和文化。本书中的景德镇陶瓷青年创业群体现象,正是以景德镇传统手工陶瓷文化作为基础,借助艺术的创新设计这一新动能,在社会环境发展的大趋势下自发形成的动态发展新集群。

二、"乐天陶社"和"陶溪川"集市平台的创建

"乐天陶社"[1]1985年创立于香港,目的是为陶艺家和陶艺爱好者提供欣赏以及制作陶瓷的空间,后成为全国知名的陶艺中心之一。2005年5月,景德镇雕塑瓷厂的改造重建,吸引了香港陶瓷创意文化公司"乐天陶社"的入驻,此举为景德镇的传统陶瓷发展引入了新的机遇。作为一家综合性的陶瓷创意产业机构,其包含了多种不同的陶瓷文化拓展项目,比如有艺术家驻场、教育中心空间、"乐天陶社"创意集市、设计工作室、木扉堂展厅、"乐天陶社"咖啡厅,除此之外还会依托这些固定的场所开展不同的活动。这种多元化的文化模式重新定义了陶瓷文化交流和贸易的定义,使得陶瓷文化的发展已不仅仅单纯依赖于物的传播,同时还可通过其他途径进行传播。

艺术家驻场为外来艺术家甚至本地的陶瓷从业者提供了一个创作和学习交流的新平台,其目的就是吸引外来的艺术家去了解景德镇的陶瓷文化,以独特的陶瓷艺术设计表现形式进行创作。当地千余年的陶瓷技艺与文化的积淀,为创作提供了极为便利的条件和物质基础,引发艺术家们对艺术创作的畅想。这样的一个艺术合作创新项目,不仅为众多的艺术家提供了交流和创作的机会,还成为联系本土艺术文化与外来艺术文化的重要纽带。如每周六的"乐天陶社"创意集市(图3-1),是景德镇最早针对当地大学生陶瓷创业群体而创建的一个交流贸易平台,是对景德镇陶瓷青年创业群体的产品成果进行商业交易展示的平台。

图3-1 "乐天陶社"创意集市

---

[1] 1985年以前,香港几乎没有任何陶艺工作室,Mak Yee Fun创立了主张手工陶艺创作的"乐天陶社"。她开设陶艺课程,销售手工陶艺品并举办展览。起初的营业执照中对陶艺工作室的介绍极其简单:"陶艺教育,陶艺推广和制陶。""乐天陶社"承诺加入小区慈善机构,并积极响应各类慈善活动。25年后的乐天陶社确立了四个核心原则:创造、教育、推广及慈善。这些核心原则确定了"乐天陶社"的发展方向,即成为世界最大的陶瓷中心之一。

这里展出的产品与我们所认知的传统陶瓷产品有很大的差异性。这里的陶瓷产品种类繁多，且大部分是由具有当代设计意识的青年大学生创作的，设计创意的表达形式各异，其中不乏极为优秀的创新设计，一度成为周边主流生产商竞相模仿的对象和创新设计的风向标。此外，每周五晚上在"乐天陶社"举办的陶瓷艺术设计专题讲座，通过邀请国内外陶瓷艺术爱好者或者专家进行演讲和分享，促进了当地陶瓷艺术设计思想的交融与发展，并在不同维度的设计构想中激发出新的设计创意火花。

"陶溪川"是对原景德镇宇宙瓷厂进行的工业文化遗产改造项目（图3-2），厂内绝大多数的工业建筑仍保留得较为完整，经过改造之后基本保持了原有建筑的风貌，在厂区建筑群内还拓建了相应的博物馆、书店、展览厅等陶瓷文化展示区，及配套的酒店、餐饮、娱乐等服务业区域。

图 3-2　夜晚的"陶溪川"集市

"陶溪川"也相应地借鉴了"乐天陶社"的某些形式，比如由政府出资，入驻店面在前几年是免租金的，个人提出申请由管理部门审核即可，以此吸引了一批优秀的艺术设计创业者和陶瓷企业入驻。此外，周末晚上开设了文创街区，免费让交易者摆摊设点。文创街区分为两大类产品区：一类是传统陶瓷区，一类是创意设计陶瓷区。"陶溪川"不定期还会举行较大规模的展览或者其他活动，通过主流媒体的宣传和政府推广，吸引了大量的青年创业者入驻，同时也吸引了不少游客。由于项目的成功，后续还会有其他几期的改造扩建项目。

"陶溪川"现已成为景德镇一张新的文化名片。它存在独特魅力的原因：一是由政府推进的对周边区域的环境改造，十分干净、整洁、美观，具有独特的现代设计之美；二是在"陶溪川"内配置了较为完善的一体化服务区，基础设施建设较为完善；三是有相应的高校和科研机构进驻，如中央美术学院在区域内建设有陶瓷美术馆等，大大促进了景德镇陶瓷创意活动的发展；四是地理位置较为优越，距离创业青年所集聚的区域都不算太远，便于创业者们参与到园区举办的活动中，汇聚了人气。

从"乐天陶社"和"陶溪川"的发展模式来看，二者的主要贡献是为景德镇传统陶瓷文化产业注入了新的发展方式，促进了当地陶瓷创业青年群体的发展。在这之前，景德镇的陶瓷文化产业主要依附于传统师徒传承制的发展模式，技艺创新发展囿于传统行业的发展状况一直难以在短期之内得以改变，因此在某种程度上不符合当下高速发展的社会主流趋势。新的社会发展要求使得陶瓷行业的发展创新必须满足更高层次的需求。

三、展销场域的形成和发展

最近十余年，景德镇逐步形成了多个新型的"展销场域"。除上述创意集市、"陶溪川"外，还有建国瓷厂、陶瓷街等多处。这种新型的展销场域，是以青年创业群体为核心，聚集了艺术家、传统工匠、旅游者和商家共同组建成的文化创意社群交流区域。在此场域中，青年创业群体能找到合适的贸易平台和发展途径，原瓷厂的下岗技术工人由于创意产业的兴起，重新获得了适合自己的技术工作，国内外的陶瓷艺术家通过场域内组织的活动将自己的经验与创业者们共同分享，经营陶瓷产品的商家在此也可以找到合适的设计产品和艺术作品。

此外，展销场域是自发合作形成的，处于此场域的创业群体中有一部分具有非凡的创造力。展销场域的形成并不由某一主体主导发展，而是由群体内的各个阶层各自谋求发展所产生的积极结果。一方面，社群的发展具有明显的自发性和协同性；另一方面，青年创业者们所具备的设计意识融入传统技艺，创造出不少符合现代审美需求的新器物，满足了大众消费的新需求。加之此群体处于同一个自由的市场环境之中，群体内部潜意识地会产生相应的竞争机制，对促进陶瓷艺术设计的发展起到了积极的作用。简言之，景德镇新型展销场域的出现是对传统陶瓷生产理念的革新，是通过当代设计方式的介入传统与现代陶瓷文化交流发展的产物。展销区域内，创业者从不同的维度出发，以自身对陶瓷的理解和表达，为陶瓷文化开创了不同的表现形式，而且平台内的管理机制也在潜移默化地回避一些依赖于抄袭进行创意设计的创业者——在一个公平开放的环境中，如果发现有类似抄袭产品的出现，可以直接通过管理手段进行有效制止。

在景德镇，无论是政府部门还是私营企业，他们对陶瓷文化发展的规划，皆是为了促进当地陶瓷文化的可持续发展。在以"销售场域"为中心的区域，众人都可以找到符合自己发展的合适位置。通过传统陶瓷文化与技艺的传播，拓展了陶瓷文化的影响力，同时推进了当地经济产业链的发展，伴随着交流与分享，更加强了地区品牌的号召力。

四、机遇和挑战

（一）创业群体的发展

消费文化变迁下大众审美需求的转变，为当前创业群体的发展提供了必要的需求基础。传统陶瓷文化在经济发展中如何得以延续，是现代发展与传统传承两者之间必须协调的问题。

克洛德·列维-斯特劳斯（Claude Levi-Strauss）提出："重视和尊重文化间的差异以及每个文化特有的差异是人类学家思维方法的核心。"[1] 笔者从文化发展的视角来看，当代陶瓷青年创业群体的出现，缓和了两者之间的发展矛盾。市场上具有创意的陶瓷产品容易获得较好的销售业绩，能为陶瓷创业者们提供必要的经济储备。创业者们的陶瓷工艺是基于传统陶瓷技术；若没有传统陶瓷技艺的支撑，他们也无法创造出符合当代景德镇文化语境符号的产品。此外，由于创业群体所具备的多种特质，进一步促进了陶瓷文化的发展。其表现大体如下：

第一，陶瓷创意设计集群的形成具有自发性。创业群体初期大部分是由青年群体构建而成，大多是凭借自己的兴趣而进行的设计创新实践活动。他们从开始单纯为了与他人分享自己的设计理念，到逐渐形成具有一定规模和数量的群体组织，通过交流（不是趋同）和互相学习，加大了参与个体的差异性；艺术家、设计师、老艺人、经销商、消费者等在同一个社群内各求所需，并希望借助群体的力量推动自己产品的创新，推广自己的品牌。

第二，创业群体所聚集的区域有较强的创造力。创造力是创业群体最明显

---

[1] 克洛德·列维-斯特劳斯.面对现代世界问题的人类学[M].栾曦，译.北京：中国人民大学出版社，2016：44.

的特征，传统陶瓷技艺在发展过程中囿于诸多因素的制约，很多产品已不符合现代消费审美需求。青年创业群体拥有对事物创新的渴望，通过将传统技艺的再创融入新的审美需求之中，创造出许多现代大众易于接受的陶瓷艺术设计产品。同时，聚集区本身便具有竞争的机制，通过竞争机制的刺激，参与群体会在较短的时间内不断创新自己的产品，以获得市场的认同和销售业绩。

第三，创业群体所营造的文化符号有别于其他区域。创业群体聚集区域已经成为一种新型的文化现象，并且这种现象极具代表性。比如"乐天陶社"和"陶溪川"的集市，每当开市的时候，会有许多外地的游客或是采购商蜂拥而至，并且大多数人对于这样的一种创业行为颇感兴趣，会与其他同伴分享这里的一切，并乐于在此购买相应的创意产品。由此可见，创业群体所显露出的文化符号和价值，已经成为一种新的文化现象。

（二）新媒体传播的强势介入

当代新媒体对于陶瓷文化的传播具有重要意义。与传统陶瓷文化的传播不同，新媒体传播具有许多重要的功能和价值。

首先，网络媒体的传播产生了跨时空的信息交换。网络媒体的传导具有实时性，也不再受制于物理空间维度，对文化信息的传播起到了积极的促进作用。在景德镇任意地区举行的陶瓷文化活动，借助网络通信的直播，便可以同步到全球网络视讯之中，可以让陶瓷艺术文化的信息实时传播给受众，地方性的文化活动可以直接参与到全球性的文化场域当中。新媒体传播的实时感和在场感为陶瓷文化的传播拓展了新的发展空间。

其次，新媒体传播模式引导下的陶瓷文化传播，也是一种人际互动。在网络媒体传播中，由于人机交互关系的产生，文化接收者同时也是传播者；与传统文化"单中心、单向度的传播不同，网络空间内文化是多中心、离散式的传播"[1]。网络媒体的参与者可由单一的源话题衍生出不同的多维度话题，进行重复的研讨与互动，"从而重新组成多个讨论中心群体"[2]。当某个网络媒介平台在做主题性研究讨论时，将由个体对主题研究的拓展而产生相关的新话题，并产生不同的主题议点，"多点式的热议会在发布初始信息后迅速地得到回馈"[2]。

---

[1] 睢海霞,孙清.大数据时代下的网络文化传播分析[J].成都理工大学学报(社会科学版),2017,25(01):102–106.
[2] 邓文杰.景德镇青年群体陶瓷创业空间的网络人类学解析[J].南京艺术学院学报(美术与设计版),2019(02):159–167.

最后，陶瓷文化的传播在新媒体空间内转化成一种"信息化"的传播。信息化的传播将陶瓷文化进行了再造与重组，以图片、文字、影像等视觉或听觉形式将其文化内容表现出来，虽然其中会产生一些如触感上的缺失，但是这种传播形式会使受众者产生一种对事物认知上的基础铺垫，使其在下一次接触到同类事物的时候产生联想，从侧面增强了受众自身对陶瓷文化的理解。

（三）创业群体所面临的困境

景德镇市在 2009 年已被列入资源枯竭型城市，当地的陶土资源开发也已被列入重点规划的项目之中，由此造成制瓷原料的价格上浮，加上近年来物价普遍上涨，青年群体创业所需的各种成本提升，某种程度上对青年群体创业活动产生了一定的影响。

笔者在对"陶溪川"集市创业者的走访中了解到，某些集市的摆摊费用由最初一次 50 元上升到一次 200 元，并且同一产品不能摆放在其他集市继续售卖，陶瓷泥料的价格也涨了十几元到几十元不等。

在考察调研的过程中，青年创业者张某告知笔者，他从 18 岁便从四川来到景德镇学艺，在景德镇待了将近 10 年。他认为早几年景德镇的瓷器产品便进入了一个泡沫时代，在爆发式飞速发展的同时，也为后来的行业可持续发展埋下了隐患。因为大家都认为陶瓷市场有利可图，便一窝蜂地从事同样的行业，当市场饱和之后，便开始互相竞争、拼命压价，导致不少的创业者被迫离开了创业市场。比如陶瓷风铃产品，最早做的时候可以卖 10 多元一个，过了不久便只能卖到两三元一个了。因为出现了盲目的价格竞争，大家都在压价，而且一旦某家工作室或作坊对此类产品销售的数量达到了一定规模，就会导致整个产品市场的价格无法随着自由经济的规律重新回升。加上德化或潮州之类的工业化陶瓷产区一旦拿到了样品，便可以迅速规模化量产，景德镇的手工陶瓷产品根本无法与那些陶瓷产区竞争。

可以发现，除了一些客观因素的影响，景德镇陶瓷创业群体还存在一些不可忽视的其他问题。比如缺乏品牌意识，假冒伪劣现象严重。陶瓷产品的品种虽然丰富，但是大部分同类型的产品容易产生趋同的现象，真正独立性的主创品牌较少，甚至有些商家打着景德镇的品牌，却在出售外地的廉价陶瓷，这极大地影响了景德镇本土品牌的形象。虽然已有创业者具备了创建品牌的意识，但仍未真正地理解品牌的实质，大部分人只是在产品上印上一个商标便认为这就是品牌。品牌如何作为一种驱动力去促进产品发展的问题，还没有得到有效的解决。品牌的创立并非简单地给产品做一个出处的标记，或者只是简单地做一款标志，而是需要长时间地从整体上进行品牌规划，保证产品的质量和独特性，甚至企业文化的建构等。这不仅需要精心策划，还需要针对性地进行品牌推广。因此，创业者们需要重新认识品牌的内涵，去进行品牌环境的创新营造。

创业群体的设计意愿还容易受到消费群体的左右。群体设计创业之初是以创新设计和艺术创造为目的，但当有了稳定的固定客户群之后，便难以有较大的改进。究其原因：一是创业时产品的销路一旦稳定，创业者们便会忙于提升产品产量，而忽略了对新产品的创新；二是经济利益的驱动和知识产权的意识淡薄导致创新产品被抄袭，许多创业者的创新积极性由此受到打击，从而也就无心对产品进行再创新设计，最后的结果很可能是创新力疲软；三是创新设计还需要具备一定的阅历和文化积淀，现实经济的压力导致创业者们无法过多地将精力投入到畅销品之外的产品和创新能力的培养上，这会导致他们的创作视野受到限制。

第二节
政策宏观环境

景德镇陶瓷艺术设计群体的发展，是创意文化产业发展的具体表现。因此，对景德镇陶瓷青年创业群体的发展来说，国家文化政策的引导将会对整个群体的发展产生决定性的影响。

一、国家宏观环境政策实施情况

从国家宏观文化发展层面来看，2008年5月14日，中华人民共和国文化部部务会议审议通过了《国家级非物质文化遗产项目代表性传承人认定与管理暂行办法》，此项规定为鼓励和保护非物质文化遗产传承人提供了明确有效的法律依据。

2011年10月，党的十七届六中全会确立了"建设社会主义文化强国"的战略目标，提出了"加快发展文化产业，推动文化产业成为国民经济支柱性产业"，从经济发展的全局高度规划了文化产业的发展方向，开启了文化产业政策向战略地位深化的进程[1]。2017年5月7日，《人民日报》头版头条刊发了《国家"十三五"时期文化发展改革规划纲要》，其中提出：

> 文化体制改革进一步深化，文化事业文化产业持续健康发展，文艺创作日益繁荣，中华优秀传统文化广为弘扬，人民群众精神文化生活更加丰富多彩。文化走出去步伐加快，国际传播能力大幅提高，中华文化国际影响力进一步提升。我们比历史上任何时期都更接近实现中华民族伟大复兴的目标，更有信心和能力铸就中华文化新的辉煌。[2]

对推进文化发展建设提出了党和国家的战略决策。

在省级文化发展推进层面，继国务院在1997年5月20日颁布了《传统工艺美术保护条例》后，江西省文化和旅游厅于2014年2月也出台了相应的《传统工艺美术保护条例》地方法规的详细内容，根据条例规定，将传统工艺美术的传承发展和人才培养作为重要的发展内容。江西省在对非物质文化发展的政策上，也提出了规划方针，并在2015年5月28日，由江西省人民代表大会常务委员会通过了《江西省非物质文化遗产条例》，规范了非物质文化遗产的相关内容，并提供了保障机制。2017年8月28日，江西省文化和旅游厅颁布了《江西省"十三五"时期非物质文化遗产保护发展工作方案》，重新对保护非物质文化遗产提出了新的改善措施，为本省非物质文化遗产的保护建立了更为完善的政策体系。此外，2017年3月24日，国务院办公厅颁布了《中国传统工艺振兴计划》后，2017年11月7日江西省政府出台了《江西省传统工艺振兴计划》，该计划立足于赣鄱优秀的传统文化，通过挖掘传统手工艺独有的核心特质，弘扬和传播传统工艺中的文化脉络，丰富传统文化的内涵，培育出具有地方特色的人才和品牌。

2015年3月2日，国务院发布了《关于发展众创空间推进大众创新创业的指导意见》，2015年6月16日，公布了《国务院关于大力推进大众创业万众创新若干政策措施的意见》，2017年7月27日，颁布了《国务院关于强化实施创新驱动发展战略进一步推进大众创业万众创新深入发展的意见》，2018年9月26日，又进一步颁布了《国务院关于推动创新创业高质量发展打造"双创"升级版的意见》，政策的相继出台逐步对创新创业实施和深化改革提出了明确

---

[1] 王婧. 论新时代我国文化产业政策转向 [J]. 探求，2018(05)：72–79.
[2] 详细内容参见《国家"十三五"时期文化发展改革规划纲要》，《人民日报》，2017–5–8（001）.

的发展方向与改革思路。

随着多年以来社会经济的发展和文化环境的变迁，国家宏观层面的政策制定也尽可能地与现有的发展保持一致，对发展相关文化产业和扶持创新创业采取了必要的保障措施，其中涉及创业市场规范、文化市场规范、专项资金扶持、手工技艺传承人保护等多个方面的内容。但地方政府对相关政策的规划和管理往往具有滞后性，创新思维不够主动，这在某种程度上影响了国家层面相关政策的落实进程。因此，需要对此进行必要的探索和研究。

二、政策与文化产业的关联

随着全球化发展进程的深化，各国文化及其要素碰撞所产生的相互交流与渗透更加频繁，文化创新创业产业发展也受制于文化环境的影响。因此，在文化趋于大同的发展态势中，对区域特色和区域文化的凸显显得格外重要，处在相同社会发展阶段的不同地区，其自身的文化生态也会存在差异。我国文化体系本是由多种文化所组成，具有丰富且独立的多元性和区域文化特性，文化产业的文化本源发生地的区域差异性特征也由此得以体现。但是，多元化的区域文化发展模式很可能与我国宏观政策的均衡发展战略不一致。

宏观政策的发展战略规划，是为了缩小地域差异性发展所产生的差距，从总体发展的未来规划来看，这对产业发展具有积极的促进作用，但如果以快速达到目标的激进方式实施政策，可能会对地方的发展带来不利影响。如经济发展较弱的地区可能会为了完成上级任务，将发展的压力转嫁至当地民众身上。这种政策性干预，还有可能造成社会可利用的有效资源的转换效率变低，削弱了生产要素的自由流动，从而使原有的地方文化集群应有的优势或者是文化产业的配置未能处于最优化高效的状态。同时，快速的文化产业推动，容易造成文化供应体系和文化需求体系两者匹配契合度的缺失，如果发展中缺少了后期文化消费的驱动，文化生产将难以保证其持续性和稳定性。

政策制定若以普适性为主要的衡量基准，从社会发展的新形势来看，并不一定能对文化产业起到促进作用，或者说并不一定有利于地方文化的发展。首先，因为政策制定中涉及文化、产业、经济等多个相关的内容，细化下来则包含了税收、教育、技术、人才等各个方面。其范围涉及之广、内容涉及之多，若由标准化的政策引导，将难以把不同区域的文化产业独有的优势发挥出来，尤其对景德镇这类以手工技艺为主要发展方向的地区，在税收压力过大的情况下，本地区的文化创业群体规模将难以扩大。其次，社会体制结构的变革，引发如社会人口流动、社会资源分配不均、工资福利待遇差异化等多种公共性问题，并在短期之内无法再次进行合理有效的改善。国家政策与行业内的规范和措施不一致，政策作用并不一定处于积极有效的范畴之内。从表面上来看，文化产业内各个层级的协会和产业结构在整体框架上都表现出架构的完整性。然而，处在这样的组织框架之下，不少的协会或系统部门的职能范围却难以明确地界定，错综复杂的权利责任无法清楚地呈现，其应有的作用将无法完全发挥出来，使得一些政策的制定和执行产生实质性偏差。

综上所述，如果各地政府不能因地制宜地对中央出台的宏观政策进行细化，探究出符合自身地域发展优势的相关政策，将不能有效地引导当地文化产业群自然健康地发展。假如不能有效地利用市场经济对资源适度调配的决定性作用，将不利于各地区文化产业规模化和集约化发展。倘若地方政府在对文化发展政策的制定过程中打破地方区域格局的限制，促进本地的人才、资金、市场等各个生产要素之间的自由流通，将有可能促使本地文化产业市场在资源调配的过程中发挥应有的作用，则更有益于当地科学有效的文化产业体系的形成。

三、政府政策对青年创业群体的作用与影响

景德镇陶瓷艺术设计青年创业群体的形成与发展，一定程度上依赖于文化产业政策的扶持。政策所具有的扶持性、监管性、服务性和引导性，对陶瓷艺术设计产业群的稳定发展起到了重要的推动和保障作用。具体作用与影响力可以归结为以下几点：

第一，政府的政策作为陶瓷艺术创业群体发展的重要依据，创业群体的发展依赖于政策的扶持和引导。在政府层面上能够对创业群体发展进行合理的布局和有效规划，不仅对创业群体现实的生存而且对其未来的发展方向都具有举足轻重的作用。政府政策扶持能够为创业群体对外交流提供有效的帮助，进而拓展了群体对外域市场的沟通与发展。相应的政策作为政府宏观调控创业群体发展的重要手段，就创业群体发展而言，政策引导就像建造房屋时的主干框架，稳固了框架才能更好地促进本群体的发展。

政府政策的引导作用主要基于完善创业群体相关政策的制定和对专项财政资金帮扶政策的实施，对产业发展布局规划提出明确的发展目标和重点需要扶

持的项目等，并以颁布相应的法律条款等方式，落实这些政策目标，从而确保政策本身及相关其他领域政策的协调统一。如财政方面的优先贷款，政府统一采购，提供生产场所等相关资助优惠政策，建立起完善的金融、财政、生产等相匹配的配套保障体系，激励创业群体的扩大并推动群体的可持续发展。对创业群体中具有代表性的小部分群体形成发展的核心群，政府可以通过加大对此类群体发展的财政支持力度等相关措施来扶持核心群的成长，包括将现有基础上的发展资金转换为专项资金，作为核心群的创业发展经费，以加大对创业核心主体的支持，进而引导其他创业群进入良性发展。此外，还可以对符合条件的创业群体提供一次性补贴，激励群体创新的积极性。

景德镇陶瓷艺术设计青年创业群体的创业方式，大多以自建作坊和工作室为主。因此，政府在支持核心群体发展的同时，还应该制定出针对其他类型创业群体成长的相关政策，将资源进行合理分配，为他们更好地适应市场创造机会。创业群体通过政策的协调机制和市场作用所形成的内层级分工体系，合理地规避区域内资源的重复浪费和规划雷同，对发挥地区和群体的竞争优势有着积极的作用。

第二，政府在维护市场良性竞争和建设健康的市场环境上起到了主要的监管作用。市场经济本身就具有一定的自发性，景德镇的陶瓷艺术设计青年创业群体也具有相同的属性。政府部门作为公共权力的支配主体，服务范围涉及社会相关的领域和所有的个体。在行使社会公共权力时，行政部门对公共资源进行分配。从解决市场秩序的角度，政府部门具有绝对的控制优势。对涉及创业群体进入市场时所产生的产权关系、市场竞争和市场法规等相关内容，通过出台相关的法律法规进行规范，并赋予相应的司法服务以保障创业市场的有序发展。此外，政府将通过对公司注册、税收认定、资质审核等方式对市场进行监管，在监管市场的同时，也肩负着创造优质服务创业环境的重任，来吸引和鼓励更多的创业者进入创业群体的发展队伍当中。

第三，政府为创业群体提供公共服务。政府在明晰当地区域发展特色的基础上，运用现代化手段，提供便利的交通，扩大地域品牌的传播，改善创业群体需要的生产服务设施，为创业群体的发展提供更多的便利，从而吸引更多的优质资源融入创业大军当中。以公共信息服务而言，信息在市场经济发展中的作用成倍数增长，对信息掌握程度的差异会直接导致对信息内容理解的偏差。因此，可以针对性地设立一个专门的管理部门，为群体创业提供最新的政策咨询和解答。创业群体在发展中需要得到政府的主动关注。比如行业内相关的市场运营、技术革新、政策红利等信息内容，政府需进行及时解读，并借用自身的资源优势对相关信息进行筛选重组，为区域内的创业群体与区域外的交流合作提供平台，创造条件促进创业群体和研究机构之间的交流与合作，从而提高创业群体自身的发展实力，同时相应地提高从业人员的素质和能力。政府还可以通过各种政策措施，对当地的优质创业项目进行包装，运用高层次的平台进行宣传介绍，以提升当地品牌的知名度。除此之外，若出现一些经济效益不错的可深入研发的创业项目，而创业者又无力承担该项目的深化拓展，政府就应当肩负起资助者的职责，在促进创业群体发展实力的同时，推动创业群的创新发展。

第四，青年群体创业的成长受到社会经济发展趋势的影响。因此，需要政府根据群体发展现状及未来的发展趋势，确定下一阶段的发展规划并进行引导，以保障其持续、稳定、健康地发展。政府政策的制定需要结合区域内的产业、经济和技术发展水平并融合区域环境中的各种因素进行综合考虑，规划时需要紧扣地域创业群体发展的特点，制定符合创业群体发展特色的政策，打造出具有特色的创业群体。创业群体发展规划形成后，政府还可以选择发展较好的个体进行策划和宣传，从而进一步推进创业集群的发展。

第三节
社会文化发展

一、设计专业青年群体融入景德镇

景德镇有景德镇陶瓷大学、景德镇学院、景德镇工艺美术职业技术学院等专业高校。不少学生毕业后留在景德镇并加入景德镇的陶瓷行业之中，把他们在学校所学到的专业知识、创新技能运用到生产之中；这些青年大学生在千年瓷都学习和生活，也受到了本地陶瓷文化的熏陶，对当代景德镇的陶瓷文化发展有着独到的见解。许多青年大学生认为，景德镇陶瓷文化的发展趋势必须借助设计创意文化的推动，才能开创新时代的陶瓷文化，进而使传统的陶瓷文化因创新的驱动而获得复苏和发展。当然，陶瓷艺术设计的创新仍需要从传统陶瓷文化积淀中汲取养分，通过当代设计与传统文化的结合进行创新。

陶瓷创业青年群体中受过设计专业教育的青年，存在制瓷技术上的不成熟、产品的表现技巧和内涵价值短时间内无法与传统的陶瓷产品相比等短板。但这群充满创意的青年群体，仍然是陶瓷设计创新的主要力量；他们通过创新思维，打破传统观念文化的束缚，创造出能与更多消费者产生共鸣的产品。当这些专业青年群体发展成熟之后，他们将会成为弘扬陶瓷文化的主力军，从而创造出一种全新的陶瓷文化。他们是当前景德镇陶瓷文化的生力军，这一群体的发展可以说代表了当下景德镇陶瓷艺术和文化的发展方向。

青年大学生创业群体的出现，符合当代社会文化发展的趋势，同时也符合景德镇陶瓷文化产业发展的需求。受过高等设计教育的大学生群体，具备一定的教育素养，思想开阔，对新生事物有较高的敏感性，创新的视野不容易被传统习俗所左右，更能创造出具有新时代意义的陶瓷产品，从而在传统陶瓷产品中更容易显露出创新的实际价值。

二、新型的文化传播方式与消费模式的发展

（一）新型的文化传播方式

陶瓷文化的传承与发展，得益于当代信息社会发展的大环境。目前陶瓷文化的传播方式大体上可分为两种：一种是在场性的传播，即在区域范围之内人际互动或者是群体间的传播，传播者和受众者可以面对面地进行实时性的沟通和交流，所有行为皆在实体物理空间内进行，实际上就是传统型的面对面贸易。另一种是非在场性的传播，传播者与受众者不在同一场域，以多元化的新传播媒介进行广泛性传播，传播跨越了空间和时间的局限；这种传播方式虽然方便了大众的信息获取和信息更新，但是并不能产生实时性物理上的互动和回馈。

对于当代的消费大众而言，陶瓷艺术设计产品不仅是一种产品，它还可以作为一种寻求创作愉悦和摆脱生活烦恼的心理满足途径，通过自我的参与式制作，能够缓解快节奏都市生活所带来的压力。在业余时间，尝试和实践制作陶瓷产品，不仅能深入了解学习传统陶瓷文化的内涵，更能作为一种调节日常生活的方式。所以，从文化传播的角度来看，制瓷不只是陶瓷从业者们谋生的手段，还可以使喜爱陶瓷的人们加入对陶瓷文化的学习中。

（二）网络影响下的消费模式发展

当前市场上的陶瓷产品消费者，选购产品不一定会出现在采购现场，新传播媒介渠道的出现，使得消费者可以借助京东、天猫或其他微店等多种网络渠道来选择自己喜欢的产品。"在这个消费的过程中，大众所消费的已经是转译过的'视觉'化产品"[1]；因为在信息媒体中，所有产品都将以图像和文字的形式进行展现，对产品的评判也只能依照视觉的感受进行主观选择。这种视觉感受消费的过程，本质上是符号消费的不同形态，查尔斯·桑德斯·皮尔斯（Charles Sanders Peirce）认为符号可以定义任何一种事物：

> 它一方面由一个对象所决定，另一方面又在人们的心灵（mind）中决定一个观念（idea）；而对象又间接地决定这后者哪种决定方式，把这种决定方式命名为符号的解释项（interpretant）。由此，符号与对象、解释项之间存在着一种三元关系。[2]

其中，对媒介图像和符号的指代和解释，即是符号学中所指的解析内容。

此时，传播主体已经脱离了产品的创造者。由于传播手段的改变，产品的创造者并不能直接参与销售活动。转换成"图像"的产品为转译后的视觉消费，这种消费是以吸引消费者的视觉体验作为交互式消费体验的核心。视觉消费的传播途径和方式决定了其消费服务的内容，必须要以符合消费者视觉审美的标准去获取他们的关注。在当下的景德镇陶瓷创业青年群体中，对于视觉消费所采取的对策，一是聘请专业的视觉图像技术人员进行图像修改，二是邀请网络平台的专职销售人员加入自己的团队，两种方式的目的都是为了保证产品视觉图像在网络销售中呈现出最好的效果。在对"美"的选择过程中，不仅要关注产品器物的美，还要涉及其品位的塑造、环境的适宜和对象的适用等其他方面。

> 要使消费者能感受到产品"美"的价值，欲望的展示，欲望的暗示，欲望的视点，激发欲望的动机，这些都是视觉文化的具体表现，也是人们迷恋图像的一个原因。[3]

---

[1] 邓文杰.景德镇青年群体陶瓷创业空间的网络人类学解析[J].南京艺术学院学报（美术与设计版），2019(02):159-167.

[2] 皮尔斯对符号三分构造的解释，阐释了他对符号定义的理解。参见李斯卡：皮尔斯符号学导论[M].赵星植，译.成都：四川大学出版社，2014:31.

[3] 刘琛.论意象消费：消费社会与视觉文化的互文性[J].文艺理论与批评，2009(04):25-31.

新的传播介质扩大了视觉图像符号的影响,强化了当前社会中视觉图像的象征符号意义,"图像符号已经从文化形态穿透到文化精神,并从生活方式影响到人们的生活态度及认知习惯"[1]。因此,若将视觉消费视为"满足消费者另一种欲望需求的新消费文化,那么,对新传播媒介下的消费即可理解为是借助于文化隐喻的符号消费"[2]。

此外,在新的消费模式中,"消费控制权的主导者是消费者本身。新的网络传播消费模式与传统媒介引导式的消费有极大的区别"。在网络消费模式中,消费者可以借助网络信息的自由开放属性,随时了解想购买物品的诸多信息,对市场上的价格动向也一目了然;当需要购买产品时,"通过自主的学习便可获得产品的相关知识,且通过大数据中同类产品的相互对比,从而最终购买产品"。虽然陶瓷类产品消费并不是日常生活的主要消费品,但是借助自我主导的消费行为,能促使消费者增进对陶瓷类产品的认知,从而在潜移默化中促进陶瓷文化价值的传播。

三、问题:全面型人才匮乏

景德镇青年创业群体的陶瓷创业,不只是简单的设计行为,实际上整个创业的过程跨越了多个领域,会涉及许多陶瓷艺术设计之外的内容。

在销售陶瓷产品前,为了满足购买者的消费需求,需要进行包装的配置;产品发展到一定规模时就有可能需要创立相应的品牌,这便会涉及整个产品的营销策划推广;当品牌成立后,一体化的运营又会牵扯产业管理的相关知识等,最终会由单独的个体发展为团队,这便需要创业者具备陶瓷艺术设计之外的管理类相关知识。但从行业整体的发展现状来看,这种综合性的人才实属凤毛麟角,某种程度上制约了陶瓷艺术设计产业的发展和效益的进一步提升。所以,鉴于创业社会文化的发展会直接影响到创业活动的进程,作为创业主体,还应具备创业涉及的诸多层面的知识。

从宏观整体上来看,首先,创业意识作为创业活动的基础,是创业计划和创业活动开展的先决条件。创业者需要借助创业意识的引导,自觉地融入社会

---

[1] 欧阳友权. 新媒体的技术审美与视觉消费 [J]. 中州学刊, 2013(02): 155-159.
[2] 邓文杰. 景德镇青年群体陶瓷创业空间的网络人类学解析 [J]. 南京艺术学院学报(美术与设计版), 2019(02): 159-167.

创业文化的发展过程中，搜集各类相关信息，以参与者的身份介入对未来发展问题的研究中去，以发展的眼光看问题，从中找到符合自己创业发展的道路，随时随地准备应对创业所遇到的困难。其次，创业精神也是创业者必须具备的重要素质之一。具备创业精神的创业者，在实践活动过程中具有使命感，能勇于冒险开拓、积极创新，以进取开放的心态来追求事业的发展。最后，创业技能和知识的完善，也是创业者必须具备的才能。要对市场中的相关因素有尽可能多地了解，比如消费者的喜好、市场产品的需求量、未来可能出现的发展机遇和竞争等，应用技术手段，将散落的资源进行整合加工，使整个创业活动得以正常健康地发展。

从微观个体上来说，创业群体中的陶瓷设计类学生和传统学徒群体，对陶瓷相关知识的把握具有一定的优势，但在商业和经营管理方面却较为欠缺；反之，其他专业营销的群体，对陶瓷类知识则比较陌生。然而，在创业过程中涉及的产品设计、生产、销售等相关活动，已不仅仅是对创业者知识水平的考验，还是对其管理、分析和销售等多种能力的考验。因此，青年群体创业所需要的正是这种综合素质和经验，只有具备了相关能力，才能进一步保障产品质量，促进行业发展。

针对上述情况，不仅应多开展创业群体间的互动交流，相互介绍创业活动的经验，对一些较好的创业案例进行集体研究，提升大家的创业意识和创业激情，更要加强跨学科的培训，完善青年创业群体所需的知识体系，并提升创业综合能力。学校和政府要加大对创新创业相关教育的培训和支持，加强孵化基地的建设，增加创业群体的成果转化，以获得良好的社会效益和经济效益。

四、陶瓷文化传播的现状

（一）景德镇陶瓷文化的发展既源于传统又是对传统的革新

景德镇传统陶瓷文化作为当代陶瓷艺术设计发展的基础，具有不可替代的作用，传承下来的历史文化资源一直是景德镇独有的宝贵财富。比如陶瓷工艺中的青花、粉彩、颜色釉和玲珑，陶瓷器型的制作、造型、风格等，至今在中国乃至世界的手工制瓷产区中占据着不可逾越的地位。然而，在继承传统陶瓷文化的过程中，也会出现盲从和依赖的现象，导致设计创作意识不强、工艺制作技法故步自封，某种程度上阻碍了当代景德镇陶瓷艺术设计的发展。因此，陶瓷文化的发展必须借助设计和创新的力量，立足当代社会，借助传统文化的力量改革创新；在新的制作工艺、审美和个性需求中，在保持景德镇传统特色元素的基础上增添新的时代元素，以获得大众对当代陶瓷文化的认同。

（二）全球化影响下的景德镇陶瓷文化

随着当代文化、经济、政治、思想的自由交流与相互碰撞，各民族的本土文化受到不同程度的冲击，本土文化的完全独立性已被侵袭，不同文化皆存在受外来文化影响的痕迹。当代景德镇陶瓷文化自然也受到了全球化的影响，在发展的过程中逐步融入与全球文化共同发展的潮流当中。景德镇陶瓷文化无论是从创作题材还是表现风格或是设计理念上看，均显现出一些迥异于本土陶瓷文化旧有的表现形式与内容，使人明显地感受到外来文化已影响到了其当代的陶瓷生产与创新。值得注意的是：根深蒂固的本土陶瓷文化所产生的影响已不再浮于表象，各种内容的本体依旧扎根于传统陶瓷文化之中，陶瓷艺术设计产品所显现出的个性化特征与内在一脉相传的传统文化共生共存。因此，在景德镇文化为顺应国际化发展而发生改变时，仍应重视保持民族文化固有的精华特质，以达到文化发展的求同存异。

（三）艺术化与生活化

历史上的景德镇陶瓷一直都是生活用品，同时有不少高级瓷品是作为艺术品存在的，国内外历代的王朝权贵都将其视为不可多得的奢侈之物，至今仍有不少大众对景德镇陶瓷的印象停留于博物馆或者是专门的艺术展览之中，即便是存放于家中的景德镇陶瓷产品依旧是作为珍贵的器物被收藏。然而，随着近些年大众消费时代的来临和消费经济的发展，在以景德镇陶瓷创业青年为主体的群体文化推动之下，高级的陶瓷产品以日常生活之物的面貌出现在大众眼前，其独有的艺术审美特质已融入大众的生活之中。创业青年群体运用自己的设计创意，将艺术和技术融为一体，使受众群体在日常生活中通过使用日常器物感受生活的美好。此外，也有不少陶瓷爱好者参与到陶瓷的体验式制作当中，在创作过程中感受艺术创造的生活情趣。在人们审美情趣的影响下，陶瓷产业呈现出功能与观赏、设计与艺术、文化与工艺多维度协调发展的新趋势。具有现代艺术设计感的陶瓷产品，不仅能为人们的日常生活做出应有的贡献，还能让人们享受生活中的无穷乐趣。

（四）文化尊重的自觉

在社会发展变革中，景德镇传统的陶瓷行业制度显然已不符合当今社会陶瓷产业发展的需要，因此政府相关的政策制度重新规范了陶瓷行业发展的路径。除此之外，陶瓷社会文化的发展除了受外在各种因素的影响之外，还与陶瓷从业者们自身内在素质的提升存在必然的联系。文化实践者的内驱力是促进行业发展的重要因素。

创意与创业者的文化自觉，不仅是指对文化的觉悟和觉醒，还包含了对文化应有的尊重和担当。虽然景德镇享有"千年瓷都"的美誉，但现实中仍存在一些对文化不敬的现象。如近些年部分媒体对"大师瓷"的报道所言，一些人唯利是图、找人代笔等现象应该引起警惕。景德镇的品牌已成为文化资源并转化为经济资源中的无形资产，对于景德镇陶瓷从业者来说，必须充分认识其文化价值，具备应有的尊重文化的态度，对传承具有自信和自律，并从中汲取养分。

当然，现实中存在的一些不良的社会现象及对景德镇造成的不良负面影响，只是局部的问题。景德镇陶瓷行业基于千年的陶瓷文化积淀，在日益变迁的社会发展环境当中，显现出独特的文化发展取向。作为以陶瓷产业发展为重心的景德镇，需要与时俱进地推动青年陶瓷从业者们的进步，特别是具有后续活力的创业群体的发展；要利用好景德镇独有的陶瓷文化优势，总结创造出具有本土文化特色及精髓的陶瓷产品，遵循社会文化发展的必然规律，在新时代做好选择和重构的准备。

第四节
行业消费及市场竞争

景德镇陶瓷行业的发展，素来与社会经济发展和市场需求密切相关，其中市场的好坏是陶瓷产业兴旺与否最直接的反映。近些年，随着国际陶瓷市场的开放，大量的国外高档陶瓷涌入，使得本应占有高端陶瓷产品市场的景德镇陶瓷产品失去了原有的优势。加上陶瓷收藏界对景德镇艺术陶瓷的关注热度逐渐趋于理性，景德镇的陶瓷产业必须进行科学合理的改革和转型。因此，以创新拓展陶瓷相关产业的发展路径，成为优化传统行业结构和转型升级的必由之路。

在面对新起的消费需求和竞争的市场前提下，景德镇的陶瓷产业市场呈现出新的发展前景。

一、消费市场转型下的青年创业群体

景德镇的陶瓷创业青年群体活跃于各种创意贸易区域，已成为推进景德镇陶瓷文化发展的主要新生力量。青年群体创业初期的发展规划大多依赖于自身对市场消费趋势的分析，并想借助市场需求的空缺，快速地占据市场的一席之地。然而，在进入市场之后，创业群体依旧会遇到与产品设计开发相关的实际问题。从对创业区域现场的调研结果来看，几乎所有的创业者在初期都需要借助具有独特代表性的陶瓷产品作为打开市场的"金钥匙"，以创意新颖的产品吸引力弥补创业初期产品类型资源单一的局限。此时，对创业群体而言，如何提高和保证自己陶瓷产品的"质"就成为创业发展的核心问题了。

然而，青年创业者大多缺少对产品市场定位的真正认知，需要借助市场上其他从业者已有的经验作为引导。当自己的设计产品需要进入已有的同类型产品市场时，青年创业者可能会受到先进入市场的同类产品销售者的资源压制。比如一款新的茶具产品，在使用功能和造型上短期之内难以与其他同类型产品拉开差距，创业者又必须销售掉自己的产品以获得后续发展的资金，那么最简单直接的方式便是提高产品的质量：选用更好的泥料和更精细的工艺进行生产，提高产品在同类产品中的性价比。所以，后继的创业者们必须借助其他有效途径弥补后天进入的缺陷，克服创业初期有可能出现的创业失败的风险。

伴随着创业过程的不断推进，度过了创业生存期的创业者便会将发展的重心由单一的产品类型拓展到多种产品类型协同发展上来，通过对产品类型的多元化扩张，打破原本单一产品类型的市场局限。

笔者调研时，创业群体中的大部分人认为，若只是依靠一种产品占有市场，在未来长期的发展中，要获得更多的市场资源将是困难的，并且无法保证创业活动继续稳定地发展。因此，如何拓展产品种类，使产品更加多元化，成为不少创业者在谋求发展时必须考虑的问题。对此，有不少创业者利用信息网络媒介或者是人际关系网络资源，借助外界对市场产品消费的回馈来获取相关的资源信息。这两种获取信息资源的方式较为便捷，使得不少创业者相继采取了同样的方式，但随着时间的推移，同样的信息获取途径将会导致信息来源趋于同质化。因为景德镇陶瓷创业青年群体局限于有限的交流范围之内，加上现代信息流通发展迅速,通过同种途径和方式,创业者们彼此之间容易获取类似的信息。这种情景又迫使创业者们必须通过其他渠道去找到符合自己产品发展的创新思路,以适应市场的动态发展,改善自己的创业生存空间。

二、新传播媒介影响下的大众消费需求

景德镇是一个依赖于陶瓷产业发展的传统城市。当陶瓷行业的发展遇上新媒体时,它会受到信息不对称和传播信息盲点等相关问题的影响。但是景德镇陶瓷行业如果能顺应新传播媒介的发展趋势,借助线上和线下资源的整合,充分认识新媒介传播所具有的经济价值,充分利用大众传播所具有的社会功能,借用新的传播形式将景德镇陶瓷的文化形象进行重塑,改进落后的生产观念和方式,引导大众的消费方式,将有助于从多方结构的调整中重新推动景德镇向现代化手工艺城市方向发展。

在当前这个信息爆炸的时代,随着新型传播技术和传播媒介日新月异地发展,加上便携信息终端设备的不断增加,以及大众消费方式和获取信息渠道的不断扩展,新型传播媒介在当下大众消费的新历史时期占据了举足轻重的地位,并在全球经济发展的背景下发挥了重要作用。

新信息传播媒介的出现导致了传统传播格局的改变,对于自然陶土资源趋于枯竭的景德镇来说,这样的转变既带来了发展机遇,又面临着新的挑战。自媒体时代,群众个体已成为信息的受众和传播者。信息的爆炸式发展创造了新的信息空间,在新的空间内信息传播范围成倍数地扩张;一旦出现新的消费流行趋势,潜在的消费价值便会立即凸显出来。

媒介传播技术的更替,使传播效率和范围都得到了极大的延伸,在促进信息文化普及的同时,对公众的生活方式和消费也产生了不同程度的影响。首先,传播媒介作为信息的传递者和解释者,新技术的发展推进了传播功能的空间不断延展。具体到消费中,即传播媒介不仅是对现实状况的转载,还对其进行了二次解读,以间接的形式引导着大众的消费生活。比如微信、微博、小红书等众多媒介平台的出现,使得信息的流通呈现出多元化、高效化、宽泛化的状况,这也说明大众已经成为建构新消费生活的重要参与者。其次,新媒介还可以形成文化集群区域空间。不同的个体之间可以通过互联网的联结组建起虚拟区域间的交流,通过媒介的作用,能提升地区的文化形象。通过区域内意识共同体

的交流，也能增强社会的凝聚力和向心力，对增进参与群体对文化的自信具有积极的促进作用。最后，在新媒体环境下，大众对陶瓷产品的要求已经大大提高。国外的陶瓷产品会引起消费者的青睐，通常是由于其设计的新颖和对制作工艺的严谨态度。本土的陶瓷产品，通常只有在制作出口陶瓷时才会追求细节的完美，而对内的销售产品却会忽略许多需要注意的细节，并没有将精力放在适应需求和引导消费上。

在消费转型的过程中，创业青年群体感受到了来自极具竞争力的大型企业的压力。在这种发展背景下所反映出的问题包括：创新经济的发展创意点仍不够，缺乏与时俱进的创新更替能力，不能较为迅速地开拓创新思路，与某些设计公司完善的整体设计流程相比仍有较大的差距。此外，除了生产，管理和销售的专业水平也较低，许多具有潜力的消费市场仍未开发完善。简言之，创业青年群体仍需要提高自我创新的意识，明确创业发展目标，开拓创业视野，提高管理能力，以满足大众消费的多元需求。具体而言，以下几方面值得注意：

第一，创业者需要有明确的发展目标。许多创业者在创业的时候并没有确定好未来发展的目标，产品倾向于资金投入较少的项目，因为这些项目相对来说风险较低，比较有保障。但是他们往往会忽略一个问题，即低成本的投入会导致低收益，如果长期在低端产品内徘徊，将导致难以继续扩大发展的困境。此外，仍需警惕从众心理的影响，虽然有些产品在市场上的销售业绩不错，但是盲目地追随也并非良策。因为销售较好的产品已经被先行者占据了较大的市场份额，贸然进入可能会得不偿失，如果以降价的方式进行竞争又会造成市场上价格恶性竞争的局面。所以，创业者需要明确产品发展的目标，不然会导致创业的失败。另外，如果产品预期目标定得过高，有可能在短期内难以达到实际期望的效果。因此，在目标的选择上还应脚踏实地，综合实际情况对自己的定位进行评价，保证能力与实践并驾齐驱，从而保持良好的发展前景。

第二，创业者有必要开阔视野，建立独立自主的创业路径。陶瓷创业青年群体由于其群体自然属性的限制，缺乏一定的商业经验和远见，视野范围相对狭窄。如果只考虑到眼前利益，一旦出现经济波动，很难立即找到解决方案，这将导致创业进入瓶颈期。另外，创业者可能会把大量的时间花在产品的制作上，但却往往会忽略市场销售中最重要的服务环节。消费者在购买产品时，希望在获得产品的同时，体验到与其匹配的优质服务。然而，某些创业者却忽视了服务的重要性，单纯以产品的价格来衡量消费者的需求。比如会有消费者希望依照自己的需求定制一些个性的产品，但许多创业者却因利润微薄而拒绝，导致购买者得不到想要的产品，因此失去了一些潜在的客源。有不少创业者抱怨生意不好，主要原因是他们忽略了现实消费者的潜在需求，令消费者的消费体验不佳；创业者的产品得不到认可，从而无法形成商业闭环。

此外，一些创业者在创新层面会随波逐流，缺少自己产品的独特个性。许多人会认为运用新技术就是走在了创新的前端，这只是片面的想法。新的技术虽然可以提高产品的利润空间，但如果消费者在里面获取不了相应的增值服务，长期发展下去，将会造成消费购买欲望的直线下降。倘若一味追求技术的创新而忽略了人文的需求，将会导致在大量资金投入的情况下，并不一定产生相应的效益。

第三，创业者需要提高创业的执行力并改善资金状况。其一，创业者的执行能力需要提升，当每个人都沉浸在追寻理念创新时，执行能力也是影响创业成功的重要因素。创业过程中对专业知识技能的整合、与其他行业的协调合作、创业团队成员相互间的默契等，都是促成创业发展的必要条件。如果缺乏对自己创业行为的洞察能力，将不能有效地弥补创业过程中的缺陷，不能面对相应的风险。其二，要改善创业者自身的资金状况，就必须开拓新的融资渠道，解决资金缺乏问题。创业者需要借助政府政策的扶持，加强相关渠道信息的搜集，充分利用创业的国家导向政策，寻找到市场融资的合适时机和切入点，扩大创业规模，形成一定实力，以吸引新资本的注入。

三、市场竞争引发的矛盾

（一）创业青年群体观念的冲突

当下对于设计教育院校的大学毕业生来说，他们对于新的消费市场和消费需求的认识，已经不同于以往传统陶瓷行业的前辈和继承者们。而对景德镇传统行业师徒制的传承者来说，他们认知陶瓷的某些方式已经无法适应当下陶瓷在新消费市场中的发展需求。

最直接的就是集市摆摊销售的例子。大部分集市区域受青睐的是有设计变化的陶瓷手工制品，而传统的手工陶瓷制品虽然单品价格要高于一般设计的陶瓷产品，但销售总体上却往往不容乐观。传统行业师徒制的学徒们为了增加自己产品的销售量，最直接的途径就是借鉴已有销量产品的设计。由于设计文化本身的时效性，不少学徒间接地接触到了设计独有的文化特征，迫使自己去接受当下有效的消费设计标准。但是与接受学校设计教育的学生相比，传统行业师徒制的传承者对新的文化行为方式的接受又面临着新的价值标准对先前标准的否定。如对器物釉色的评判，传统行业通常认为器物釉色的表面必须为平滑温润的，然而创意设计者却会觉得某种不经意的窑变肌理会使器物显得更充满活力。可见选择了新的标准，在某种程度上就是对传统标准的否定，这也是大学生群体和传统行业师徒传承制群体之间容易产生分歧的地方。

（二）市场竞争的矛盾

长期的市场竞争难以避免会出现不良竞争，这将严重地阻碍创业活动的健康发展。众所周知，任何行业发展到一定阶段，必然会形成规模化产业，在规模化产业影响下，某些资源会自然地被垄断。当陶瓷创业青年进入创业市场后，必然会受到一些功利心较强且只追求利益的大企业的排挤。这些具有一定规模的企业群体，将会运用各种手段去占取市场上的大部分销售份额。例如，市场上会出现印着"景德镇制"的外地陶瓷产区的陶瓷制品，但以超低的价格售卖；景德镇创业者的设计产品可能不需多久便会被仿制且大量地出现在别地的市场。除此之外，在创业群体内部也会出现为抢占市场销售的先机而采用抄袭、压价、诽谤等不良手段压制同行发展的情况，从而造成竞争的非良性发展。诸如此类的恶性竞争对创业群体整体的发展产生了恶劣的影响，阻碍了整个群体乃至陶瓷行业的繁荣发展。

（三）管理机制的欠缺

景德镇青年创业群体大多存在营销机制落后的状况，难以与规模化的企业竞争。创业群体多为个体作坊或工作室，大多是依靠小批量订单和零售的营销手段来获取资本，其发展规模普遍较小，资金回笼周期较长，且销售渠道较为单一。陶瓷创业群体中少有职业的销售从业者，大多是由与陶瓷制作专业相关的个体组成。由于从业者对销售管理知识的欠缺，销售管理机制落后，对产品的销售定价也较为随意，所以难以保证陶瓷产品获得应有的价值。尽管创业群体中的陶瓷类专业人才众多，但是实际创业发展需要现代化的销售管理意识和手段，加之创业过程中不合理的人员配置，行业整体发展存在一定的局限。对于创业者来说，并非一定要以开拓发展陶瓷产品为唯一途径，而应该拓宽视野，从管理层面反思如何在科技化迅猛发展的当下适应市场转变的多元化需求。

第五章
当代景德镇陶瓷创业青年群体与创业模式

安东尼·吉登斯（Anthony Giddens）提出的"社会化理论"认为，一方面社会结构规定着人们的社会活动，另一方面人们的社会活动也会再生出社会结构。当代的中国社会正处于一个急剧变化的历史时期，社会结构及人们的社会活动正在发生变革，景德镇的陶瓷文化群体结构也在悄无声息地发生着重组与变迁。

本章以大学生创业群体和传统师徒传承创业群体为主导的新生青年群体为研究对象，集中研究他们对景德镇当下陶瓷文化发展所产生的结构性影响。探讨这一对象的群体特征、群体融合、群体发展等相关的创业内容，分析在新的群体融合背景下景德镇陶瓷创意文化的嬗变与创业群体的创业模式，有助于解析当下景德镇群体文化的发展及其价值取向。

本章主要是对景德镇几个不同陶瓷创业区域的创业集市和生产地进行实地考察，以文化人类学的理论与方法对景德镇青年创业群体进行调查与实证的研究，集中对景德镇陶瓷创业青年群体的文化丛进行阐释，从而分析研究不同青年群体主体特质的文化创业模式及其社会变迁的动因。

第一节
当代景德镇大学生创业群体

一、扎根于当地创业的青年学子

景德镇是一座拥有千年陶瓷文化的古城，它是中华陶瓷文化的重要发展基地，具有广泛深远的影响力。新时期，景德镇拥有全国最大规模的陶瓷类专业高校群和大学生创业群。这些高校群由景德镇陶瓷大学、景德镇学院、景德镇陶瓷职业技术学院、江西陶瓷工艺美术职业技术学院及景德镇陶瓷大学科技艺术学院5所高校组成，扎根于本地的高校陶瓷创业青年群体也大多是来自这几所高校的毕业生。

从该高校群的陶瓷类毕业生就业状况来看：

> 2010年景德镇陶瓷大学的陶瓷类毕业生就业率在95%以上，应届生从事陶瓷行业的人数大概占总体毕业人数的比例为28.89%，2011年从事陶瓷行业占总人数的比例为33.64%。[1]

不难看出，陶瓷类专业的毕业生在景德镇从事相关工作的就业形势并不乐观，陶艺或者雕塑类艺术专业的学生在外地就业更不容易；而其他设计类专业的学生相对来说情势较为缓和，但大部分的毕业生会在工作一段时间后选择从事其他专业的工作。基于地域环境等诸多因素的影响，广东、福建、浙江等沿海发达地区的相关企业成为大家比较青睐的去处，而愿意留在景德镇工作的，则多为江西省户籍的毕业生。因此，从资料统计状况来看，对于本地高校毕业生来说，留在本地自主创业并不是就业首选。那么，本地高校创业的基数到底是怎样的呢？

带着疑问，笔者参考了近几年景德镇各高校公布的就业质量报告中的创业统计数据。其中，景德镇陶瓷大学每年的创业人数居于本地陶瓷设计类高校之首，该校2014年创业人数为230人，占总毕业生人数的20.52%；2015年人数为188人，占总毕业生比例为15.01%；2016年人数为252人，占总毕业生比例为18.69%。另外四所学校，除了景德镇陶瓷学院科技艺术学院在2014年的创业人数达到137人，其他各院校的创业人数最多不超过50人（表4-1）。

表4-1 2014—2017年景德镇地区大学生创业统计

年份	景德镇陶瓷大学		景德镇学院		江西陶瓷工艺美术职业技术学院		景德镇陶瓷职业技术学院		景德镇陶瓷学院科技艺术学院	
	创业人数/人	占总人数/%	创业人数/人	占总人数/%	创业人数/人	占总人数/%	创业人数/人	占总人数/%	创业人数/人	占总人数/%
2014	230	20.52%	无记录	无记录	无记录	无记录	无记录	无记录	137	9.21%

---

[1] 冯涛.高校陶瓷类毕业生就业现状分析与对策探讨：以景德镇市院校为例[J].景德镇高专学报，2012,27(05):75-77.

续表

年份	景德镇陶瓷大学		景德镇学院		江西陶瓷工艺美术职业技术学院		景德镇陶瓷职业技术学院		景德镇陶瓷学院科技艺术学院	
2015	188	15.01%	无记录	无记录	8	1.77%	11	6.15%	96	6.32%
2016	252	18.69%	43	7.34%	31	4.09%	7	3.14%	20	1.28%
2017	无记录	无记录	6	0.73%	43	3.95%	9	2.30%	无记录	无记录

注：笔者整理绘制。

受到诸多主客观因素的影响，虽然愿意留在景德镇进行陶瓷创业的高校大学生群体人数较少，但是每年仍持续有本地高校毕业生融入景德镇陶瓷行业的大家庭中，为景德镇陶瓷行业的发展提供了新的人才资源，注入了新的血液。通过对调研群体进一步的考察发现，当下景德镇进行陶瓷创业的青年学生群体大致分为以下三种不同的类型：

第一类是"体验型"创业群体。这类群体体验至上，崇尚生活节奏的自由，希望生活过得无拘无束。这类群体对企业化管理的各种制度限制显得无所适从，认为工作必须是自由且有趣的，不屑于为普通工作中繁杂琐碎的事情消耗时间。

第二类是"专业型"创业群体。这类群体技艺至上，以陶艺、陶瓷设计、雕塑、陶瓷装饰艺术等与手工陶瓷制作关联性较大的专业高校毕业生群体为主。他们中大部分人的专业技能较好，有较强的动手能力和扎实的理论基础，如果远离了手工陶瓷产区在外地谋生，大部分人将要面临技术转型的问题，可能会因此遗弃一直学习积累的手工制瓷技艺及相关知识内容，并难以继续深入地提升自己的实践创造能力。于是，出于对自身技艺的坚守和对陶瓷文化的热爱，即使短暂离开后，仍有不少人再次回到景德镇从事与手工陶瓷产品设计相关的工作。

第三类是"兴趣型"创业群体。这类群体纯粹是出于对手工陶瓷的兴趣与喜爱而选择在景德镇创业。在一个地方待久了，人就容易产生对当地的情感依赖，热衷于本土陶瓷文化所带来的自豪感和满足感，情感认同是支撑他们从事相关工作的原动力。

简言之，景德镇大学生青年创业群体基于生存、理想、发展等各方面的需求，在当地市场大环境的推动下，他们的陶瓷创业行为为青年毕业群体中的普遍现象。这种现象的产生，主要是其主体内因和环境外因的共同影响导致的。

内因层面，大学生群体具备了较高的知识文化水平，对陶瓷行业相关的创业活动存在一定的敏感性，在创业过程中拥有激情与干劲，具备一定的设计和制作能力。学校的培养使他们具有较高的文化素养，能从自己专业的角度去分析并对陶瓷设计创新市场进行把控，具有较好的驾驭设计创新的相关能力。这类群体的创业动机大多是基于对个人价值的追求。创业初期，大学生群体尝试性地融入一个新的社会环境当中，实践的过程容易产生一些未知的感知偏差。大学环境所营造的群体文化氛围比社会环境所产生的文化氛围简单得多，在没有经验引导的情况下对社会进行新的探索和实践，创业者面临的新的综合压力远远大于普通职业岗位的压力。然而，创业者个人的主观能动性促成了本体的自我价值实践，其心理需求远远超出单纯对生存本能的渴望，进而促成了最终创业行为的发生。

外因层面，即从有利的创业生存环境促成的创业外因来分析景德镇陶瓷创业青年学生群体的形成，有以下几方面原因：

首先，景德镇创业的生活压力较小。景德镇主城区面积不大，日常生活相对于其他沿海地区或中心地区城市来说更容易适应，而且物价消费水平不高，居民生活节奏较慢，更重要的是房价相对于其他大部分地区来说也更为适宜。2017年前较好的住宅区（如恒大名都）一套100平方米的房价只需大约50万元，进行创业的大学生基本上3—5年便可以买下一套普通的房子。

其次，陶瓷创业技术门槛不高。求学期间学习的课程内容易于学以致用，本地高校所开设的专业课程大多与景德镇本地的陶瓷产业息息相关。如陶瓷艺术设计、陶艺、雕塑、绘画等专业方向的学生，在求学期间就会有专门针对陶瓷制作相关技艺的课程培训；即便是课程讲解的内容相对于创业来说较为单薄，但也引导了学生对陶瓷制作相关工艺技法的初步认识。并且学校周边会有各种类型的工作室或作坊，学生们要深入地实践学习并不是一件困难的事情。

再次，陶瓷创业地域环境适宜。相对于其他的陶瓷产区，在独有的手工类型的陶瓷制作方面，景德镇仍为最主要的生产区。景德镇的手工陶瓷产业经过几千年的经营，产业链已经十分完善，且基于瓷都的品牌效应，各地来旅游和采购的人数较多。大学四年的学习经历使得不少学生熟悉了景德镇周边的环境，毕业之后不需再花太大的精力就可以进行手工类陶瓷产品的创业。当然，创业还离不开当地陶瓷专业信息环境，即陶瓷信息交流的便利。大量的陶瓷艺术家和爱好者时常聚集在景德镇，而且全国大部分的美术院校在景德镇都有实践基地，国内外的艺术名家也会时常光顾于此。大量与陶瓷设计和艺术相关的信息交流，使景德镇具有了浓厚的陶瓷创造氛围。在景德镇各大展馆经常会有各种类型的陶瓷展览，创业中的学生群体在这样的大环境下接触到许多不同类型的艺术家或设计师，从中汲取到许多新的创作灵感与信息。产区周边随处可见的能工巧匠也可以成为大学生创业时的技能导师，而且大部分从业者十分乐于与学生们分享自己的从业经验。

最后，陶瓷创业回报较为丰厚。相对于其他行业的创业模式，景德镇的手工陶瓷创业属于成本较低的创业类型，并且利润颇丰。以手捏陶盘为例，普通一条陶泥的价格在 15 元左右，但是成品产值可以达到 2000—2500 元，并且器物的成品率可以达到 70%—80%；相对于普通工艺、常规器型的利润，好的设计和工艺将会有更高的利润。因此，较低的投资成本和快速高利润的回报，也成为大学生进行创业的良好"推手"。

总体来看，景德镇良好的创业氛围和环境的外部推动，极大地促成了具有内在创业意愿的青年学生群体创业行为的发生。大学生青年陶瓷创业群体的发展凭借当地独有的文化环境资源，使陶瓷文化产生了良性发展的新趋势。

二、现实生活与艺术理想

面对社会变革与就业转型，景德镇为陶瓷创业青年群体中的大学毕业生开创了自己的生存和发展空间，为他们实现自己的艺术理想提供了基础条件。

在市场层面，面对工业 4.0 时代的来临，全球经济迅猛发展与科学技术的日新月异，市场对新型劳动力的需求变得十分迫切。与其他制瓷产区相比，景德镇汇聚了更多的高校青年手工陶瓷创业者，可满足新型市场劳动力的需求，使这些创业者通过自身的努力可以开创属于自己的生活天地。鉴于景德镇近几年一直在大力扶持陶瓷创意产业的发展，青年创业者们得以借助各种不同平台的力量来展示自己创意实践的成果。

笔者在田野考察过程中发现，大部分的大学生创业实践是在毕业之前就开始的，他们对陶瓷行业的认知在实践的过程中逐渐积累锤炼。他们最初是受周边环境的影响，对陶瓷产生了一定的兴趣，并进行尝试性的制作；凭借着创意集市平台的传播力量，将自己的作品转换为一定的经济价值，在尝到甜头之后，便开始转向较为专业化的发展。

在实践层面，通常成立一间普通工作室的时间周期较短，大部分创业者在进入集市后 1 个月左右就会完成第一间工作室的初步设置，一间工作室的成型最多只需 1—2 年的时间。在受访者中，有位来自西安科技大学的青年创业者，只用了不到半年的时间就已经将工作室稳定下来。然而，创业者的生活并不清闲，日常时间常被工作所填满，很多人从早上 8 点多踏入工作室的那一刻起，一直工作到晚上八九点钟,除了需要采购原材料和釉料之外,成型、装饰、吹釉、装窑、复烧等多个后续的工序,基本上都是亲力亲为。笔者调研中询问过一位创业者,为什么对制作中的每一个步骤都需要亲自去操作,她举了一个很简单的例子:比如对釉色的把控,并不是每位吹釉师傅都能把握住不同釉色的性质,只有相对批量较大的白釉和影青釉才会请专门的师傅,其他的釉料都需要自己慢慢地尝试才能烧制出较好的效果。陶瓷器物吹完釉后,由于大部分陶瓷产品是在公共窑炉搭烧,创业者需要亲自去找窑炉烧制。有些窑炉的气焰还原并不适合自己的釉料,有的烧制前还需要赶去抢窑位,使自己的成品能达到最满意的效果;而且需要赶早在开窑的时候将自己的产品拿走,否则可能出现遗失的情况。诸如此类的情形基本上是每个陶瓷创业者都要经历的。当然,也有少部分人会有自己的窑炉进行烧制,其原因是工作室已经达到一定规模、具有一定的产量,为了按时完成批量化的生产,或者为了独有的烧制工艺,需要自己去掌握窑炉的火候和温度。

图 4-1　陶瓷产品进窑炉前的摆放

图 4-2　喷釉

在资金层面,青年群体陶瓷创业过程中的关键问题是创业的资金。大学生创业初期基本上都是依靠家庭支持或者是通过兼职打工来获得资金,资金的储备常常捉襟见肘。即便如此,小规模的手工陶瓷仍可以通过集市平台进行销售转换成资金。在景德镇,大部分工作室开创初期为合伙创办的形式,2—3 人共同出资租下一个面积不大但工作便利的工作室。在雕塑瓷厂内,小的工作室只有十几平方米,大的上百平方米,这些群体中大部分工作室的规模占地面积为 20—60 平方米(图 4-1、图 4-2)。工作室通常具备展示和生产两种功能,大部分工作室会留有一处较小的位置作为产品展示区域，展出已经在销售或者是设计中的产品，剩余部分区域为生产空间。这种布局一是由于资金问题，不能租下专门的展示店面；二是许多客户更愿意看到自己获取的商品是第一手的商品，而不是转手倒卖的二手商品。在这种环境状态下，有经验的采购者能立即根据其制作的工艺手法提出一定的建议，使产品更能符合购置者的需求。

在理想层面，青年大学生创业群体虽经常要忙于应付日常生活和工作，但繁杂的生活并不影响其对于艺术理想的追求，实现艺术理想是创业群体中大部分人的夙愿。所谓"艺术理想"，是指受过设计专业教育的陶瓷创业青年群体的一种自我价值的升华。它作为陶瓷创业者艺术理念的表达，是以抽象的形式表现出人对理想状态的一种追求。艺术理想状态既包含了陶瓷创业者们自身追求的一种艺术理念，也囊括了追求现实中生活状态上的完整。若将这两种追求完美有机地结合在一起，通过其作品体现出一种艺术的视觉状态，受众将由这种视觉状态感悟其意义。现实中对理想状态的追求并不会有立竿见影的成效，陶瓷创业者们通常将这种状态作为一种永恒的追求来激励自己。从理论上来说，创业者们对理想的膜拜，是由于人自身的意识动力的作用。从实践角度来看，对理想的膜拜，是人自身行为状态受周边环境影响的外部驱动力的作用。

实际上，人自身的内驱动力与追求的艺术理想总会紧密地结合在一起。许多陶瓷创业者或多或少会有其艺术理想，这种艺术理想集中体现了其自身的社会理想或是审美理想。艺术理想体现的是艺术的精神实质，是艺术创作中不可或缺的重要组成部分，它通过创作主体对现实生活的选择与创造，折射出主体审美的选择和评判。在审美的选择和评判过程中，创作者运用熟悉的艺术技法，调动自身的才能与智慧，把握和创造具有积极发展的新生事物，否定那些腐朽落后的旧事物，对生活进行凝练与再造。然而，在与一些陶瓷青年创业者的交谈过程中会发现，部分人会觉得艺术只是单纯地反映生活的真实性，所创造的作品虽源于日常生活，但只是为了追求艺术而艺术，与世俗的生活目的和社会需求并无关系。此时，这部分创作者所认为的艺术真实，表达的不一定就是其看到的事物的真实性。创作者如果自身不假思索地进行模仿，用不具有批判性的审视态度去进行创作，就很容易忽略掉那些不容易被发现的事物本质。

陶瓷创业者艺术理想中的审美选择和审美评判，是通过创作主体的认知表现出客观生活所具有的真实。创作的作品应当揭示出一定的生活真理，并能拓宽大众的视野，以使大众更深层次地认识生活。比如一件朴质的陶瓷柴烧器具，可以通过艺术的处理表达出生活与自然相融合的本质层面，不仅是器物表面的效果，更表达出对新创事物的探索，以达到审视造物之美的目的。"从受众个体自我审美的同化与感受，深化对美的理念的认知，以激起人们去探寻创造美好事物的强烈愿望。"[1] 不仅如此，"艺术化地生活更是人类的理想，是人类向往的一种自由的、艺术的、更为符合人本性的生活"[2]。可见，艺术理想的追求不仅是创作者自身主观意识的表达，更是为生活服务的。艺术设计作品反映生活是为了服务于生活，认识的过程与实践的过程是统一的、不可分割的。创作者积极向上的审美选择和评判，具有促进大众生活艺术化、升华艺术与生活的一种力量。

三、创业与创造之间

创业作为当前推进国家经济发展的重要驱动力之一，诸多学者对此从不同角度进行过研究。有学者认为：

> 基于效果推理理论的视角，创业机会并不必然总是客观存在并被动等待创业者来发现的，也可以经由创业者的主观能动行为而加以创造。[3]

也有人认为，"创业机会有赖于框架的建构，将系统整合并解释了创业机会、机会认知、创业决策等多样性问题"[4]。大体上，创业机会主要分为创造型机会和发现型机会两种类型。

以景德镇大学生陶瓷创业者为主体的创业活动，是基于对陶瓷新产品的设计与开发而展开的。整个创业过程的起点并不是基于陶瓷市场外部刺激所产生的行为，而是创业者们在自身进行陶瓷制作的过程中寻找到创业机遇的内生现象，可归类于创造型机会，具有以下特点：

第一，在陶瓷产品进入市场之前，创业者并不知道自己所设计的产品是否会被市场接纳，最初创业的产品也并不是以市场作为创业的计划目标，创业的机会并不是来源于已有市场的选择。这种创业行为完全是由创业者自身的主体行为而产生的，创业通常是在对产品的实验性尝试过程中推入市场，并不是出于某种销售或者是产品需求的机遇而产生的。创业者自主地寻找创业的机会，

---

[1] 邓文杰.艺术与生活：当下景德镇陶瓷艺人的美学边界[J].陶瓷研究，2018,33(05):10-14.
[2] 李砚祖.造物之美：产品设计的艺术化与文化[M].北京：中国人民大学出版社，2000:361.
[3] 秦剑.基于效果推理理论视角的创业机会创造研究[J].管理学报，2011,8(07):1036-1044.
[4] 毕先萍，张琴.创业机会差异成因探析与未来研究展望：基于发展观和创造观融合的视角[J].外国经济与管理，2012,34(05):18-25.

如果创业者不主动去进行陶瓷产品的创造，将不可能有相应的产品进入市场，也就不会产生创业行为，创业机会也不会存在。当然在这个过程中，会出现因第一次进入市场的产品无法销售，而不能完全实现创业者预期目标的状况，之后创业主体会进行创造的不断修整，以便最终进入市场。这样的过程可能会反复持续一段时间，直到创造出真正合乎市场需求的产品。这一过程是创业主体的学习过程，此时创业机会也一直伴随着学习而存在，如果脱离了创业主体反复地学习、修正，可能导致创业行为最终不能产生有意义的结果。从这个层面上来看，陶瓷创业者需要做的就是先去创造相关的陶瓷产品，产品出来后直接推入市场去检验。这个过程并不是先去寻找陶瓷创业的机遇点，而是直接有效地进入市场，观察消费者和市场的回馈。这样的创造型创业，是要将创业的成果拿出来之后才能真正认识到创业的关键点，而之前对创业要素的理解是未实践的知识，我们可以将这个过程认为是一种进化演变的过程。在这个过程中，行业趋势、创业时间和创业结果都是未知的，创业的成功与否，都会随着时间的推移而显现出来。

第二，手工陶瓷创业者在初期与其他学习同样专业的学生并不存在明显的差异性，区别在于创业者会更倾向于强化自信心并善于总结经验。一般的商业创业通常会有具体的规划和风险预算，但在景德镇的创业者中，创业者是基于认知的差异性和启发，通过循序渐进地反复尝试，不断进行总结的过程性创造而创业。在实施创业前，只有朦胧的创业预想，并没有制订详细的创业计划，在行动的过程中边进行边计划，相应地计划的变动幅度也会变大。笔者在调研中发现，有创业者会从开始的陶瓷艺术造型设计直接转型为职业的陶瓷绘画设计，产品的类型也从陈设装饰器具变为日用餐具装饰。

可见，大部分创业青年群体在创业初期是借助创造的实践进行创业的，往往不具备详细的商业性创业计划。创业者为了缩短创业计划所带来的时效间隔，都是采取一边计划一边行动的方式来创业，因此创业者无法估算创业运营成本和风险损失，也形成不了严格意义上的商业规划，从而导致银行或者相关的金融机构不能提供融资。创业者们最开始的创业资金大部分是由亲属或家庭提供的，这种亲属性的资金供给关系处在一种自给自足的状态。

通过田野调查得知，创业者们对于自身的创业也并不是在完全盲目的状态下进行的，他们会通过工作室或者是集市相关的地方，搜集所需的信息。虽然可以通过与已经创业的人进行交流，或直接去市场进行观察，通过网络去搜集最新的市场动向，查阅政府公开的信息报告等进行信息搜集，但其信息量相对于专业的企业分析来说，还是过于单薄。创业者更多的仍是基于自身的认知，依靠现有的资源和自身的技艺状况，进行反复思考，搜集相关的数据后加以评估，最终得出创业的决策方向。

第二节
传统行业师徒传承模式中的青年创业群体

一、传承"非言述"的创业群体

景德镇陶瓷文化的发展离不开对传统陶瓷文化的继承，从古至今传统师徒制的传承方式作为技艺文化延续发展的主要途径，一直影响着行业继承者们的个体发展。当下社会文化的变迁带来了陶瓷文化的变革，纵然内在的社会结构在某种程度上已经转变，但是景德镇的传统技艺传承仍受一直沿袭下来的师徒制习俗的影响。

传统技艺流传至今的习俗主要分为两大类：

> 一是社会传承，主要基于产业发展的需要，在工作的过程中培养孵化出批量的学徒；一是家族传承，主要基于身边的亲属血缘关系，或者是非血缘的朋友关系的个体行为。[1]

景德镇传统陶瓷行业师徒传承的机制历经千载，已深深渗透于当地的社会结构当中，无论是家族传承还是社会传承，其内在的核心仍然是传统的师徒传承模式。

传统师徒传承模式中青年群体的知识体系具有鲜明的隐性知识的特征。隐性知识作为一种"非言述"的知识，指通过既往的经验积累，从而实现在接受类似情境考察时可快速达到真实理解的目标，这是一种隐晦的、经验的知识[2]。景德镇传统师徒传承模式中的青年群体，他们所接触到的学识体系并不像高等职业教育那样以在课堂上讲授的系统体系的理论知识为主，而是以场景内的体验练习式的方法进行学习。学徒后期需要对工具和造物技能进行大量不间断的

---
[1] 朱怡芳.传统工艺美术产业发展与政策研究：文化、社会、经济的视角[M].北京：北京理工大学出版社，2013：3.
[2] 迈克尔·波兰尼.个人知识：朝向后批判哲学[M].徐陶，译.上海：上海人民出版社，2017：86.

反复练习，个人的技艺水平和成就反映了个人的理解和技术的凝练。在传统陶瓷技能知识的传授过程中，知识的传承形式主要靠实践。

有学者认为：

> 隐性知识具有专属性、私有性、非结构化、对过程的高度依赖性、价值潜化、共存性和主观性等几个显著特征。[1]

隐性知识在一定程度上具有独占性和排他性，是一种长期创造和积累的结果。因此从主观上来看，陶瓷隐性技术知识是产生在特定的陶瓷文化背景环境当中的，处于传统陶瓷文化共同体内的群体中。对共享隐性知识体系所具有的实践性经验知识，人们通过实践过程中的反复尝试，将知识体系中的价值私有化，以期达到主体与实践行为融为一体的吸收内化的效果。客观上来说，陶瓷隐性的技术知识依赖于传承者的"悟性"，更多的是需要意会；同时，技术知识直接受限于动态性的经验积累。因此，只有通过持续不断的过程性学习，才能逾越不同主体间传播的障碍。

由此可见，在传统师徒传承模式下青年群体学习的过程中，隐性知识所占的比例是相当大的，并且隐性知识的传播效能从很多方面影响着传承群体自身的认知水平和技艺发展的高度。

二、市场竞争下的传承与创业群体

受传统师徒传承制下隐性知识的直接影响，青年传承者们在进入市场竞争后进行创业时，产生了不同于传统形态的创业文化景象。

在"陶溪川"创意集市的调研过程中，笔者曾与一名售卖传统青花装饰陶瓷的青年创业者交谈，得知他从10多岁便拜师学艺、接触陶瓷青花装饰绘画，至今已经学了9个年头，到现在为止仍未算完全出师，出来摆摊是因为师傅那边没有什么活干，自己就出来尝试做点私活。据与他一起摆摊的朋友的描述，他们所接触到的行业同龄人情况大体相同，出来拜师学艺的大部分是初中毕业生，不愿意读高中或者是家里贫困急需寻找生计出路的人。这群人从小就入行学习传统的陶瓷技术，而且只会学习制瓷行业中的某一项技能，比如陶瓷绘画

---

[1] 程艳霞，吴应良. 隐性知识传播模型及共享体系研究 [J]. 情报杂志，2005(08)：16–17.

的就只学绘画，器型拉坯的就只学拉坯。一般学习时间较长，几年至十几年不等，技艺习得之后还需要帮助师傅工作满一定时间才可以独立，且任何时候师傅需要帮忙都要尽力而为。他们所拜的师傅通常可能是具有某种亲属或好友关系的前辈。

在走访了几个不同的创意创业区域后发现，与陶瓷专业高校毕业生相比，从传统师徒传承模式下出来的青年创业者为数不多。他们对创业所需的知识几乎没有过多的了解，并且创业销售的形式较为简单，大多数只是单纯地将产品置于摊位进行售卖，在销售的过程中与顾客的交流处于一种较为封闭的状态，除了言语不多的价格讨论以外，几乎没有过多的沟通意愿。在采访的过程中还发现，这类群体大部分比较羞涩，认为自己的文化层次较低、表达能力不好，不太愿意过多地沟通。如果你恰好找到了一个能引起他们兴趣的话题，他们便会简单地和你聊一些与自己经历相关的事情，但几乎所有的话题中都不会涉及制瓷技术相关的内容。

总结以上的调研状况，对这类传统师徒传承模式下的青年创业群体特质归纳为以下几点：

一是大多迫于家庭生计。相对于其他家庭来说，大部分传统师徒传承模式下的青年家境较为清贫，家庭中需要子女尽快进入社会解决生活问题，特别在前几年传统陶瓷行业处于顶峰时，学习传统陶瓷技艺成为大家公认的好出路。

二是创业者平均年龄较小。在创意集市采访的青年创业者中，就有17岁的创业者。由于传统陶瓷行业的发展在近些年出现了较大的滑坡，受到来自德化等其他陶瓷工业化产区的冲击，大部分做传统陶瓷作坊的产量一直在下滑，盈利缩减，导致许多年轻学艺者在做学徒的作坊里接不到足够的订单，需要额外地寻求生存之路。

三是符合新型市场的需求。现在的陶瓷创意市场已经形成了一个开放的公共区域，采购商的小批量精品采购代替了以往大批量的批发。创意区域发展较为成熟的创业者平均每月的销量大多维持在万元之上，高额的回报、传统市场的萧条和创业成本的低廉，成为传统师徒传承模式下的青年传承者进入创业市场的主要催化剂。

四是技能整合能力较弱。传统的工艺和设计艺术的表现形式在面对多元化的消费主体时显得较为单一，主要原因在于生产过程中对于工艺技术的分化过于细致。比如说学拉坯的只会拉坯，学绘画的也只会绘画，并且样式和装饰的纹样几乎与传统样式没有太大的变化。加上长期单一的学习环境，他们自身的求知欲不高，没有较强的学习动力。这种情况造成了这类创业者所生产的产品种类较为雷同，茶壶模型基本都是从相同的模具市场采购；即使有创意的造型，大部分的传统艺人还是不太愿意尝试，对自己独创并不抱有过多的激情。

五是吃苦能力较强。为了节约成本，大部分传统陶瓷作坊的条件比较艰苦，甚至有的作坊挤在几平方米的小房间内，几张宽点的桌子和几个小板凳就是学徒的工作学习空间；夏天的时候室内只有一台风扇，时常还要被师傅使唤去干不同的杂活。在如此艰苦的条件下，从学徒一路走来的青年群体大多数有着较强的吃苦精神，能承受生活和工作的压力。

六是对产品市场调控能力较差。大多数传统师徒传承模式下的青年创业者不会因为市场的动向去做产品上的调整，他们只做自己熟悉的产品，基本上就是在师傅那儿学到的技艺的重现。他们不善于接受新生事物，对于市场的变化显得难以适应，并伴有不良的消极情绪。对于他们来说，自己所学习到的技艺便是全部的家当，因此很难与他人沟通相关技术层面的知识内容，在集市上的交流也存在不少局限。

七是创业目的性不明确。创业并非这类群体主要的生活来源，传统师徒传承模式下的青年大部分是承接一些技术性的工作。对于他们来说，能将自己的技术打磨到师傅的水平便是自己的出路。抱着这种态度进行的创业活动，使得他们的创业积极性并不是特别高，对创业后续的发展并没有做好规划。

在面对陶瓷工业批量化生产和新材料、新技术的双重压力之下，景德镇的传统技艺继承者们需要逆流而上。然而，传统师徒传承模式下的青年创业群体中的大多数人仍处于一种茫然被动适应环境的状态当中，对于创业的理解处于较为浅显的层面，对自身传统陶瓷技艺文化的价值认知尚未达到应有的高度。有人曾乐观地提出，手工艺人的身份地位已经在信息化时代重置，通过异常发达的媒体传播从"无名氏"变为"网红人"。但是，这仍然只是群体中少部分人的个案，大部分的传统青年学徒更多的是沉浸于自我技艺的发展中，忙于工作与销售的杂务，几乎无暇顾及外界的进步发展，缺少与外界的信息交流。

三、渴望创新的传统师徒传承群体

传统技艺的传承作为陶瓷文化中具体的表现形式，是陶瓷文化的重要组成部分，技艺的精湛与否也直接影响到产品文化叙事表现张力的大小。然而，在当代景德镇传统师徒传承模式下的青年创业群体的创业行为当中，已不仅仅受

到传统传承技艺发展的影响,而是受到多个不同层面所带来的影响,具体表现如下:

一是造物创新层面,运用技艺的力量在载体器物上描绘出对陶瓷技艺历史文化的新见解。

景德镇器物创新的表现或多或少受到了西方艺术文化的影响。西方艺术语言的表现有别于本土艺术语言,具有外来文化独有的特殊性与迷惑性。恰当地借鉴与融合新艺术文化语言本身无可厚非,但是盲目地模仿将会导致景德镇本土技艺元素结构的混乱,丧失景德镇原有艺术语言的组织架构;过度在乎表象价值的表现,很可能使景德镇的传统陶瓷文化语言成为历史,技艺的传承成为回忆。因此,在传统的陶瓷技艺文化与外来艺术文化的碰撞和整合的过程中,需要更为谨慎地接受与利用,才能更好地促进景德镇技艺文化本土性的传承与延续。

二是理性认知层面,传统传承技艺群体自身处于历史进程的时间节律当中,通过感知获得新的价值认同。

当下的景德镇手工陶瓷产品并不全部是必要的生活用品,伴随着社会发展和人口的高速增长,社会关系日益复杂,当下社会所需要依赖的或许正是被视为生活必需之外的事物。当代的物质文化自身就是一个多变的有机体,其内在结构错综复杂。因此,赋予传统传承技艺群体新的使命是:在新创作的过程中表现出的社会人文气息和风格迥异的文化追求。

三是在生存层面,受到社会大众消费意识转变的影响而产生的创新意识,贯穿传统传承技艺青年群体长时间的实践体验当中。

创新意识的需求在社会发展的过程中,将传统的物质造物引入了文化造物的阶段。

> 就当下大众消费价值转变而言,物作的优劣,除了其表征的材质、造型、工艺之外,还在于其内在所蕴含的文化、思想、品位等,大众对消费对象的附加价值需求正逐步提高。[1]

上述三个不同维度的影响,直接导致了传统师徒传承模式下的青年创业群体创新意识的提高。诚然,他们当中不缺乏具有创造力的人,但是往往出于各种现实责任与生存压力,没有更多的选择,只能按照他人所设定的节奏去工作。传统的陶瓷技艺文化传承,在某些方面会有异于主流技术所提供的价值,手工制品的

---

[1] 邓文杰.当代景德镇青年群体手工陶瓷设计的文化人类学解析[J].陶瓷学报,2019,40(02):251–256.

特殊性在于允许友善的瑕疵和温和的试错；大部分手工产品的目标并不是将日常使用的功能极致化，而是营造出一种人们愿意相互交流的氛围。虽然我们可以认为完美的工业化产品是高效率的，然而这种形式却通常不带有任何人文色彩。

因此，对于传统师徒传承模式下的青年创业群体来说，未来的主要竞争力并不是单纯的资本或者是劳动力的叠加，而是新的思路、设计、管理和技术等因素的加持。为了使传统技艺文化能更好地传承与发展，就有必要将造物的附加值升华到一个全新的高度。

第三节
青年群体创业文化语境下的创业模式

从人类学的角度来看景德镇青年手工陶瓷创业群体的发展：一是把整个群体当下行为发展过程中的实践本质进行清晰的解读；二是将文化人类学作为一种解读信息的工具，去阐释现有群体的文化意义；三是把现象的分析置入文化的发展进程当中，对个体行为的解析不看作独立的行为模式，而是从群体的发展动态中所产生的不同维度的特定现象出发，进一步去研究解析对象的文化特质，更深入地阐明当下景德镇手工陶瓷创业青年群体的创业发展模式及在社会变迁发展过程中多个维度和阶段性发展所形成的具有特殊意义的群体文化特色。

景德镇的手工陶瓷是最具有自然与设计相融合特色的代表性器物。许多学者在研究器物的时候通常都会将视角延伸到对器物造型、社会形态、意识观念等相关的维度层面上。总体来看，这些特征仍然是反映与社会发展层面上的关系，是社会文化发展的产物。

一、景德镇青年群体创新创业的文化语境

创业模式受到陶瓷艺术设计创业文化语境的影响。柳冠中先生认为，"设计是人类生活方式的一种表达方式，是阶段性、地域性的信息载体"[1]。传播的

---

[1] 柳冠中. 中国工业设计断想[M]. 南京：江苏凤凰美术出版社，2018：6.

关键在于信息的表达，文化创业中的信息便是以陶瓷为主要的传播载体，此时的陶瓷便具有了与传媒相近的性质。青年群体创业中的文化创业模式，本质是社会文化的具体表现。费孝通先生认为，"经学习而得，累积而成的，有时间空间性的生活，就是文化"[1]。故而，文化依赖于人的主体创造，是主体在特定环境中所产生的精神文化和物质文化。文化现象本属于文化体系中的一部分，所表现出来的不仅是视觉感官的刺激，更是体现文化实质的文化语境。当下青年创业群体文化语境中的载体，既包含了实在的质感的器物，也包括了虚拟的设计的观念，两者之间并无冲突，反而相得益彰。显然，构成文化语境的因素并不单纯是二元结构的关系，还涉及经济、文化、技术和自然等多个其他元素的关联。青年群体创业模式中的文化语境不仅体现在行业自身的发展上，也体现在弘扬和传承传统陶瓷文化的发展上，有利于大众审美的提升，其发展的方式和当代社会文化息息相关。

从经济发展进程来看，社会商品经济的发展必然会影响到创业文化的发展。景德镇陶瓷产业的繁荣离不开陶瓷产品的设计改良。早在元代，景德镇便开创了瓷石加高岭土的"二元配方"[2]，从而奠定了烧制大件器物的基础。创烧的青花、釉里红等颜色釉，使景德镇装饰技术进入了一个新的时代。海上丝绸之路的开放，使得景德镇的陶瓷产品成为海上货运贸易中的重要商品。除此之外，封建时期常年的征战和制瓷工序本身的复杂烦琐，导致大部分陶瓷产地的产量稀少，景德镇的陶瓷成为日常生活陶瓷的主要供给以及权贵阶层、海外贸易中的稀罕之物。明代万历年间《江西大志·陶书》记载："利厚计工，市者不惮价，而作者为奇钧之；则至有数盂而直一金者。"[3] 由此可见，在封建历史时期，景德镇的陶瓷精品承载了超乎物质本身的价值属性，成为享誉中外的稀世珍宝。

从技术与其自然发展状况来看，随着城市化进程的推进和商业的发展，受手工制瓷技艺的特殊性影响，景德镇陶瓷产品本来的属性发生了一定的转变。从艺术的范畴去解读陶瓷产品设计，从中可以看到艺术设计影响生活的独特魅力：

> 一方面是看到设计所具备的艺术质量，它是一种实用的艺术形态；一方面，它寄托着人们的审美理想和创造美、享受美的美好愿望，人们通过

---

[1] 费孝通.文化与文化自觉[M].北京：群言出版社，2016：34.
[2] 陈帆.中国陶瓷百年史（1911—2010）[M].北京：化学工业出版社，2014：33.
[3] 中国硅酸盐学会.中国陶瓷史[M].北京：北京文物出版社，1982：360.

这种造物方式，塑造艺术化的生活。[1]

随着中国经济的高速发展，物质需求进步的同时也带动了精神需求的增长。人们对陶瓷产品的需求，在要求其满足日常生活的同时，也在追求着生活化的艺术。

这种艺术化不仅表现在作为装饰用的艺术瓷方面，也表现在日用瓷方面，也就是说日用瓷也可以艺术化。[2]

因此，不少当代景德镇陶瓷产品在设计过程中，会借助实用艺术的概念，将日常生活中常见的餐具、花器、茶具等进行了技术的艺术化呈现。

手工陶瓷设计产品已经脱离了其单一的使用属性，转换成带有多元化的艺术属性，器物本身除了具有的实用功能和艺术审美特性之外，还具备了文化传承和理念创新的属性。[3]

在陶瓷产品制作的过程中，生产方式也由纯手工转换为半机械化。如电动的吹釉气泵、可调速的拉坯电机、半自动温控的煤气窑炉等，充分体现了现代社会技术创新的影响。

从传统文化传承来看，文化精神的传承是传统的本源。景德镇的手工陶瓷产品作为日常生活器皿和艺术承载的媒介，其功能的转型是市场需求反映的结果。传统社会中，陶瓷产品市场的销量与质量，与工匠们的制作工艺技巧有着直接的关系。由于当时主流社会生活和价值观念的驱动，工匠们极力去追求技术的精益求精与产品的精美绝伦。

陶瓷产品由人主动营造的装饰氛围和自然的材料融合相得益彰，不仅具有了实用的功能，还形成了"材美工巧"的艺术装饰效果。[3]

主动的设计意识和较好的设计效果，反映了当时传统社会中大众的价值观念和审美情趣，映像出天人合一的传统造物理念以及其中的审美涵养。

---

[1] 李砚祖. 艺术设计的定位与创新 [J]. 艺术设计研究，1999(02):3–5.

[2] 费孝通. 文化与文化自觉 [M]. 北京：群言出版社，2016：257.

[3] 邓文杰. 当代景德镇青年群体手工陶瓷设计的文化人类学解析 [J]. 陶瓷学报，2019,40(02):251–256.

二、景德镇青年群体的创业模式

（一）群体生存的商业设计创业模式

所谓"商业设计创业模式"，是指依赖一定的商业设计思维，并根据创业群体生存的特定需要而产生的创新创业模式。所谓"创新"，是与传统有差异性的一种新思维、新行为与新描述。从事商业设计运作本身亦需要知识创新，创新是商业设计运作的内在生命力。同时，创新是创业的一种有效的快捷方式。因此，这里的"创新创业"是指基于工艺、技术、文化、品牌和产品等一系列与设计创新相关而开展的以商业收益为目的的创造活动。商业设计创业的基本特质是创新，根本目标是创业。

社会处于转型中，时代发展需要我们不断地进行改变和适应。社会转型与我们身份的重置是息息相关的。在整个过程中，我们需要重新确立自己的身份位置，以及处理与发展相关的问题。这种转变意味着我们需要去进行反思，并主动审视周边环境的变化，进而做出必要的改善和方式的创新。

当代景德镇的陶瓷行业创业发展极度依赖于商业消费的发展。在现实中，当代的陶瓷设计从业者已经有别于传统的陶瓷从业者，以往的陶瓷从业者仅仅关注于业内发展。然而，现在的陶瓷从业者需要利用自己的技能去完成超越本行业之外的各种关系协调。这种转变要求陶瓷从业者重新认识和定位自己，面对新问题，重新规划设计自己的创新方法和工作方式。

景德镇的陶瓷创业群体，本身是属于社会变化的一部分。因为他们现在的行为方式与之前常见的方式不同。但同时，他们也推动着当地社会环境的变化，他们的主动积极参与促进了当地社会文化发生了实质的转变。

在许多案例中发现，以生存为主要目的的商业创新，最初的一步就是将现有的资源和个人能力进行重新组合，从而创造出新的产品。在这个组合过程中，对资源和能力的整合带来了与传统截然不同的思考模式和解决问题的方法。传统手工陶瓷制作通常是传承已有的思维模式和行事方式，亦即在以往的社会技术背景之下大家既已认定的"合理"的做事方法。以制作日用餐具类为例，通常的日用餐具多为大型工厂的批量化生产，其中以德化、淄博和潮州为主要生产基地，在景德镇，日用餐具的生产也是以大批量生产的企业为主。因此，景德镇手工陶瓷创业者必须面对的问题是：在大批量日用陶瓷生产的境况下找到自己的生存基点，这就需要坚持手工的甚至是高端的个性化的产品的生产。在理论上的阐释即"如何将使用器皿融入不同的饮食文化当中，使其成为其中的一部分"，工业化大批量日用餐具的关注点是"创造更多装饰且功能齐全的批量化日用餐具"。而从景德镇实际出发，从商业创新设计出发，可以把手工陶瓷的商业化设计理解为新生活方式的设计。饮食是一种文化生活方式，除了从功能和装饰的角度去进行思考，还可以从人与物的互动性角度去思考。应当将饮食视为一种升华的生活情趣和对追求美好生活的实质意愿，尽可能地使冰冷的器物显得有生机和带有温度。陶瓷产品的商业化再设计和生产，不仅是单纯的作为装食物的碗碟的生产，而且是作为生活质量升华的再设计。这种新的思维模式，是使传统手工陶瓷制造业恢复生机的创新动力和发展方向。理论上的表述如此，但现实生活中商业化设计的出发点首先是满足创业者的生存需求，即在糊口的最早层面上开始。

商业化设计案例1：创业中的生存

在雕塑瓷厂通往第六分厂的岔路旁，有一条不起眼的小巷，小巷尽头有一个占地约20平方米的无名工作室，这家工作室的主人便是笔者的采访对象之一：木某。

初次与她相见完全是机缘巧合，是笔者在走访其他调研对象时偶然看到这一间并不起眼的小工作室（图4-3）。笔者出于好奇便径直走了进去，碰巧木某正在工作室里收拾东西。当她获悉笔者是在做田野调研时，便很自然地与笔者攀谈了起来。从与她交流过程中得知，她自2016年从西安文理学院毕业后便来到景德镇进行陶瓷创业。她之所以知道景德镇，是因为学校曾开设过一门陶瓷选修实践课程，选定的实践地点便是景德镇，来到此地之后便被景德镇的魅力吸引住了。

图4-3　2017年9月木某在工作室

当追问她为什么最终选择到景德镇创业时,她回答道:"除了景德镇,没有哪个地方做手工陶瓷比较适合。做创意类还有市集类的,就这个地方最好。自己家在河北那边,不太想回去。"为此,她便和男朋友一起来到景德镇进行陶瓷创业。第一次见她时,她刚来景德镇才几个月,属于创业初期,对自己的陶瓷产品的定位也还拿捏不准。当问及她对陶瓷产品未来销售的规划时,她回答:"做自己擅长做的事就好,到周围的市场逛一逛,觉得自己适合做哪一方面,给自己稍微定位一下,同时也做很多不同类别的尝试,然后感觉自己哪一方面还可以,就往哪一方面去做。"笔者在她工作室里所看到的陶瓷产品,主要是她采购回来的注浆泥坯圆盘,然后自己进行手绘加工。当涉及产品设计思路相关问题时,她回答:"主要看自己心情,做现在这样的类型肯定是因为这个相对来说还是能做才会去做这个,而且像灵感这个东西,我认为就是选颜色,就是先感受一下,然后决定用哪几个颜色。因为你做的东西让人第一眼的感觉还可以看得过去,然后别人觉得这个颜色挺好看,就会过去看。最后才考虑这个东西实不实用、会不会买。我觉得其实别人看的就是一个颜色,我是个比较感性而不是特别理性的人。我现在主打的就是做感性的东西,你做的只要跟别人不一样,消费者又喜欢,就能卖到钱。"

时隔半年,笔者再次来到木某的工作室进行回访(图4-4),发现她已经开始尝试自己翻制模具,做一些有肌理的日用餐具类产品,并开发手捏的盘子。由于是一个人手工做,量不够大,一般的盘子价格在45—55元之间,批发即按照器皿造型的大小降价到35—40元,一个月能卖5000—6000元不等。她认为大多数创业者在创业初期的常态就是在短期内不停地设计不同类型的产品进行生产,器物体量会由小变大,价格也随之增长,销售的数量也会越来越少。

图4-4 2018年6月木某在工作室

在成本核算方面，她还告诉笔者，在当地租一间 10 平方米的工作室要 600 元一个月，如果房东比较好说话也就 550 元一个月了，大些的都要上千元。像雕塑瓷厂的乐天集市对设计的原创性要求高，且摊位费较贵，按照摆摊位置的不同，A 区一次需缴纳 100 元 / 月，B 区则为 200 元 / 月，而"陶溪川"的集市就会好些，免费且容易申请。由于工作室刚刚有起色，需要较多的流动资金做支撑，暂时也不会考虑买房的问题，不希望过早地买房给自己增加太多的压力。她还提及自己的一点创业心得，认为陶瓷产品的价值主要依靠工艺的复杂程度和装饰设计的表现，消费者购买陶瓷主要就是直观的感受。同样的杯子，拉坯的只能卖 15 元，而手工捏的能卖 30 元。

商业化设计案例 2：生存中的设计

在田野调研过程中，笔者发现有不少创业者在创业初期的情况与木某相似，其中有一位在"陶溪川"摆摊的创业者给笔者留下了较深刻的印象。创业者的名字叫张某，景德镇本地人，从学校毕业后和男朋友在"陶溪川"集市上做手工陶瓷产品创业。虽然传统类型的陶瓷产品市场日益衰退，家中父母也不支持她再继续从事这个行业，但她个人仍然觉得现代的创新设计陶瓷产品将有别于传统的陶瓷产品，会有不错的市场。在与她聊及创业初期的情景时，她告诉笔者："工作室最开始做的产品是动物类瓷塑，我做的很多东西就是猫咪的造型，最直接的原因是自己本身很喜欢猫，家里、工作室里也有猫，然后做的东西多多少少都会受到影响（图 4-5）。创业初期不知道其他人怎么样，那个时候刚大学毕业的我心里很着急，因为毕业了会面临很多压力，所以就很想赚钱。那个时候有一段时间就很着急地在想：我做什么才可以最快速地赚到钱？这个问题就是前三个月我主要在寻找的答案，但是过了三个月之后开始了一段时间的冷静期，就会往一个反的方向去重新想这个问题：到底怎么样才能把自己的利益和喜欢的东西结合，就算不会完全融合但是至少不会太冲突？然后慢慢地就找到了一点点对的路子，但现在也还是在摸索中。"

此外，在谈及产品设计创新的问题时，她是这样回答的："我们就是把传统青花绘画实现现代创意化，这可能是我们产品和别人最大的不同（图 4-6）。如很多客人第一眼看到我的产品时，因为满桌全都是蓝色，就会立马联想到青花，特别是外地来的人即使不太懂，但也知道青花瓷，对于青花瓷的定义就是蓝颜色画的陶瓷。因此，当他们看到蓝色的陶瓷产品，就会问：这是青花吗？怎么青花还可以做成这样？因为在电视里包括在书籍上看到的青花都是那种缠枝的莲花，或者是一个非常传统的中国纹样的图案，再看见我们这样的设计和画面不一样了。比如说我们的产品有几何图形，如圆形，还有三角形的，把青花的分水用另外一种

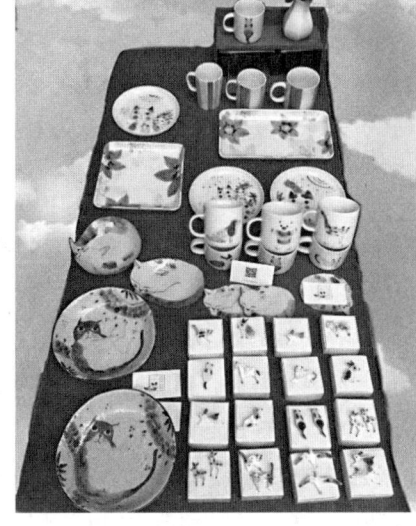

图 4-5 张某工作室一角　　　　图 4-6 张某工作室的产品

形式展现出来。这样古法今用的方式也可以让他们觉得有一点创新的感觉,有不一样的味道。"

除了以上列举出来的两个案例之外,还有其他的采访对象也谈及类似的问题。笔者总结如下:

对于刚跨出校门走进社会的初创者,不免在生存和艺术追求中处于两难的境地,迫于生活压力,如何赚取第一桶金对他们来说是生存之道、立足之本。这是所谓商业化设计创业之路的开端,也是本质特征之一。在经历了最初的几个月探索后,他们会出现一段时间的冷静期或是定型期,逐渐会将设计创意进行重新推理论证,以平衡自我的艺术追求和经济效益回报,面对现实而不停留于想象的象牙塔之上,通过实践积淀不断反思提高,逐渐融入社会,谋求安定的生活。

这种类型的创业模式是对传统同类产品进行突破式思维的创新设计。传统主流观念的局限性在某一方面无法适应社会发展的进程,创新者可以通过不同的角度进行多维度的思考,一旦创造者改变了看待问题的方法,将有极大的可能创造出一系列新的方法并发展出无限的可能性。这种创新方式的切入点在于对问题探索的重组,从而得出不同的看法和结论;即在解决问题的方式无法深入的时候,可运用对问题的解构方式,重新去定义问题的关键点。

毋庸置疑,当代的创新创业已然成为世界经济可持续发展和社会发展变革的重要组成部分。

当我们把社会创新定义为关于产品、服务和模式的新想法，它们能够满足社会需求，能创造出新的社会关系或合作模式。换句话说，这些创新既有益于社会，又能增进社会发展变革的行动力。[1]

社会创新意识一直都存在于市场发展的过程中。随着当下开放性的互动交流模式的发展，商业作为促进当地社会经济发展的主要动力之一，对于商业创新的要求也越来越高，从而导致了商业创新模式发展的多元化特征：一方面，不同专业领域的人，出于各种不同的原因，投身于原本相对封闭的传统手工陶瓷行业；另一方面，新的信息传播网络与网络空间，促进了商业文化新形式的发展。当然，促成商业设计创新的关键在于：在新的市场经济发展背景下，创业者如何更好地生活与工作，脱离传统手工业文化背景的束缚，去适应新的社会环境，从根本上调整自己的生产和生活方式。

如果当下还采用传统的手工业经济模式，以商会、行会或者依赖政府的救济，都只能治标不治本地解决一些表面的问题，商业创新突破的关键是通过个人、小区和政府组织积极地协调参与，实现以开放包容为主要方式的改变。毋庸置疑，参与个体被迫性的行为改变虽然具有较大的不确定性，但是参与群体思想创新的理念将深深植入个体的思维模式当中。在这种背景下，商业创新设计将成为强有力的催化剂，加速当下景德镇社会积极健康地发展。

（二）理想性的艺术设计创业模式

所谓"理想性的艺术设计创业模式"，是指景德镇青年陶瓷创业群体中的一部分创业者以艺术理想化为追求，以艺术设计为手段，在传统手艺与现代设计中实现个人创业理想的创业模式。就大学生而言，这类创新创业群体运用已有的设计、美学等知识，信息、能力与条件，创造性地开展创新立业或创办企业，并创生出对社会有价值的新思维、新技术与新产品，进而实现个人的奋斗理想与社会价值。

景德镇的手工陶瓷产品和其他同类型产品的最大不同之处在于它的手工生产性，这种手工生产性实际上可以变为艺术性。现在市面上大部分陶瓷产品是

---

[1] 埃佐・曼奇尼.设计，在人人设计的时代：社会创新设计导论[M].钟芳，马瑾，译.北京：电子工业出版社，2016：13.

工业化生产的产物，由工业技术制造；而手工陶瓷产品却不同，它是融合了手工技术与艺术的统一有机整体。因此，对手工陶瓷产品更高的追求，便是对手工技术与艺术的综合因素的提升。

陶瓷产品依赖于对材料和造型的把握，手工技术的缺失将会影响人与材料之间的相互作用，造型也就无从谈起；若没有基础的造型，更不用说最终产品的形成。手工技术是将材料进行有目的、有计划的改造，既表现为一种方式，也表现为一种过程，即把手工技术的关键点看作产品从无到有整个过程性的综合体现。手工技术的提升从本质上来看，就是经验和技艺的提升，是一种进化的发展过程。朝着艺术理想而发展的设计，肯定脱离不了对技术基础的把握。从传统陶瓷装饰的手工绘画来看，它本身是一种平面的图案设计，也无疑是一门装饰艺术，表面上来看是将不同的图案进行组合，实质上是传统美好意愿的综合表现。因此，以艺术理想为追求的设计除了技术高超外，关键是对艺术理想的追求。

理想性的艺术设计创业模式案例1：设计实践中的艺术理想

有位比较特别的采访对象，叫张某。他在江西工艺美术职业技术学院求学期间，便开始了解景德镇陶瓷工艺的各个环节。他坦言："创业之前并没有想要留在景德镇，但毕业之后，发现唯独这里的陶瓷学习氛围较好，所以最终选择了留下。"他的工作室建在湘湖镇后面的流坑坞，那里四面环山，平时除了村民很少有人去他的工作室（图4-7）。

图4-7　张某的工作室

在正式创业前他已有了自己烧制柴窑的想法，大二读书的时候便去学校周边的小作坊做帮工，从中学习一些与制瓷相关的实践技能，剩下的时间便开始自己琢磨。刚接触陶瓷的时候做的产品以餐具类的实用陶瓷品为主，之后开始有了对创新设计的想法。按照他自己的话来说："最开始做设计，主要出于自己的喜好。比如说最初选择做餐具，因为每日三餐都要自己去做，所以就容易发现使用餐具过程中的不合理因素，在之后做一些自己喜欢的餐具时，便会在功能使用层面去进行改良。我喜欢喝茶，也会研究一些茶具，特别是柴烧的器物跟禅茶一味的匹配，还有一些上釉的变化，杯子的大小、手感、纤薄等都会考虑进去。后来自己慢慢接触到了一些佛教的东西，开始想做些自己理解感受比较深的有关自然元素的东西，产品就开始由餐具转向茶具，再到那种能营造一种氛围的东西，比如香炉或者灯具。"

　　由于他的产品是以柴窑烧制的为主，也搭建了一个自用的柴窑（图4-8），整个制瓷流程从练泥到烧制都是由他一个人完成；因此，同样烧制一窑瓷器的时长会比普通公共窑搭烧时间更久。据不完全统计，从开始做到烧制出成品需要一个月至一个半月时间。如此的生活模式难免会让人觉得有些枯燥和劳累。当笔者问及是否有家人过来帮忙时，他回答："我不希望家人过来，这个自己的小生产空间，是自己的精神世界，做的东西都是自己喜欢的。他们过来帮忙是很好，但是会将他们的问题、顾虑，还有情绪上的抱怨强加于你，你自己就会被左右。现在自己是一个人，可以完全放松，更投入地去做这个事情。如果父母来了，觉得这个东西不赚钱，就会给你很多的建议，那时候自己的思维想法就会变得不稳定了。"之后我们还聊到了对陶瓷习俗的看法，他认为："烧窑前肯定要祭祀窑神的，但我理解的窑神不是那种'神'的存在，而是自然之力，就像做陶瓷的'金木水火土'。比如泥巴是硬的土，和水就能变软，可以成型；木头是提供燃料，木头是木，提供的燃料是火；土里有微量的金属物，它能烧出金属的光泽，高岭土瓷土中含铁量很少，但它有微量的钴可能看不出来，会泛点青或是蓝，釉料也有氧化物，无机非金属可以形成玻璃。在这些基础上就是窑炉，窑炉吐气，把所有的原料、五行的金木水火土合体了。陶瓷就是这么一个神奇的混合物。木头再怎么讲也是纤维，会分解掉，但它燃烧起来就变成火，却是另外一种物质的转换。土能烧结，温度达到1300℃的热火点后，就变成一种介于像水达到0℃以下结冰的物质。冰区别于水，但它还是水，空气也是，它有升华或是转化。所以说，'窑神'就是自然之力，完全就是人在按照自然之力去创造新的东西。"

图 4-8　张某搭建的柴窑

　　通过进一步了解得知，张某近些年上半年月销售额在 3000—5000 元之间，到了下半年有时月销售额可能 1000 元都不到。由于整个工序都是其一人承担，基本没有额外开销，所以每个月固定开销基本维持在 1000 元左右。他还告诉笔者："我没有其他的社交活动，也不去喝酒或者聚会。我天天在这里做东西，出去交流基本上是去朋友工作室喝茶，然后聊一些技术上的问题和精神审美意识上的内容。因为每个人学习的精神高度、层次是很难用言语去表达的，对同样的东西可能会有自己的理解和界定。就以大众的消费审美来说，他们可能认为创新就是花样好看，有些人喜欢那种文艺清新的感觉，觉得那就是好的标准，但那肯定只是大众消费审美的认同。若从美学的角度去审视自己的产品，就需要慢慢地去超越这种通识性的审美层级，可能浮于表面的东西就会越来越少。不能单纯地把陶瓷当成一件工艺品，做得很精致或是花里胡哨，这个节点很难把控，到后面就真的不是在做产品了，而是想传递自己追求的那个精神高度。比如我上半年在做灯具，会想到古代没有电的时候他们用煤油灯。如果是老房子就会感受到微微的光，那种隐隐约约的感觉，瞬间会让整个空间静谧下来。当你处于那种氛围之下，就能够心情平静。"

　　当采访即将结束时，笔者好奇地询问他的柴窑是如何搭建的，他告知说：

"会看相关的书,也实地考察过景德镇很多传统的窑,同时也会思考热力学原理,研究为什么烟囱要那么高,产生的空气对流抽力,还有热能,就是柴火释放的能量能不能很好地在窑炉内保存。因为烧陶瓷到1300℃的时候,所产生的热能是辐射状的,会把里面的金属分子氧化,还有空气湿度、气压,都会影响每一窑的烧成。所以陶瓷学是一门很大的学科,不仅仅是一个成型的技术。"

张某与很多其他创业者不同,他并没有急于去走商业化的道路,而是先明确自己的内心感悟,试图从中寻找出自己未来所追求的方向。

> 陶瓷是一种造型性的建构,它不是模仿而完全是一种创造,一种艺术质的造物生产,陶瓷从造型到装饰,包括釉的生产和广为运用,都表现了人的超出实用价值羁绊追求艺术之美的动机和努力,没有这一点就不会有彩陶旖旎的纹饰、黑陶精美的造型,也不会有作为装饰之釉的出现——灿若彩霞的"宝石红"、碧翠雅丽的"孔雀绿"、青色依依的"宝石蓝"和如冰似玉的影青瓷,所谓"千峰翠色""釉质莹厚如堆脂",也不会有迥相异趣的各类造型和品类。[1]

为此,人们对陶瓷设计的意义理解升华到较高的境界,俨然就是对陶瓷艺术造物价值和意义的追求。造型设计、装饰设计和意境设计等涉及的表现形式,都蕴含着艺术的力量,这些元素的存在使得陶瓷产品具有较强的生命力。因此,陶瓷设计产品的适用性与艺术性在某种程度上互相作用和促进,两者为相互统一的整体,从而使得陶瓷设计产品得以成为具有艺术价值的实用器物。有人提出陶瓷设计产品的重点是在设计的功能基础上发展,但许多的事实可以证明,纯粹的功能主义设计理念是一种狭义的设计意识,景德镇的陶瓷设计在实践环节当中完全脱离不了和艺术的关系。从市场的调研资料来看,大部分受青睐的产品属于在传统陶瓷技艺基础上发展起来的装饰精美、釉色独特的类型,是实用价值和艺术价值、技术与艺术相结合的产品。毋庸置疑,不论是受到当下消费市场发展趋势的影响,追求产品额外附加值,还是为了提高陶瓷产品艺术内在价值的升华,就产品设计而言,在发展到一定程度后,都会以艺术审美的视角进行再创造。因此,在创业群体当中,大部分从业者将艺术理想的实现作为后期设计产品更高的追求方向。

---

[1] 李砚祖.奇思妙造开新篇——邢良坤的现代陶艺[J].文艺研究,1999(04):150–152.

（三）青年创业群体的文化 + 创业模式

所谓"文化 + 创业模式"，是指以"文化"为依托，以文化创意为中心，实施的陶瓷文化创意产业发展的创业模式。

创业的过程中包含了设计者自身技术性创造的过程，设计作为一种创新的媒介，超越了传统技术的层面，达到了一个更高的文化层次。这里所谓的文化创业实践过程，是将主体的设计群体与客体的消费群体串联在一起的过程，单一的主体设计意识或者客体的消费感知都不足以归纳出陶瓷文化之本源。创业实践的过程并不是进化论式的联结性过程，而是通过将创意设计行为置于整个社会背景、使用体验、设计认知共同建筑的特定文化环境中所进行的综合构建。

首先，从社会环境的角度来看，其中包含了经济、科学、政治、人文、历史等多个因素的综合作用。由于涉及因素的多样性和复杂性，环境差异的变化通常会导致设计主体创造性的变化。譬如明代末期，商业化加上统治阶层的趣味，导致了设计主体认知的庸俗化。如粗俗造型、不当的色调配比、堆砌不堪的装饰以及琐语淫词、色情迷信，大量见于各种物品之上[1]。

其次，对陶瓷产品使用体验的评价，不能仅从陶瓷物质感知的层面去理解。物质感知的体验会因受到周边环境的作用而产生不同的感受，体验所获得的回馈不仅是物理感受的回馈，而且是一种综合因素的回馈。如在幼儿园的操场内设置当代抽象艺术的作品，这显然会与幼儿园的环境格格不入，无论小孩或者家长，都可能无法理解抽象艺术所表达的意义。此时，对抽象艺术作品的体验其实就已经出现了转译，体验不只是以人自身的感受为中心，还附加了周边环境氛围与对象的关联。因此，无论是何种形式的客观体验和形式，某种程度上都受制于周边环境综合因素的影响和束缚，陶瓷艺术的接受与欣赏也是如此。

最后，对设计的普遍认识大多是建立在功能主义基础上的理解，然而，事物的存在并不只具有单一的属性。因此，设计的功用性并不是一种单一的属性，也不一定具有普遍的意义。比如欧美国家饮食中经常使用的刀叉，如果放置在中国的饮食文化当中，可能并不适用于大部分的人，更有可能会觉得是累赘。因此，设计的意义应是多元的形式存在，具有正面价值的同时，也可能具有一定的负面价值。

手工陶瓷产品设计者的认知会受制于社会环境。当大众崇尚技艺之美时，市场上便会出现大量的注重工艺的产品；当现代主义风潮成为时尚的代名词时，

---

[1] 李立新. 设计价值论 [M]. 北京：中国建筑工业出版社，2011：105.

产品的风格大多会偏向现代主义理性的简约风格；当我们重新意识到东方文化的魅力时，便会察觉到传统文艺复兴之风已经迎面袭来。

在设计主体认知观念转变的过程中，消费者的体验也会随之改变。从以往直观的感官体验，到现在的交互式的体验，主客体由于社会环境的转变而转变，但转变过程中仍然保留了设计的核心价值观。就好比陶瓷产品从瓷泥开始，通过人的双手创造成型，在烧制完成后交付到消费者的手中，这件器物的价值方可实现。这种价值是包含了设计者的创造、消费者的需求、器物的质化和文化附加价值的综合整体。

三、景德镇青年群体创业的社会意义

世界科技与文化发展态势表明，创新能力直接决定着国家的进步与发展。创新素质是国民素质的核心，创新能力是民族进步的灵魂。世界科技文化的竞争，创新能力的竞争是关键，而创业又是创新的重要途径，是大学生成才与未来发展的路径。对于促进社会建设与发展而言，培养大学生的创新创业能力非常紧迫且重要。

第一，大学生创新创业是学生自我成长的需要。创新能力是个体发展的重要能力，对于大学生自我发展与成长具有重要作用，因为创新创业能力是主动"自我谋生"以更好地适应社会发展的能力。大学生在创业活动中进行自我锻炼、自我操作与自我运营，进而得到自我成长与自我发展，从而培养出自我设计发展与主动适应社会发展的能力。很明显，"自我创业"需要独立判断、勇气、兴趣、毅力以及耐力，同时需要创新思维、技能、方法和品牌等创新能力，否则自己谋划的事业或企业很难发展与壮大。换言之，"自我创业"对于提升学生的创新素养以及自我成长具有积极的作用。

第二，大学生创新创业是建设创新型国家的需要，它有利于提升综合职业素养与创新创造发展的空间。大学生创新创业是国家战略新形势下发展的需要，特别是对建设创新战略的具体实施起到了巨大的推动意义。一个国家的发展离不开科技与文化的进步与繁荣，而大学生的创新创业是直接关系到国家科技文化发展的大问题。因此，只有建设一支能够创新创业的大学生后备队伍，才能建设好创新型国家。创新创业能力是综合素质的体现，它不仅需要解决发现问题、剖析问题与解决问题的能力，还需要创造性理解问题和持续性关注问题的能力；

既关注问题的静态性，还要关注问题的动态性与发展性，更要关注问题的持续性与生态性。

第三，大学生创新创业是服务于社会主义市场经济建设的需要，它有利于缓解日益增长的新型市场劳动力需求与增大的就业压力之间的矛盾。面对工业4.0时代的来临，全球经济迅猛发展与科学技术的日新月异，新型市场劳动力需求日益增长。社会科技的创新已然要求劳动力市场也适时更新，而市场的需求远远超前于高校人才培养。伴随经济全球化的激烈竞争与严峻挑战，现代创新创业教育在实现个人成长与生产率提高方面的作用正日益被各国所重视。

简言之，创新创业对于大学生自我成长、培养大学生自我设计与主动适应社会发展能力、提高大学生的综合职业素养、拓展大学生创新创造发展的空间、适应社会主义市场经济建设、缓解日益增长的新型市场劳动力需求与增大的就业压力、建设创新型国家等都具有重要的意义。

第四节
景德镇青年创业群体、创业模式与创业市场

市场的存在是社会文化进步过程中的必然产物，它的发展依赖于各种社会文化要素的整合，因此具有特殊的文化价值。同时，创业群体文化的发展作为推动市场发展的一个环节，某种程度上需要服从于市场的机制，因为市场是推动创业群体生存发展的必要条件。这里创业群体、创业模式和市场形成了特定的关系。

一、面向学生的创意集市

（一）生活的需求

创意集市所销售的虽然是产品，但这里产品的生产目的并不是满足市场需要，而是为了满足创业群体最基本的生存需要，即创业是作为学生生存的一种

存在形式。创意集市是创业群体生存的必然产物，是当下青年群体创业生存及发展的区域基础。

作为生物的人，自身便是一个有机的整体化组织。人自身的需求动力，主要是指个人追求自身的目标欲望获得满足。欲望的满足不仅是指生理上的满足，还涉及心理上的满足。

> 从行为科学家的角度来看，促成行为的欲望称之为需要。人的需要如同人生命的过程一样，处在一种不断的新生与变动当中。[1]

这种发展是人自身个性的发展，需求所产生的驱动力将引导人的行为方式。比如创业者在创业初期，往往最先要解决的便是生存问题，只有生存下来才有未来发展的可能。因此，必须在谋求生存的过程中直接或间接地产生能保障生存的行为方式，通过自我的调节，以达到身体机能得以延续的结果。

进一步来看，人的需求也分为多个层级。这个层级包含了生理需要、安全需要、归属和爱的需要、自尊需要以及自我实现的需要[2]。从需求层级所具有的多样性来看，人的需求本身便是丰富的多元组合。较高的需求层次往往依赖于人自身的生物创造性，这种创造性从层次较低的需求走向层次较高的需求，其过程意味着人的文化意识的觉醒。造物活动是一种体现人对理性精神和"质化"文化的追求的行为，发展结果趋向于人的文化结构的延续和对自由生活的追求。

创意集市是创业群体价值观和群体文化的实体显现，地域的场景营造构建出本地城市文化的群像。创业群体在这个平台中可以进行文化产品价值的互换和分享，建立起和谐的共享生态群。在这个场域之中，创业群体的身份不断进行自由转换，不同的群体也在进行着相互的沟通与交流。这一自由平等的分享式的平台模式，正是平时孤立的创业个体社群得以融合的一种方式。比如在景德镇雕塑瓷厂的乐天集市，通过对旧瓷厂区的改造，形成一个新的市场，创造出新的文化氛围，从而引来大量的创业者和陶瓷爱好者入驻，进而建构起以陶瓷文化为主要生产力的市场体系，无形中推动了商业经济的发展。

创意集市表面上看是一种商业活动，但实质是对陶瓷创业者资源的整合。创意集市具有创造性、社会性和公益性的特点。景德镇大部分创意集市的创办者并不以盈利为主要目的，比如"陶溪川"的集市和邑空间都是由政府支持的免费平台，雕塑瓷厂的乐天集市和明清园的收费与收益相比也是微不足道的，

---

[1] 李砚祖.造物之美：产品设计的艺术化与文化[M].北京：中国人民大学出版社，2000：311.

[2] 亚伯拉罕·马斯洛.动机与人格[M].许金声等，译.北京：中国人民大学出版社，2012：19-20.

参与集市的创业者基本都会有盈利。其中雕塑瓷厂的乐天集市是景德镇开办最早的创意创业集市，经过多年的发展，已带动了众多创业者和陶瓷爱好者们致富，其借助讲座和工作室的形式，将原本分散的陶瓷文化和工艺聚集在一处，原先周边凋零的旧工厂，逐渐呈现出充满生机的新气象。以往下岗的陶瓷技工，也因陶瓷文化的复苏，重新运用自己的技能获得了新的工作和收获。

在创意集市内，创业者们将"创新设计"作为产品的核心价值，运用本地独有的技艺和文化，发展出有别于传统陶瓷产业的新经济模式，并通过传播，不断地影响并辐射到周围的区域，进而产生新的区域改造，通过间接分享与传播，扩大了陶瓷文化的影响力。

（二）市场的需求

20世纪80年代，景德镇的手工艺尚处于一个初级消费社会的状态。初级消费社会并不是指社会生产力的原始性，而是指一个低产量、高价值的消费社会，这一阶段的普遍现象就是消费能力的差距悬殊。这个时期，虽然有一部分的作坊或者工作室开始进行小批量的陶瓷设计生产，但是由于其手工产品的生产特殊性，相对于后期工业化大生产来说，产品成品率和产量都非常低，生产难度较大，所以最后产出的商品售价必然比较高。由于这个时期陶瓷设计产品的生产特殊性，这个阶段的手工陶瓷艺术设计制品从某种程度上来看，是为中等或者中等以上阶层服务的。这与国内的经济发展水平相关，在20世纪80年代改革开放之前，景德镇之所以作为一个中高端陶瓷品牌的象征，其实质也正是因为其生产工艺复杂和产量少；进入改革开放之后，国家整体经济迅速发展，国内陶瓷大工业化生产兴起，陶瓷产品的消费开始普及，由此进入全民消费的时代。由于中外交流的扩大，消费群体开始喜欢上欧美式的设计，家庭经济生活水平也在逐步上升，购买力逐渐增强；家庭所需要的任何日用产品都成为消费者所青睐的对象，大家对日常生活中产品"量"的需求大于对产品"质"的需求，大部分人存有一种"趋同"的心理状态，即别人拥有的东西我也必须拥有。在景德镇最直观的体现就是2008—2010年，所有陶瓷制造的首饰、茶具、餐具等，基本上都出现了脱销的状况，大部分的工作室和作坊处于供不应求的状态。

近些年，随着消费升级，景德镇的陶瓷产品消费也相应地出现了个性化、多元化、差异化、品牌化的特征，消费者开始对物品的"质量"有了较高的要求。这里所说的"质量"并不单纯是质量的要求，而是要求产品的品位、设计、蕴意、美感都和谐地融入同一件物品当中。陶瓷设计产品也开始由"量化"的产品转换成为"质化"的产品，针对的消费群体也从以"家庭"为设计单位延伸到以"个人"为设计单位。为了适应个性化的消费，定制产品也开始进入市场。批量化的陶瓷产品从某种程度上已经吸引不了年轻一代的消费群体，他们更多希望得到别人的关注，类似于因拥有奢侈品牌而获得的关注，希望自己所拥有的对象是独特的、具有不可复制性的。

由此可见，陶瓷产品作为创业者进入市场的主要媒介，从某种程度上反映了设计者对市场发展趋势的理解，要取得市场上的发展，根本上便是对产品设计的开发。市场需求某种意义上是消费的需求，而消费需求实际上又是对设计的需求。市场的需求与设计的需求密切相关，却不是依附的关系；而是市场需要设计、设计促进市场的相辅相成的关系。这里设计成为适应市场消费的工具，又具有对市场消费的指引作用。适应市场消费主要体现在从业者们对产品的创意设计上，创造符合市场需求的器物，对市场消费的引导作用则是依赖于从业者们对设计艺术的追求，以及设计艺术本身所具有的创新性和远瞻性。

二、从摆摊到初具规模的小商铺

（一）自然发展的过程

景德镇新厂区陶艺街上的"漫草店"，是陶瓷大学科技艺术学院毕业生钟某的店铺。自 2010 年开始创业至今，她从未间断过对手工陶瓷艺术设计的产品开发。作为较早的一批陶瓷创业的拓荒者，虽说其过程并不容易，但是辛劳的付出终究获得了较为不错的回报。

访谈中，钟某告诉笔者："初期创业就是摆摊，那个时候产品以造型简单的器物为主，做得比较成熟之后，便开始做一些复杂点的产品。在集市上，大部分人或多或少都会参考一下周边销量比较好的产品类型，比如市场上流行柴烧，或是日式风格的产品比较好卖，作为风向标。2010 年到 2013 年间，创意市场还是不错的，那时候做什么都可以卖。虽然刚开始出来做的东西不成熟，但是都会有人买。现在不一样了，消费者眼光不同了，大部分从业者做的产品都成熟了，购买者对审美和工艺的要求变得高了，更挑剔了。不管是以前还是现在，最大的价格竞争者仍然是大型的陶瓷厂，它们做的量很大，价格就会比我们便宜很多。以前它们会做一些大罐子，比较廉价，现在也会做一些杯子、碗、

图 4-9　正在销售产品的钟某

茶具等小件，成本会压缩得很低，但是他们并没有更多的创意和想法。"（图 4-9）

当询问她如何开始经营自己的店面时，她回答："当时创意集市市场好的时候，一年就能挣 10 万元—20 万元，存了几年就把现在的店盘下来了。早期的店面也不是很贵，40 多万元就能买下。有了店面之后，由于人手问题，就不再去参加过多的集市活动。在景德镇买瓷器的人，主要的购买力仍然来自采购商，他们对景德镇产品分布都比较熟悉，一次采购基本上都会走遍这几个点，所以在这有一个销售点后，其他的点也可以不用去了，我身边大部分的人也都是这样的。并且以前长期摆摊，也积累了不少的客户，现在的销售重点主要就是经营好自己的品牌客户群。"

对钟某的回答，笔者个人感觉有些诧异，在个人观念中，认为开放的集市不正是能更好地获取新客源的主要途径吗？对此笔者一直不得其解，在之后采访到同样是创业时间较长的昕老板时，这种困惑得到了解答。

她的店处在"陶溪川"步行街的主干道上，店名叫"云汀"，与很多开店的创业者一样，店面的装修布局都会借鉴许多中式风格的元素。与之前多次的访谈一样，我们最初的话题还是围绕着创业过程中的经历。

"最初摆摊的时候是在 2006 年，2008 年陶瓷创意产品刚好复苏，做陶瓷创意产品在那个时期容易被人接受，一个月能赚 1 万元左右。虽然不算很多，但是那时候的开销比较小，我又喜欢做这个，所以就感觉挺好的。发展到现在已经有了一个工作室，聘请固定的员工，月产值最高可以做到8万元—10万元。"当笔者问及采访钟某后留下的疑问时，她回答："现在肯定不会去摆摊了，现在摆摊的人年纪都很小，我毕业这么多年了，同行看到也会觉得很奇怪。而且，现在摆摊没以前那么好了，摆摊的地方多了。跟以前不同，以前只有乐天那一个地方，而现在有了"陶溪川"，但来"陶溪川"的人也不一定是冲着你的产品来的，大部分都由于这个地方的宣传，许多人才过来，看的人多买的人少。早期摆摊还有一个特点，那时候大部分人的规模都不大，手工性强，产量少，大家做的东西都会不同，同质化的东西少；不像现在，这家和那家的东西都差不多，购买者可以逛来逛去、讨价还价。现在有了自己的店之后，就守着这个店吧，店面的档次和摆摊给人的感觉也是不同的。"

如此看来，从业时间较长的创业者们基本上都会经历一种较为相同的发展模式，即从流动性的摆摊到固态化的商铺，他们共同的经历过程是一个从适应市场到创造市场的过程。

（二）适应市场到创造市场

大众通常会依据对商品购买的经验或者是习惯将商品进行定位，即消费定式。消费定式的养成往往受到消费者日常生活的选择和心理消费满足的影响。如我们在购买商品时，大型百货商场所出售的产品通常比地摊上售卖的产品质量好，后期的售后服务也更容易得到保障。当消费定式思维一旦形成，便会在对商品的选择上显露出明显的个人意愿。在没有形成定式思维的情况下，消费者会通过各种理性的思考去选择商品；但普遍的规律意识形成之后，理性在对商品的选择中起到的作用就会越来越小，感知等主观因素的影响比重会逐渐增大。

消费定式的存在，使得创业群体的发展规划也受到了影响。在创意集市等多次摆摊交易尝试之后，创业者们便会开始尝试脱离于摆摊的交易环境当中，将自己的产品独立于一个可以营造消费感知氛围的固定场所之内。由此，小商铺的销售形式便逐渐成为一种提高自己商品潜在价值的主要方法。

在景德镇，好的陶瓷产品不计其数，如何能形成自己独特的产品特色和品牌形象，一直是创业者们考虑的重中之重。品牌形象的塑造不仅仅是保证产品一直拥有良好的质量，更需要通过设计的手段将产品的整体形象推入一个新的品牌阶段，品牌所具有的特质是在质的基础上凸显出的特性。

三、自然与文化的尺度

（一）自然区域尺度

文化人类学中区域的划分即文化小区的划分，一般受物理空间、社会组织、阶级地位、亲属关系、地方习俗、宗教信仰等相关元素所制约，典型的特征为"人们之间共同利益、共同的生态环境和地理位置、共同的社会体系和结构"[1]。

> 景德镇青年群体陶瓷创业工作室大多聚集于容易获取制瓷原料和公共烧窑较多的地方，创业群体活跃的区域也都集中在创意产业街区和几个创意集市附近，创业时间较长的创业者会选择离活动区域较近的固定店面。[2]

店铺租金会和产品销售的价格有着直接的联系，租金直接反映着店面所处区域和产品的层次。如同类的产品在"陶溪川"和陶艺街店里销售，就会比在老厂和老鸭滩店里的价格略高一些，各种不同供求关系的组合，共同构成了景德镇青年群体陶瓷创业的现实区域。

（二）文化价值尺度

产品的文化价值与普通的商品价值是有区别的。

> 文化是以人作为目的，反映着人的发展过程及其成果的范畴。它是从人的自我实现的角度，对人类所创造的一切物质的、精神的财富及其创造过程的一种概括。[3]

从文化的概念去看待价值，价值是人的创造性行为的成果。"就经济的文化维度而言，符号化过程与物质产品的使用，体现的不仅是使用价值，而且还扮演着'沟通'者的角色。"[4] 因此，产品的文化价值并不等同于产品的使用价值。文化价值所体现的不是局限于产品的某一功能或目的性的价值，而是在于超越现实利益非自然需求的更高层次的东西。文化价值体现的不仅是器物的物

---

[1] 奈杰尔·拉波特，乔安娜·奥弗林.社会文化人类学的关键概念[M].鲍雯妍，张亚辉等，译.北京：华夏出版社，2005：51.

[2] 邓文杰.景德镇青年群体陶瓷创业空间的网络人类学解析[J].南京艺术学院学报(美术与设计版)，2019(02)：159-167.

[3] 徐恒醇.设计美学[M].北京：清华大学出版社，2006：112.

[4] 迈克·费瑟斯通.消费文化与后现代主义[M].刘精明，译.南京：译林出版社，2000：123.

理属性的价值，更是一种非物质存在的客体属性，体现的是创造者的实践方式和认知形态转化后的能力与素养。

在文化价值体系中，商品价值所带来的影响也是不容轻视的。随着市场经济的发展，货币所带来的价值表征意义已经不完全是作为一种符号意义的存在，这种趋势下，容易导致在市场中的消费完全成为为交换而交换的消费。这种市场环境影响下，商品所应具有的文化价值的本质区别将不复存在，能否获得经济利益将成为权衡市场发展兴旺与否的唯一标准。

大众的实际消费需求，并不一定如市场所显示的供求关系那样。比如商业广告传播所产生的符号效应，往往诱导消费者，这时市场需求甚至是扭曲的。广告运用传播的影响力，对大众的需求进行有意识的误导，从而让消费者产生错误的判断，容易造成商品价值的虚假。如某件普通的陶瓷器具，通过收藏拍卖的虚假广告，使得商品的价值远远高于实际的价值；加之人们的物质欲望和攀比心理也时常容易成为被利用的因素，在这些情况下，心理需求被放大，而真实的需求却被遏制，由此造成了商品的畸形发展。可见，商品价值的过度独立，将有可能造成文化价值的缺失。

（三）文化审美尺度

对于陶瓷设计产品来说，其消费有别于一般的产品消费。对于设计新颖的陶瓷设计产品或陶瓷艺术品，与其说买的是产品，不如说买的是设计、文化。它不同于超市里面只是纯粹的产品消费。我们将陶瓷产品消费视为一种文化消费，这种文化消费与消费者的生活方式和生活态度相关，消费者认同美的东西自身的价值，因此，往往更加注重产品的设计质量和文化价值。

追求本土设计文化的原因，并不是去抵触外来文化的影响，而是在经受了外来文化的洗礼之后，进一步体会到本土文化的可贵之处。比如在澳门，就很容易看到百年前建造的房子，大部分的老房子是通过不断修复后再使用的。当地人也并不常常拿着路易威登的包。通过外表，我们看到了不同的文化和生活方式。反观本土大部分的地区，无论是城市建设、商品消费，都仅仅依据经济的原理不停地重构循环，很难从中获得一个明确的文化归属感。

全国近期开展的国家艺术基金多项专题活动，以及各个学术杂志对传统工艺美术的专题研究，越来越多地将传统文化的内容呈现于人们的视野当中。处于这种环境之下，手工制作的传统工艺产品与大批量生产的商品相比，反而具有更高的价值。此外，各个地区开展的"文创比赛"和展现地方性的设计活动也相继开展了起来。总之，现代的社会文化意识，关注地方传统，以振兴传统工艺和文化，为人们生活提供更多的高质量手工艺品为目标。

每个地方都有自己的历史、自己的传承、自己的文化以及独特的生活方式和语言环境。如果这些不同的地域特征在适应当下社会转型的同时又保留有自身的特色，那么中国将会有非常丰富的个性文化并存，这将建立起一个既传统又现代的中国文化新天地。

第五节
来自设计文化的再思考

一、创业者设计思想的转变

景德镇的陶瓷艺术设计是一种区域性的、民族性的设计，但它不排斥外来的影响，是一种既有民族特色又独具现代性的设计。面对全球化，本土设计要进入世界的舞台，就不能完全游离于世界设计之外，故步自封只会将自身的设计灵感局限于一个自娱自乐的怪圈。设计师的设计定位，首先是追求设计之物与社会经济和美学达成高度和谐的一致性。这种一致性本质上是传统与现代的统一、实用与审美的统一。在这一方面，景德镇的青年创业群体还缺乏深刻的认识，大部分设计者通常是从图画、装饰、文字、展览和网络等渠道了解设计。日本著名设计家原研哉（Kenya Hara）指出："做设计的实质就是将这无限多样的思考和感知方式，有意识地运用在普通的物体、现象和传播上。"[1]18 并且他在其撰写的《设计中的设计》一书的前言致辞中道明了其设计主旨："理解一个东西不是能够定义它或者是描述它，而是把这个我们认为自己已经知道的东西拿过来，让它变得未知，并激起我们对其真实性的新鲜感，从而深化我们对它的理解。"[1]18

比如设计一个茶壶。我们都知道茶壶是一个什么样的器物，但是想要重新去设计一个茶壶，应首先去除我们以前的认知，如喝茶的器具、装茶水的容器、煮茶的用具等，然后再更新认知，激发想象，寻找突破，再思考设计。陶瓷由

---

[1] 原研哉. 设计中的设计 [M]. 纪江红，朱锷，译. 桂林：广西师范大学出版社，2010：18.

于其材质的特殊性，本身就是一种价值，釉色和陶土的化学原料搭配不同，烧成之后的器物给予人不同的感官冲击。融入陶瓷器物的设计，从最开始对柔软泥土的感触到成器之后材质的完全重构，从釉色的提炼到釉面的成型，这一系列的过程都将冲击着造物者自身的感官，这整个过程亦是设计者身心体验的一部分。陶瓷艺术设计不仅仅是技艺的高低、情感的深浅、设计的完善与否，更深一层的是对造物的崇敬、过去与未来的联结、艺术理想与设计的实现。

许多陶瓷艺术设计创造者相信，陶瓷这一器物携带的信息将是融审美、触觉、文化和记忆为一体的东西，陶瓷与其说是一种产品，不如说是一种设计文化理念。制陶是一种过程，而设计则是融合良药。青年创业群体负有重构景德镇陶瓷文化的历史使命，这种重构应以中国传统人文价值作为主要的引导。设计者以一种和谐并接近自然的方式进行重新思考和创作，推动设计与文化、经济与产品、本土化与全球化的和谐统一发展，在推进景德镇陶瓷艺术设计领域做出不断的新探索。

陶瓷本身是具象的，当绘画、技艺、文化和历史介入其中时，则是抽象的，它成为融合我们所有现今意识并向未来运动的流动符号：手工与工业、技术与科学、自然与造物、抽象与叙事等。因此，陶瓷艺术设计之物体现了造物者的思想，能将造物者的技艺通过产品来体现。原研哉认为："除非能够微妙地唤醒和启动接受者的感觉，否则技术没有任何意义。"[1]144 他强调的是技术成果的价值和意义，手工陶瓷就应该唤起使用者的情感，这是传统技艺内在的特性之一，技艺感知能力的提升能够带来个人分析能力的成长。而对于设计者即创业者本身而言，也是如此。在一件陶瓷作品的设计和烧制过程中，对材料的把捏，对成型尺度的判定，不是仅仅从一张效果图中就能分析出来的；消耗多少泥料、成型之后的收缩率、成型后烧制的成功概率是多少，这些都需要技艺感知能力的训练，也并非一朝一夕就能锻炼出来的。在陶瓷艺术设计当中，我们必须保持对技艺感觉认知的高度敏感性，不能过度地依赖现代科技所带来的便利，否则科技将会成为禁锢感觉认知的枷锁，即如原研哉所说："放弃感觉认知将会毁掉精微的感觉与技术相互联系的一种新设计领域的可能性。"[1]146

二、陶瓷产品设计的文化特质

陶瓷产品设计的特殊性在于它的文化艺术属性，在一定意义上可以将其归

---

[1] 原研哉. 设计中的设计 [M]. 纪江红, 朱锷, 译. 桂林：广西师范大学出版社, 2010.

属于文化产品一类，具有"可感觉而又超感觉"的性质[1]。它不是单凭直觉就能把握的，而要将它的各个属性融入社会意义中才能把握。这些由设计文化赋予的价值和意义，正是审美内涵的文化特质，是设计文化和陶瓷文化的组合，是以文化作为两者相连的媒介。从文化人类学的视角去阐释，它将使我们认识到陶瓷设计文化是自然因素、社会因素、人的因素、物质和精神等因素的综合或结晶，是不同特质的文化群体互补和交融的一种整合。文化整合能促进不同文化群体之间的进步与吸收。以设计为工具的文化整合，使景德镇的陶瓷文化得以在新的层面上提升艺术的品位和文化的质量。

本书将景德镇青年陶瓷创业主要分为行为发展和观念发展两个阶段。行为发展源于对人本身的需求性发展，符合人基本生存的自发性行为模式。这种自发性的生存模式主要是为了满足人生存必需的最基本需要，在所有需要中占据着绝对优势的生理需要也自然成为主宰机体的主要驱动力[2]，驱动力的发展过程也可以看作人需求本能的发展过程。观念发展是行为发展的延续，主要是一种以精神作为引导的发展模式，以群体主体的价值认同为主要的意识形态共同体，这种发展状态存在于创业群体内部的文化体系当中。这两种发展模式都是以人的行为为基准的，人的内在和外在的行为创造了不同的发展模式；同时，不同的发展模式也反作用于人的发展，都是人实践活动的结果。

文化是在特定的社会环境之下产生的，景德镇的创业文化也是基于景德镇陶瓷文化的影响而产生的。青年陶瓷群体创业文化不同于其他制瓷区，创业文化在其社会环境发展过程中会反向影响未来陶瓷文化的发展和规模。

创业模式有它特定的构成方式及稳定性的特征，这种模式我们也可以把它看作一种特殊的文化模式。文化模式是在特定的文化区域中经历长时间的积淀所形成的一种非主观计划下的产物，它是不同的群体文化特质共同发展出来的结果，与群体自身的形成和发展有着直接的关系。文化模式所显现出来的群体的心理特征和行为特征，构建成特定的环境风格。

群体只有处在社会中才会产生特定的文化创造行为，文化的功能属性也是在现实的实践中得以体现的。文化的本质在于"满足人的需要当中又创造了新的需要"[3]，其根本是一种手段性的现实，是为了满足人的需要而存在的。不论是群体中的精神生产或者是物质生产，都依赖于群体中个体相互协调的过程所

---

[1] 徐恒醇.设计美学[M].北京：清华大学出版社，2006：85.
[2] 亚伯拉罕·马斯洛.动机与人格[M].许金声，等译.北京：中国人民大学出版社，2012：20-21.
[3] 马林诺夫斯基.文化论[M].费孝通等，译.北京：中国民间文艺出版社，1987：91.

产生的关联。另外，只有依赖于实践的行为，才能使创造的文化模式成为一种有效的方式，使分散的个人或小群体组建成为一个具有一定影响力和作用的群体社会。文化模式的分享，能有效地加强文化成果的积累和保存，并延续传承。创业文化模式的经验积累和发展，将使不同的创业群体之间的联系越来越紧密。景德镇当代陶瓷文化的内涵也将会显得越来越丰富深刻，景德镇未来的发展也将会越来越好。

景德镇的创业主体主要依赖于青年创业群体的发展。社会文化模式的形成，离不开群体的组织，然而这种组织依赖的并不只是群体数量，而是特定的文化共同认识。本尼迪克特·安德森（Benedict Anderson）在对民族概念的研究中认为，"它是一种想象的政治共同体——并且，它被想象为本质上是有限的，同时也享有主权的共同体"[1]。这一观点说明，在同种意识形态影响下，便有可能构建起人与人之间的交互关系。

创业文化模式中带有的社会关系性质使得它的发展将超越群体自己的发展，因为群体的发展是有时效性的。群体发展过程中所产生的各种文化特质融入整个文化模式的构建中去，这些成果的不断发展构建出了景德镇陶瓷创业文化的新模式，这种新的模式自身具有生命力，是持续不断地处在发展中的。创业模式的发展总是将过去的发展与现代联系在一起，它作为社会发展的内在驱动力，并不是总结过去的成果，而是存在于动态发展的创造活动的过程中。

文化模式的发展过程中，肯定会存有不同类型的文化所产生的冲突或者是融合……一种文化价值的缺失会被另一种文化价值所填补，由此产生内容和形式的变换，逐渐融合成一种全新的文化模式[2]。

陶瓷创业文化的形成，是基于两种不同群体文化的重组，即价值取向、意识形态、思想目标等各异的传统文化和现代文化，经过交叉式的碰撞之后，不断地相互靠近，彼此在各个方面进行协调。它们在价值取向、意识形态和思想目标上进行不断的修正，为共同顺应发展中的社会需求而逐渐融合，建构成一种新的文化系统。这种文化体系的融合不只是单纯的、机械式的融合，而是相互吸收互补的有机结合。它包含了将原有不符合当下社会发展的旧形式和组成结构的否定与扬弃，从而以充满活力的新形态呈现。新的文化模式不仅标志着一种整合的过程，更是各个组成部分相互作用和彼此影响的产物。新文化模式

---

[1] 本尼迪克特·安德森. 想象的共同体：民族主义的起源与散布 [M]. 吴叡人，译. 增订本. 上海：上海人民出版社，2016：6.

[2] 邓文杰. 艺术与生活：当下景德镇陶瓷艺人的美学边界 [J]. 陶瓷研究，2018，33(05)：10–14.

的产生是在多维度的基础上整合实现的，这些可以通过具体的文化模式分析而得到更为清晰的答案。

三、创业区域的新时空

对景德镇陶瓷青年创业群体空间进行考察后，笔者认为：信息社会的来临，为创业青年群体创造了新型的"网络空间"，这一空间的形成有赖于信息传媒技术——互联网的发展。

> 与传统物理化存在的小区不同，在网络小区中时空因素不再起决定性作用，取而代之的是成员之间的联结互动。[1]

在网络时代还没来临时，景德镇的创业者们对市场产品的销售或者行情的了解，必须通过其他中间人或者是亲自去实地进行考察，从而无法准确把握市场需求，沟通的范围也通常局限于较小的范围，销售和生产作为两种完全独立的职业而存在。在信息社会的网络空间内，景德镇陶瓷创业青年们可以运用网络信息的媒介（图4-10），通过互联网与全世界的任一消费者或者是对陶瓷有兴趣的爱好者进行沟通。"云数据"的咨询分析可以呈现未来市场动态的发展趋势，新产品的展示也能通过网络进行推广，设计或技术的专业问题也同样可以借助网络进行解答。

图4-10　正在准备产品拍卖直播的店主

---

[1] 孙美玲.网络社区交往的建构：基于成员间联动生成模式的分析[J].广告大观（理论版），2012(05):17-33.

在景德镇陶瓷青年创业群体中，"网络空间"的形成源于虚拟社区的共同需求，为群体提供了必要的交流场所。但现实场域的共同性特征已不能作为划分该群体的界限，反而是意识、兴趣、知识及利益的趋同是建构该社群的重点。技术的变革影响了大众的需求方式，空间与时间的距离已阻隔不了网络区域中人与人之间的交流。互联网促成了兴趣群体的形成，人们交流的对象也不仅限于日常生活中所接触到的人。聚集在一起的人可能只是单纯地喜欢同样的产品，又或者是为了自由地畅所欲言。新区域空间的关系也因此构建起来。网络区域的建构是基于物质层面和精神层面共同整合的产物，网络媒介所营造的网络空间已成为大众日常生活交流的聚集区，兴趣与文化圈的形成巩固了网络空间建构的必要基础。

新的区域互动形式在"网络空间"文化影响下形成（图 4–11）。

图 4-11 某店家正在进行直播陶瓷产品的售卖和互动讲解

其一，景德镇的陶瓷文化传播方式已被网络媒介的互动所拓宽，通过不同创业群体的网络转载，景德镇发展的近况得以实时地传播，加深了本区域以外的人对现今景德镇陶瓷创业文化的了解与认识。在"网络空间"文化的影响下，群体的组织形式将有别于现实场域的构成。现实社会区域的组织具有自然地域文化的属性，包含有经济、政治、宗教及血缘等关系的综合性活动特征。在这种组织关系下，群体的融合囿于他们共同的居住环境及共同的生活活动。然而，在"网络空间"的组织中，物理区域已经无法划分群体的活动范围，而是通过"圈"或"链"式的文化结构划分出彼此的界限。可见，不同的文化组织结构产生了不同的关系网络。复合型关系网络的出现，"拓宽了网络社会组织群体的纵向深度和横向维度，从而建立起新的文化区域组织形式"[1]。"文化圈"式的结构是将区域划分出明确的边界，区域的活动都在这个明确的文化"地界"内，大家有明确的文化主题共识；"文化链"式结构中，区域没有明确的边界，人们交往只是通过某种方式形成关系链条，由个体关系网络进行无序的联结，使区域影响可在短时间内成倍数地扩张。

其二，传统消费文化受到"网络空间"的影响。传统物质消费是心理购买欲的满足，当欲望得到满足之后，其满足感会随时间逐渐消逝。但信息交换所带来的满足感却会持续很长的一段时间，因为信息是非物质的，是可以无限循环交替下去的。当我们发布的信息被人接纳或称赞，产生积极互动时，传播者将会获得极大的满足感，并在下次同类事件发生时获得近似的心理满足。因此，当人在信息交换过程中体验到满足感的可持续性之后，对消费标准的评判也会产生相应的转变，对原本只能维系短暂满足感的物品转向可提供持续满足感的物品，或者是随着时间的推移，渴望得到使满足感逐渐加强的物品，甚至还有可能会钟情于承载着传统工艺和历史文化的物品。这不仅成为现代社会传统手工产业得以发展的契机，同时也为手工业群体创业的发展创造了更有利的市场空间。

---

[1] 邓文杰.景德镇青年群体陶瓷创业空间的网络人类学解析[J].南京艺术学院学报(美术与设计版)，2019(02):159–167。

第六章
当代景德镇陶瓷设计价值建构与设计教育

早期人类学家爱德华·伯内特·泰勒给文化的定义是具有代表性的。所谓"文化",主要是指"包含知识、信仰、艺术、道德、法律、风俗以及作为社会成员的人所掌握和接受的任何其他的才能和习惯的复合体"[1]。实际上,泰勒对文化的理解是建立在达尔文进化论研究的基础之上的,认为文化是从人类的精神活动层面上展开的。狭义的文化概念有别于后期人类学对广义文化的定义,其研究为后来的文化人类学研究奠定了必要的基础。

就文化功利而言,一直关注于功能主义文化理论研究的英国学者布罗尼斯拉夫·马林诺夫斯基(Bronislaw Malinowski)认为:

> 文化是指那一群传统的器物、货品、技术、思想、习惯及价值而言的,这概念实际包容着及调节着一切社会科学。[2]

功能主义学派开始把文化对人类的功用性作为研究的重点,把人类生活以及文化之意义视为一个整体,脱离了以往文化理论形而上的主观研究,主张在既定区域内进行实地考察,进而建立起一个严谨有序的文化基础架构。

> 功能主义理论的提出,使人们意识到社会文化的理解可以通过制度、需求、规范、价值等多个方面共同服务同一目标的结果,一切文化的意义都处于人类活动当中并且是有作用的,否则失去"功能"的文化就会消失。[3]

毋庸置疑,"文化功能论"使文化人类学的研究从扶摇直上的文献研究法,拓展到了对现实社会生活状况的实地考察研究。譬如费孝通在对江村经济的研究中,通过对曾经生活区域的实地考察,将传统村落文化变迁过程进行了详细的阐述;通过对事实的考察,突破了传统西方文化对异文化研究的定性,从而开启了现代文化研究的进程。

---

[1] 林惠祥.文化人类学[M].北京:东方出版社,2013:5.
[2] 马林诺夫斯基.文化论[M].费孝通,等译.北京:中国民间文艺出版社,1987:2.
[3] 邓文杰.景德镇青年群体陶瓷创业空间的网络人类学解析[J].南京艺术学院学报(美术与设计版),2019(02):159-167.

文化理论研究一直是随着社会的发展而进步的。在下面的讨论中，笔者拟对未来景德镇陶瓷文化发展所涉及的设计价值的建构、设计教育的引导、政府政策的影响等相关内容进行阐述，以期在更广泛的视野上描述出景德镇陶瓷设计文化未来的发展模式及其意义。

第一节
设计价值的建构

一、陶瓷艺术设计的市场价值

（一）市场中的经济价值

陶瓷艺术设计本身作为一种设计手段是无法直接介入市场经济的范畴中的，而陶瓷作为商品载体，便能合理地体现出其内在的市场价值。卡尔·海因里希·马克思（Karl Heinrich Marx）认为：

> 商品包含使用价值和价值两个因素，商品的二因素根源于生产商品的劳动的二重性——具体劳动和抽象劳动，具体劳动生产使用价值，抽象劳动生产价值，价值的实体就是人类抽象劳动的凝结。[1]

上述对商品定义的解释充分说明了商品的价值二重性，价值的体现也分为使用价值和价值两个层面的内容。因此，对陶瓷艺术设计产品而言，其本身也具有同样的价值二重性。

陶瓷艺术设计的发展在某种程度上依附于市场经济的发展。自然合理的市场交易反映出陶瓷艺术设计产品的价值和大众消费对产品的认同。笔者在田野调查中发现，90%以上的创业者或多或少会把市场的需求视为产品创造的重要参照标准。因此，在当代陶瓷艺术设计产品的发展规划中，必须要借助市场的影响力，通过市场探寻出自己产品的特点和挖掘出自身的价值。如果自己设计的产品脱离

---

[1] 中共中央马克思恩格斯列宁斯大林著作编译局. 马克思恩格斯选集：第二卷 [M]. 北京：人民出版社，2012：3.

了市场，将无法为后续的创造和生产提供更为有效的资源。处于市场中的陶瓷艺术设计产品，其经济价值主要为两点：显性的功用价值和隐性的精神价值。

此处的功用价值是指产品的使用功能，使用功能是实现产品价值的基本属性，作为物质形态所存在的功能载体。表象延伸下的产品本质即为使用功能，其实质就是给使用者提供最直接的物理功能，能解决相应的物理性需求。生活用陶瓷产品本身无法完全脱离其实用性，即使花瓶、屏风、瓷版画等装饰也有使用功能，以亚伯拉罕·哈罗德·马斯洛（Abraham Harold Maslow）的需求理论来分析，无论功能价值还是精神价值，两者都属于人所需求的范畴。

精神价值是产品的隐性价值，其中包含了品位、审美和情趣等多个因素的综合价值。现代消费者眼中的产品，其所包含的精神价值元素越丰富，相应的经济价值就越高。随着物质生活水平的不断提高，人们对高质量产品的需求不断增加与实际的产出不平衡、不充分之间的矛盾日益凸显，而人们对产品质量的要求不单纯以器物的质量为评判的唯一标准，更多地重视精神层面文化艺术的表达，这也反映了购买者自身品位、审美、情趣等多个综合层面的水平。

总之，陶瓷产品的文化价值随着设计水平的提高和内涵的丰富而不断提升。设计所赋予的文化艺术价值作为市场价值核心的一部分，有助于传统陶瓷市场的传播、发展和延续。当代的陶瓷文化价值不只是一种技能的存在，不仅仅体现在一些大师的艺术作品中，也不独存于消逝的御窑文化内。陶瓷文化是复杂多元化因素的整合，丰富的内涵和外延是文化本身的特性。陶瓷艺术设计产品是一定时期内陶瓷文化的具体表现形式，包含了物质文化和精神文化的双重价值，是情感表达和文化具象的体现。在当代的陶瓷艺术设计产品中，集中于创意集市区域的产品多为设计创新和符合当代文化观念的产品，这类产品将新的人文意象融入陶瓷产品的创作当中，最大限度地满足人们日益增长的美好生活的需要，引领文化的新观念和新的审美时尚。

从历史上来看，陶瓷产品在不同时期所反映的都是当时的经济状况和人文风貌，映射出人们的情感追求和审美取向。因此，不同时期的陶瓷产品必然地在历史变迁的过程中展现出与前代迥异的人文面貌。如宋代社会经济和文化的繁荣促成了手工陶瓷文化的发展，不仅在产品品种、陶瓷质量、装饰、釉色诸多方面多有创新，还形成了独具时代特色的典雅、清秀、文静的文化风格；而明清时期的手工陶瓷，受到外来文化环境的影响，"器型和色彩装饰被推入了一个五彩缤纷、争奇斗妍的崭新时期"[1]。

---

[1] 贺西林，赵力.中国美术史简编[M].北京：高等教育出版社，2003：317.

当代陶瓷的发展已将现代的设计理念和文化观念融入其中,引领传统陶瓷文化审美向新的方向发展,体现出对传统文化再创造的趋势。具体而言,在表现形式上借鉴了传统陶瓷产品的装饰手法、成型技巧和釉色搭配,借助了现代设计手段和创作理念,体现了对传统陶瓷文化的传承以及对新领域的开拓。当代陶瓷艺术设计的价值,不仅表现在实用价值方面,在设计创意、造型、文化寓意表达和符合当代审美追求等诸多方面的价值也不容忽视。这种多元化价值的融合聚集,是机械化大生产产品所无法取代的。

(二)市场中的价格导向

"不论是以何种形式的物质造物,只要进入了市场便是商品,商品通常具有物的有用属性,从而使其具有使用价值,因此,商品是依靠自身的属性来满足人的需求之物。"[1] 商品的使用价值是需要在使用过程或者是消费中得以实现的,因此在对陶瓷艺术设计产品的商品价值进行分析时,其使用价值会直接体现在商品价格的变化当中。

市场是商品主要的交易场所,商品交易实为物品拥有者双方产生的交换关系,整个交换关系必须建立在一种特定的等价交换基础之上,这种基础认识具有社会普遍认同的等价形式。因此,作为交换过程的自然结果,货币成为商品的主要对等转换形式,一旦有了货币的存在,对于货币价值的评判必然会产生相应的衡量尺度,这种尺度便是产品的价格。产品的价格要素在整个市场交易发展的过程中具有多种功能。

首先,自然发生的市场价格,能体现创业者们对当下市场需求发展趋势的判断能力。在自然贸易中,商品的价格受到价值规律的支配。消费者对商品的需求量和产品本身的产量之间所发生的供需关系,直接体现在商品价格的波动上。大众可以直观地从价格上观察到产品的相对产量,价格能反作用于市场,创业者能从市场价格的变化中发现趋势并调整自己的生产行为。因此,价格具有引导创业者行为转变的功能,进而对创业群体的生产力产生影响。

其次,价格具有对生产资源调控和整合的功能。产品价格的高低某种程度上直接受制于材料资本、生产资本和消费需求的影响,对生产资源的配置和调控成为创业者们依据价格趋势进行的必要活动。当某一商品的价格上升时,生产者们会有意识地增加这类产品的出产量,社会环境中生产资源的配置便会集

---

[1] 中共中央马克思恩格斯列宁斯大林著作编译局. 马克思恩格斯选集:第二卷 [M]. 北京:人民出版社,2012:95.

中在这类产品的产出过程中。例如，陶瓷首饰刚出现时，大量的消费者进行采购，供不应求，产品价格上涨所带来的高利润回报导致首饰成为当时创意集市上主要的交易商品；商品的热卖也促进了与陶瓷首饰相配套的其他产业的发展，如物流、包装、手工编织等。然而，在市场价值规律中，如果同种类型的产品大量重复存在于同一市场之内，时间久了，消费者反而会相应地减少对同种产品的购买。市场消费需求作为平衡的杠杆，使价格和生产处于此消彼长的状态，这种状态一直存在于市场经济当中。因此，价格的调控将有助于平衡供需关系和生产规模。

最后，价格还起着促进生产效率、提高生产技术的作用。手工陶瓷的产能一直是限制行业发展的重要障碍之一，提升产能效率成为具有一定规模的工作室或作坊必须考虑的问题。大多数创业者在新产品开发出来之后希望能在第一时间拓宽市场销售，在有限的时间内获取更多的利润，因此以降低成本为目的从而提高效率成为众多创业者首选的解决方法。

综上所述，价格是价值表现的形式之一，价格以价值为中心而波动。在自然竞争条件下，价格的定位取决于商品的供求关系、资源整合程度和生产效率的综合表现。价格能在不同的维度对创业者们的生产、资源和技术等各个方面产生不同程度的影响，进而调控产品价格和生产规模的发展。通常情况下，价格和价值无法形成完全对等的关系。比如通常价格高的产品价值会比较高，但是人们却又希望价值高的产品。自己能以较低的价格获得，两者之间的矛盾关系难以调和。

（三）市场中的多元化价值拓展

将陶瓷艺术设计产品推入市场，是发展景德镇传统陶瓷艺术的重要途径之一。这不仅对保护本地的非物质技艺传承有着不可忽视的作用，还促进了现存的其他手工艺文化资源的开发。

在"陶溪川"的"邑空间"里，有位毕业于黄山学院的学生叫郑某，她与其他做手工陶瓷的创业者不同，主要做手工布艺（图5-1）。

她告诉笔者："最初随朋友一起来到景德镇，看到雕塑瓷厂的乐天集市有摆摊，之后又多次到景德镇参观，觉得这边的手工氛围浓郁。我本身就对手工艺产品感兴趣，所以毕业之后就开始尝试做手工艺产品。"笔者好奇地追问："为什么喜欢到景德镇做手工艺来却没有去做陶瓷？"她说："景德镇是手工陶瓷的主要生产区，这里大部分是陶瓷类产品，但我个人觉得看多了会有种视觉疲劳。

最开始的时候其实也尝试制作一些陶瓷产品，但是总找不到感觉，后面就没尝试了。加上我家就在浙江金华，那边纺织业比较发达，我小的时候就有缝制各种各样的被子挣零花钱的经历，接触多了自然也就喜欢了。前期家人也会做适当的指导，但后来我就自己开始研究学习。"她个人对布艺手工的热衷程度并不亚于笔者采访过的其他手工陶瓷爱好者对陶瓷的热爱。对于青年创业者来说，手工制品的设计思路主要是将生活中的个人喜好作为设计基础。郑某在设计布艺图案的时候，会适当地参考已有的图案，并通过自己的再设计进行创新。

图 5-1　郑某和她的格子铺

时隔不久，笔者在"陶溪川"的集市上还遇到了一位做手工漆器的女生牛某。她是山东人，原本的志向是当老师，但后来发现不太喜欢过于安稳的工作，且刚好有学姐及学长在这边创业，加上考虑到做漆器是件工艺烦琐的事情，需要有同道中人一同协作完成，就来到景德镇做漆器了。对于为什么能在景德镇扎根下来，她说："这里有一个很好的展示平台，假如在其他地方，即便是东西做得再好也无法展示给别人看，加上自己刚毕业，单薄之力也无法自己搭建一个平台出来，刚好'陶溪川'提供了这样的一个区域。我们主要是想借助这个平台多认识一些朋友，好将自己的产品推广出去。"她还认为："在景德镇，陶瓷是最常见的产品，然而漆器和瓷器都是中国最传统的工艺。它们之间是否存在一种传承的共性关系？带着这个疑问，我做了一些调查研究，发现它们之间其实是有某种联系的。例如你去博物馆看陶瓷，如果它中间的装饰是空缺的并且有规律，而且不是釉，看起来好像是有装饰效果，那这种情况下大多是漆的装饰材料被氧化了。其实只要是在密封的情况下，它的装饰便不会掉。如果它埋在地里，潮气进去，那么它的漆面就会全部起开。所以现在发掘出来的陶

瓷大多数腰上本该有一圈东西，但现在没有了，那就是漆。在古代，陶跟漆它们之间是有结合在一起的。"（图5-2）

图5-2　牛某在售卖漆器

通过这些创业者的描述，笔者还得知，在景德镇还有制作银器、皮具、根雕等器物的手工作坊。因此我们可以看到，当景德镇的手工陶瓷产业发展达到一定规模和具有一定影响力的情况下，它将会吸引众多类似的产业入驻，进而成为具有特殊意义的非物质文化聚集区，促进景德镇以手工陶瓷发展为基础，进而成为全国性的青年手工工艺创业聚集区，推动中国手工技艺文化的传承与发展。

二、设计的主客体价值

现代设计的价值通常被认为是社会物质创造中的一种实践结果，设计的作用通常被客体"物"的形态所诠释。设计的对象虽然是产品，但"设计的目的并不是产品，而是满足人的需要，即设计是为人的设计"[1]。因此，作为设计创造的主体"人"和人的需求，才是真正设计的起点和源泉。

设计的价值绝不只是作为一种实践的工具而存在，它与设计主体"人"的价值同构。以往的设计价值讨论中，我们通常会忽视"人"的多元化价值的存

---

[1] 李砚祖．造物之美：产品设计的艺术化与文化 [M]．北京：中国人民大学出版社，2000：310．

在，这也导致众多设计者在做设计价值定位时，过多地将精力放在客体"物"的创新上，一直对"物"进行装饰性的美化。当下，随着以"人"为本的设计价值观念的逐步深化，对设计价值的研究也从客体"物"逐渐转到"使用者"身上。设计价值存在于社会文化当中，社会文化是人与人各种不同关系集合的表现，社会价值取向是借助"人"的需求结构而构筑成的。埃佐·曼奇尼（Ezio Manzini）在对社会创新设计研究中就认为：

> 设计者是社会变化本身的一部分，因为他们必须以前所未有的方式来行动，但同时设计者还是社会变化的促进者，因为他们积极参与创作，以此创作促成社会变化的环境。[1]

因此，社会需求的取向和发展的回馈会直接影响设计价值的创造过程。传统设计价值取向往往集中在非人本主义的物质结构中，主体"人"的价值一定程度上被理解为是为了客体"物"而做的服务，从而导致主体价值在某种程度上难以体现。当代社会文化中，对"人"的重视程度已经大大提升，这也成为重新构建当代设计价值的主要基点，主体的价值已经被视为参与设计文化价值建构的重要组成部分。因此，通过对当代设计主体和客体关系的分析，将能厘清当下景德镇手工陶瓷设计价值建构主客体关系的内涵。

（一）设计价值中主体和客体的关系

有学者将设计价值的范畴界定为：

> 一是不能用具体的特殊的价值来界定一般价值。二是不能用实体来界定设计价值。三是不能用客体满足主体需要来界定设计价值。四要确证设计价值的客观性。[2]7

因此，对设计价值的梳理，应当是通过对主客体之间的关系状态来进行界定的。首先，设计价值中的主体是"人"，因为在整个设计过程中，设计从计划到实施，或者是从需求的选择到需求的满足，无一例外都是由"人"作为核心动力而产生的行为过程。如果"人"并不参与其中，那么整个设计就无从谈起，更不用说后续的设计价值的产生，因此"人"作为设计价值中的主体位置是不容置疑的。

---

[1] 埃佐·曼奇尼. 设计，在人人设计的时代：社会创新设计导论 [M]. 钟芳，马瑾，译. 北京：电子工业出版社，2016: 4.
[2] 李立新. 设计价值论 [M]. 北京：中国建筑工业出版社，2011.

其次，设计价值中的客体是依附于主体"人"的设计实践后的产物，客体的存在必然是作为主体的对应关系而存在。客体本身并不能独立于主体之外，从而设计价值中的客体，能将其看作"人"创造之后所产生的"物"。由此可见，设计价值所表现的其实是一种状态，这种状态是由设计价值中所包含的主体和客体共同建造出来的。对设计价值的理解不应将其作为一种生产"物"的工具属性的价值，而是主体"人"和客体"物"之间相互影响、相互作用的关系。设计价值所体现的是一种状态，这种状态正是由创造价值的主体和呈现价值的客体共同构建出来的，主体"人"包含了设计者和消费者，客体"物"包含了设计对象以及产品，从任何单一的主体或者客体单独去看，都无法产生设计价值的实质意义。

简言之，设计价值关系的概念，"就是因物与人的关系而存在，由物与人相互作用的产物"。因此，在设计语境中，对设计价值的分析除了分析主体和客体必要的不同属性之外，还要关注两者互动关系的实践过程，从而还原设计实践的具体情境，才可以做更深层次的解析。

从客体价值的视角来看，设计价值的实现过程，就是由观念性的非物质价值通过人为的创造从而转变为物理性的物质价值的过程，实际上也就是由非流通性的自然属性之物转变成流通的商品属性之物的过程。然而，由唯物辩证法可以得知，任何一种事物的产生并不是绝对具有积极意义上的价值。设计价值意义的实质，即产生积极意义的价值必然依靠过程性的运用才能得以体现。通过有效的消费和使用过程，价值才能在过程性活动体验中发生。

例如，瓷土本是一种自然属性的物，人们通过改造将其做成功能性的器物。从最开始的粗陶器到彩陶器再到瓷器，从简单的纹饰到图案的装饰再到精致的彩绘，由瓷土发现到最终精美陶瓷产品的产生，其发展过程是由技术的创造和人类的需求所支撑的。然而，如果脱离了人的参与，失去了设计的动力，这些瓷土的价值可能只会保持其最原始的自然状态价值，并不能被人所利用，因此也无法产生历史上陶瓷文化对人们生活的影响，也就是说物质本身的价值无法通过单一的自然价值属性得以体现。

从主体价值的视角来看，设计价值的体现是主体参与设计、客体价值属性显现的过程。这个过程与主体创造性的设计过程正好相反，主体的创造性设计是主体作为本源的动力驱动，进而产生设计结果的客体生成，是人精神的实体化过程；而设计价值的实现，除了最初的设计参与，还有后续的消费参与。消费参与不仅是购买，还包括了购买后的使用。在整个过程中，作为客体的价值一直在发挥着其本质属性的作用，满足了主体的本质需求以及各个层次的需要，使主体得以发展。

设计的主要目标就是创造出设计的价值，但其中价值的体现又必须借助消费与使用。设计一款陶瓷茶具，最初是在创造产品的价值本体，这种价值是包含了多种价值的综合整体，而只有当这款茶具被消费和使用时，我们才能说这款茶具的设计价值得以体现。因此，设计者和消费者都是使设计价值得以实现的活动过程中的重要参与者。创造价值和实现价值是作为线性逻辑关系的有机整体，两者相互依存的关系体现了设计价值的实质，前者为后者提供了必备的条件，后者为前者的实现提供了必要的支持。因此，没有人参与的设计创造活动，便不可能出现价值实现的可能；如若价值实现不具有可能，那么人所参与的设计创造活动便无意义。

（二）设计价值核心"主体"的变迁

1. 当代设计价值中独立自主意识的产生

独立性是指设计主体为适应社会发展所需的客观要求而具有的独立自主的意识和能力。当代陶瓷艺术设计主体与传统艺术设计主体之间的根本区别，在于设计生产者必须作为独立或者相对独立的创作主体而进行设计活动的创造。当下景德镇陶瓷文化的变革，正是基于设计主体的内在转变，从而形成整个陶瓷文化机制发展的重大变迁。譬如在传统产业发展机制中，陶瓷的行业分化极为细致，各大行帮或者行业巨头垄断了某一行业的占有权和使用权，对资源的控制极大地限制了创业行为的发生，并且生产和销售绝对分离的状况使得生产与市场无法实时接轨，生产者无法完全掌握生产的规模及其发展方向。然而，当代的手工创业市场，生产和销售同时为一个主体所掌控，创作主体完全依靠自主的经验和意识进行生产活动，随着社会经济的发展，不论行业组织或者个人都呈现出日益增强的独立特征。在这种环境背景当中，设计主体想要获得更好的发展空间，就必须逐渐脱离传统行业观念的束缚，树立独立自主的主体性，培养自立自主的能力，以适应当前社会经济形势下对自我价值体现的客观要求。

2. 设计价值中竞争意识的萌发

独立自主的同时，竞争性也是当下设计主体所具有的特征之一。社会主义商品经济与自然经济发展有所不同，当下设计产品的存在并不只是一种作为生存必需品的交换模式，而是通过商品之间的交换获取更多利润的交换关系。在设计产品具有商品价值的过程中，哪一类的产品质量较好或者价格相比于同类产品更低，那么就有可能获得更多的购买机遇，也就能获得更多的利润，结果必然是为设计生产者提供更为有利的生存和发展的条件。这种情形之下，就必然会产生促使设计产品相互竞争的市场机制。在这种竞争中，受影响的不只是市场经济的发展，更深层次的是影响到设计主体精神生活层面。当设计主体精神层面受到竞争意识的渗透，那么这种竞争精神就成为代表当下主体时代精神的表征之一。

3. 创新精神和超前意识的凸显

创新性是指主体在适应社会环境的过程中，面对不同需求所具有的创新能力和开拓精神。以往我们认为设计价值是器物的使用价值，然而，在当代的手工陶瓷设计领域，首先要考虑的是功用价值的优先选择权。同样的一类产品，不仅受制于价格因素的影响，而且还取决于商品在消费者眼中的价值（包括审美、装饰、功能、品位等），这些因素决定了产品能否直接得到消费者的青睐，将其作为优先需求而选择。尤其是在消费需求多元化的社会中，设计者更关注一些过去自己未曾关注或者是忽略的细节。因此，迫于当下消费环境的压力，设计主体必须密切关注社会需求的新样式、新功能、新审美等，不断地贴近市场的需求，创造设计出符合当下消费需求的新产品，使自己的设计在竞争中体现出应有的价值。

超前意识是创新性过程深化的表现，是指在设计创作的过程中，对未来发展所具有的意识和洞悉未来发展趋势的能力。设计价值的产生决定了产品的市场占有率，好的设计必然会产生不错的价值回馈。虽然设计产品是主体以设计创新意识作为基础、以设计为工具的产物，但是影响设计价值保有率的因素却是多种多样的，其中较为主要的仍是供求关系。主体的创造价值在实现的过程中，由于供求关系的不断变化，价值取向一直是围绕着主体设计的主观判断而进行变化的。设计者想要将自己的设计产品处于价值交换的主动位置，就必须具有主动判定需求价值趋势的意识和能力。同时，为了获取未来主体发展的优势地位，就必须科学合理地克制不合理价值的取向，避免急功近利、不负责任的态度和行为的发生；应通过主体意识的自我反思和探索，培养起预测未来的意识，积极主动地提升自己的洞察能力和预判能力，使自己的设计价值得到更好的发展。

设计价值的体现必然是由主客体的关系所决定的。笔者认为，设计价值既不是设计本质属性的特殊存在，也不是人所臆想的主观判断，而是具有同时性和反复性共存关系的整体。总体来说，设计价值取决于当下消费社会中的价值导向而产生的人的需求，同时也基于满足需求的设计思维的创造，还依赖于思维设计实践的过程和最终的消费活动，更重要的是实践过程和消费的结果又会反向影响到社会价值导向的转变。所以，以"人"为主体的创造者和消费者都是实现设计价值活动必不可少的参与者。当代消费社会将设计价值视为消费文化中的符号指代，但符号其本身的价值也仍然是从设计价值的主体和客体共同的行为中去理解的，符号价值实质是通过不同表现形式而得以体现的。

三、消费群体价值

当社会发展进入了一个稳定时期便会使不同的社会阶层固化，而当物质实体参与了社会意义的发展，处于静态符号的平衡性被打破，将会转换成更为直接的社会身份构成。在这种情形下，处于社会阶层中的群体会通过效仿消费，以期获得更高身份群体所拥有的共同物质表象，从而提升自己的身份地位[1]。其中，作为消费过程中的重要元素——实体的物质产品，在这个消费过程中被群体消费推入了符号消费的范畴之内。

> 商品将不只是一串简单的商品，而是一串意义，因为它们相互暗示着更复杂的高档商品，并使消费者产生一系列更为复杂的动机。[2]

消费者复杂动机的产生，源于其内在心理意识的驱动作用，造成这一切发生的本源是社会群体在环境中意识的转变。

（一）消费的社群性

随着当代消费区域的全球化、信息化以及交通运输的便利，消费者逐渐开始通过自己的兴趣爱好共同组建起属于自己的消费群体，正如本尼迪克特·安德森在对民族研究中所认为的那样，共同的意识形态能组建起某种意义上的共识群体："它不是许多客观社会现实的结合，而是一种被想象的创造物。"[3]这里消费群体的组建，已经脱离了以往地界区域的划分，通过当下各种现代化的手段，以臆想的共识形态，将群体组织的界限无限扩大。

近几年景德镇举办的陶瓷博览会，通过广告、微博、微信等方式，将对陶瓷有兴趣的个体或者是单位聚集在一起，进而形成了新的群体。这样的群体组

---

[1] 丹尼尔·米勒.物质文化与大众消费[M].费文明，朱晓宁，译.南京：江苏凤凰美术出版社，2010：133.
[2] 让·鲍德里亚.消费社会[M].刘成富，全志钢，译.南京：南京大学出版社，2014：3.
[3] 本尼迪克特·安德森.想象的共同体：民族主义的起源与散布[M].吴叡人，译.增订本.上海：上海人民出版社，2016：6.

织有别于传统意义上的群体。传统群体通常是指区域范围内个体聚集的行为，而当代群体已经逾越了区域的界限，达到某种心理层面的界定。因此，从心理学角度来看，"聚集在一起的一群人，他们的感情和思想全都趋向同一方向，而自身的个性消失了，一种集体心理就会形成"[1]。处在这个群体中的人，必然也会受到群体中某些因素的制约。其中，群体消费中常出现的引导式消费便是消费群体的社群性常见的因素之一。

在以群体组织为主体的消费过程中，处于群体中的消费行为较容易受到从众心理或者是区域中具有领袖意义的某些个人或小部分人的主观意见的影响。由于手工陶瓷类产品消费是具有一定工艺鉴赏类型的消费，并不是所有人都能精通其中的门道；因此，作为一些消费活动中的组织者或推荐者，通常会具有某种意义上"意见领袖"的地位。现在大家常见到的网络拍卖中的主播，其作用就是促成消费交易的产生。在这个过程中，参与的消费群体的消费意识被"意见领袖"诱导性的"表演"所影响，刺激了消费者潜在购买意识的凸显。并且，当消费群体逐渐固化的时候，经过群体内部的信息分享，群体中的消费者更容易受到从众心理的影响。如当下比较热门的"小红书"APP便是营造这种信息分享消费的极佳案例，通过分享自己对手工陶瓷产品使用的心得，从而使分享成为一种对产品信息的认同意识，进而出现大众共同选择的产品。这种趋势的发展，虽然某种程度上带有消费意识的盲从性，但是客观来看，也能挖掘出更多潜在性的消费群，把有着共同兴趣爱好的人群聚集在一起，在一定程度上保证了手工陶瓷类消费文化群体的稳定性。

（二）消费群体中新消费模式的产生

当代消费群体一个最大的特征便是群体组成模式的变化。传统的消费群体是由于某种刚性需求所组成的具有明确功能性的消费群体，而当下消费群体的构成已经超越了传统物质需求的群体模式，进而发展成由个人兴趣和喜好所组建成的群体，群体消费也因此变成以满足这些群体需要为目的的消费模式。这样的消费群体在某一固定时期内会依附于有着相同兴趣爱好的群体阶层，在群体中通过建构共同仪式感、行为方式以及维护群体荣誉的责任感等，逐渐深化对群体的认同感和归属感，以产生对群体的依赖满足和提高自己的忠诚度。例如，在微博里时常能看到明星粉丝们的各种互动状况，对自己喜好的明星群体，

---

[1] 古斯塔夫·勒庞.乌合之众：大众心理研究[M].吴松林，译.北京：中国文史出版社，2013：50.

各类粉丝都会毫无保留地进行互动和分享。曼瑟·奥尔森（Mancur Olson）在《集体行动的逻辑：公共物品与集团理论》一书中从经济学的角度对集体价值进行了解释。他认为：集体在寻求同一利益目的时所形成的集体关系是具有"兼容性"的，在这一情境之内，集体的凝聚力将会得到极大的提升，大家的目标行为也趋向一致[1]。对于这种集体的凝聚力，我们可以从经济学的角度理解为一种群体价值；消费者们寻求各自共同利益的同时，群体的消费价值也在这个过程中得以体现。因此，当代的分享型消费和创造型消费成为当前新消费文化下价值体现的主流新形式。

1. 分享型消费

社会发展中出现的新网络消费，更新了消费文化的传统意义。普通的物质类消费让人在购买行为完成后，欲望得到了瞬间的满足；但随着时间的推移，由物质消费所带来的满足感会逐渐消退。反之，分享式的消费却不会让满足感随时间而减少，因为这种满足感会借助信息交换的持续传播不断增加并持续下去。当我们通过手机 APP 分享消息的时候，别人关注或者相关的互动，将给予我们自身极大的心理满足感，这种状态会在下一次信息受到关注时得以延续。因此，当消费者们体验到了信息交换所带来的满足喜悦之后，对其自身的购买标准也会产生相应的变化。消费的关注点将会从对瞬间物质消费的满足逐渐转向带来持续满足感的消费上，或者是能随着时间推移让满足感得以增加的物品，消费者更可能会因此喜欢上那些带有浓厚历史气息而产生难以言喻的满足感的物品。这种消费价值导致承载着传统文化底蕴的景德镇手工陶瓷产品仍占有市场的一席之地，也为景德镇当代青年群体陶瓷创业提供了良好的市场发展基础。

2. 创造型消费

日本《穿越》杂志的增田通二曾提出"创费"的概念，即创造型消费，"为了创造自己的生活方式而消费，这就不是消费，而是创费"[2]。"创费模式"是知识信息爆炸时代的产物。伴随社会进步以及新消费主义的来临，不同的消费群体对事物的认识范围不断地扩宽，消费意向也在不断地变迁。对于当今手工陶瓷类产品来说，此时的消费会不同于传统消费；消费群体在选购产品时，对于产品内在文化的蕴意选择，逐渐成为重要的指标之一，而不会像在超市选购消耗商品一样。消费群体对手工陶瓷类商品的消费，不是单纯的功能消费，而

---

[1] 曼瑟·奥尔森.集体行动的逻辑：公共物品与集团理论[M].陈郁，郭宇峰，李崇新，译.上海：格致出版社，上海人民出版社，2018:6-9.

[2] 三浦展.第四消费时代[M].马奈，译.北京：东方出版社，2014:36.

是创造了一种新的消费，即创造出符合自己生活方式和生活态度的消费。这样景德镇手工陶瓷产品成了满足他们所需的产物。在创造型消费模式下，人们开始反思经济消费的繁荣并不能表达所有人文财富的实质，通过现实生活的创造感悟才能激发消费群体对本土文化的觉醒。

3. 定制型消费

在新消费主义时代，产品定制成为景德镇陶瓷的一个重要的消费模式及其发展趋势。这一消费模式产生主要基于三点：一是个性化消费的扩张。伴随着社会经济的迅速发展，大众生活层次也在不断提升，日益增长的个性化消费需求带动了景德镇陶瓷产品市场消费的发展，尤其是促成了个性化定制模式的产生。二是生活的审美化需求逐渐成为人们美好生活的需要。在物质丰裕之后，审美化消费已然成为日常消费的常见形态，并转换为日常生活习惯，进而在更多领域促使景德镇陶瓷市场及其产品设计的转型。三是互联网消费为定制提供了可能。网络消费俨然成为当今景德镇陶瓷消费最为活跃的模式，互联互通的网络和快递平台给运输陶瓷产品、传播陶瓷文化提供了便捷的路径，也给私人定制产品带来了便利。简言之，私人定制型消费模式正在走进陶瓷文化消费领域。

四、群体消费的价值

群体消费的发展，促使陶瓷文化发展逐步融入了社会大众日常生活之中。陶瓷文化不应只局限于景德镇的陶瓷文化，而应理解为中国传统的陶瓷文化；中国陶瓷文化的发展与弘扬，除了需要国家文化政策的扶持之外，更需要在当代社会群体消费发展的过程中寻找出更为合理的发展方式，依靠社会群体的力量，去推动整个中国陶瓷文化的良性发展。

群体消费的发展对陶瓷文化的发展具有极大的推动作用。通过消费群体集体意识的转变，大众对陶瓷文化的理解脱离了单一的审美情趣固化状态，而将陶瓷文化作为"活物"融入自己的日常生活当中，成为生活的一部分。

在群体消费中，主观意识构建出交互式的群体关系，拓宽了陶瓷文化的影响力，无形中将陶瓷文化的魅力扩散到全球的共同意识消费群体中，进而促进了陶瓷文化的传播与弘扬。消费群体中特有的陶瓷文化价值认同的形成，促成了陶瓷文化发展的坚固和沉淀，文化群体的发展必然会产生有着相同兴趣的文化群体，文化群体的延续也成为文化发展的必然趋势。在消费群体中，由于价值认同的内驱力，有着共同兴趣爱好的人共同组建成一个开放自由的陶瓷文化交流环境，为弘扬与传承本土的陶瓷文化奠定了一定的发展基础。

综上所述，如果只是将消费现象作为单一的行为方式，将无法得出有效的解释。如一套高端品牌手工陶瓷餐具通常可能会被理解为一种符号消费。然而，人们不能忽视高端陶瓷餐具优良的材料和精细的做工，两者的结合通常能使其产品整体质量和功能性远远高于普通同类型的产品，能为消费者带来出色的价值体验。此外，高端品牌手工陶瓷产品的设计理念和美感，以及它自身的品牌也是吸引消费者的重要因素。简言之，高端品牌手工陶瓷产品在作为经济价值交换的同时，也提供了普通商品无法比拟的文化价值。

第二节
设计教育的引导

一、学校教育引导

无论对设计者还是消费者而言，教育都是十分重要的，尤其是设计类的高等教育对于培养专业的设计人才尤为重要。"大学是一种特殊的学校，学生在此不仅要学习知识，而且要从教师的教诲中学习研究事物的态度，培养影响其一生的科学思维方式。"[1]梅贻琦先生认为："教育之最大目的，要不外使'群'中之'己'与众己所构成之'群'各得其安所遂生之道，且进以相位相育，相方相苞。"[2]中国的设计教育历经百年发展，从学科建设和教育体系建构的成果来看，皆已获得了显著的成效，学科类别和科学的学科设置教学体系基本完善。虽然早些年有不少学者对设计隶属于科学还是艺术作出了不同的分析，但在设计发展的过程中我们可以看到，设计本身所具有的特质并不能简单地将其归类于科学或艺术。"设计有它自己的内涵和外延，设计是发现、分析、判断和解决人类生存发展中的问题。"[3]15而设计教育就是"整合科学和艺术从观念、思维方法、知识到评价体系之间'结构'的方法论"[3]15。埃佐·曼奇尼将现代人

---

[1] 雅斯贝尔斯.什么是教育[M].邹进，译.北京：生活·读书·新知三联书店，1991：139.
[2] 梅贻琦.大学一解[J].清华大学学报，1941(01)：1-12.
[3] 克劳斯·雷曼.设计教育　教育设计[M].赵璐，杜海滨，译.柳冠中，审校.南京：江苏凤凰美术出版社，2016.

对设计的认知定义为一种思维方式："设计以其本质的优势弥补了社会和技术体系之间的隔阂，设计也俨然成为社会创新的沃土。"[1]随着社会文化发展的进程，隶属于设计学科下的陶瓷艺术设计也同样取得了蓬勃的发展。在发展过程当中，陶瓷设计教育已经初步适应了社会的综合发展环境，为陶瓷设计市场的复兴注入了新鲜的血液。

教育作为一种主体引导机制，用以协调个体和群体矛盾，以期达到和谐、促进、共荣的关系，是社会健康发展的重要纽带。从"以人为本"的教育理念出发，研究当前的陶瓷艺术设计教育，应当关注主体发展的有效途径。本书拟通过对高等学校设计教育现状的分析，就设计教育的核心价值以及相关的教育模式与机制进行研究，并提出自己的思考。

（一）高校设计教育现状

对当前设计教育发展现状的研究中，有学者认为：

> 长期以来，我国高校在艺术设计专业教育领域中……教育方向不明确，教学大纲没有专门界定，互相模仿，培养目标不明确，培养的人才显示出通才教育不足、专业性又不强的特点。[2]

也有学者认为，对西方教育思维模式和行为方式不假思索、阿谀奉承地全盘接受，将会成为限制本土设计者进行自我创新的主要壁垒。甚至有人认为，中国与西方在实施设计教育的背景和土壤上有着很大的区别，尤其是当代中国经济的飞跃式发展对今天的设计教育提出了更高的要求，对此加以深入分析、思考和认识十分必要[3]。可见，不少学者认为当前的设计教育仍处于一个需要不断改进和发展的过程中。

以景德镇的陶瓷艺术设计教育为例，在大众消费转型、经济全球化和科技高速发展的社会背景之下，其设计教育的理念、方式、模式等方面都出现了不同程度的转变。陶瓷艺术设计教育已不仅仅是传统意义上"技术性"为主体的知识和技能教育，而是培养参与陶瓷新文化的创造性人才的高素质教育。受信

---

[1] 埃佐·曼奇尼.设计，在人人设计的时代：社会创新设计导论 [M]. 钟芳，马瑾，译. 北京：电子工业出版社，2016: 36.

[2] 王茜. 对我国高校艺术设计教育人才培养方式转变的几点思考 [J]. 南京艺术学院学报（美术与设计版），2007(03): 122–124.

[3] 蔡军. 设计教育发展与产业历史关系的思考 [J]. 装饰，2007(12): 27–29.

息爆发性增长的影响，新观念、新技术、新知识和新材料的变化日新月异，许多陶瓷设计的最终完成需要设计者将自身的知识领域拓宽到未曾接触的领域，从而使得当前的陶瓷艺术设计教育面临着许多严峻的挑战。

现有高校对于陶瓷类专业人才的培养，仍偏向于对学生基础知识和技能的培训，忽略了课程的最终目的是实现学生对社会发展做出积极的响应，以致缺少了对现实社会需求的深入了解。许多学生在做陶瓷产品设计的时候，欠缺对于器物与人、社会本质上的联系的思考，在设计过程中常做单纯的模仿或者是装饰，这也是导致陶瓷设计市场上有大量雷同产品出现的原因之一。现有的教学课程设置缺少了对学生独立思考、研究问题和解决问题的综合能力的培养。在面对实际问题的时候，学生将无法从所学习到的知识里寻找出有效的解决方案。存在的主要问题有以下几点：

一是教育课程设置缺乏设计者与社会的必要沟通。社会是处于一种流动的动态发展过程之中的，学校的学生缺乏对社会发展的认识和价值的判断。在这种教育模式之下，学生的个性主体特征难以显现，对课程相关的内容只是一味模仿，缺少对真实社会需求的思考，从而使得设计出来的陶瓷产品容易平淡无趣。

二是陶瓷艺术设计课程训练缺乏有价值的深度参与。课堂教学过程中，课程相关的训练题目与题材老套陈旧，与当下社会发展严重脱节。课程的实践训练通常只关注训练技法，忽略了设计前期市场调研的重要性，在课程中学生的设计导向经常是模糊甚至是错误的。这种教学模式不利于学生设计价值观的建立。

三是课程中对社会伦理思考的匮乏。陶瓷是最容易体现出"价值之美""人本之美""意蕴之美"的设计载体，然而疏忽了培养学生对社会伦理的思考，将会影响学生对设计价值的判断。因此，应当建立起人本位的设计思想引导体系，通过学习让学生们意识到陶瓷艺术设计不仅是设计专业课程，还应当成为日后陶瓷文化、陶瓷精神、陶瓷传承的重要途径。

教育应以培养人的创造力为核心发展方向。新时期的教育引导不仅要拓宽学生们的认知层面，更重要的是培养学生们的创新意识和创造才能。显然，当今大部分的设计教育发展模式在朝着这个方向前行，但成效却不明显。所以，加强创新思维的培养是实现创新的基础和原动力。当前社会发展日新月异，对设计教育的反思就变得十分重要。

1. 设计教育思维导向

在陶瓷设计教育界，存有不同的认知。如张文婧和赵昕认为，"在传统陶瓷文化的影响下，文化对人内在综合艺术素养的提升具有引导性的作用"[1]。李正安基于对国外陶瓷设计教育的阐述，希望通过"借鉴西方高校的陶瓷教育方式，以期引导中国陶瓷设计教育的人文复兴"[2]。同样持有"西方教育促进陶瓷教育发展"观点的吴秀梅，通过对景德镇陶瓷教育史料的研究，揭示出陶瓷教育发展的基本模式和未来发展规律[3]。此外，有学者对陶瓷教育持有另外一种看法，认为"将学校式的综合教育与传承式技术教育两种模式共存并进，将会构建出一种科学有序且务实的教育体系"[4]。而李砚祖则从现代陶艺及陶艺教育的问题入手，阐明了现代陶艺教育的现状和不足，进而引起大众对陶瓷教育探索性的反思[5]。笔者认为，对陶瓷设计教育的研究除了以上各位学者的观点之外，还可以从陶瓷产品本身所特有的设计思维属性去进行研究，因为景德镇的陶瓷产品本身就有别于其他的产品，它既不像纯粹的产品设计那样只关注于实用功能，也不像艺术作品那样着重于形式符号的表达。陶瓷产品具有艺术和设计的语意界限模糊化的特质，它既有产品设计的思维模式，也将艺术化的审美融入其中，不偏不倚的包容性是陶瓷产品的主要展现形式。那么，当前陶瓷产品设计教育过程中，是以解决问题为设计的首要目的，还是应脱离现有设计概念的影响而进行反思性的探索呢？

试想：当下对陶瓷设计教育的引导，如果只是按照现有问题的解决途径进行设计和学习，能否帮助学生在快速变化的市场和日新月异的科技革命背景中从容应对？反之，引导批判性设计创造思维的学生，积极主动地参与到市场转换和技术革命的过程当中，通过自我主动学习并在学习过程中同步探索，寻找出当前社会需求与科技变革之间的空缺，探索陶瓷设计的变革方式，能从实质上预测陶瓷设计的发展趋势并进行分析，即培养学生遇到问题时主动运用实践分析去解决学习方式。

设计思维模式的发展得益于社会的动态性发展过程。在改革开放前，景德镇传统制瓷行业的生产组织、人际关系和消费模式基本上都处于一种稳定的固化结构当中，每个环节都掌握在固定的群体手中。这种形式很大程度上是社会形态固化的结果，空间的阻隔和传播的封闭，使得信息流通受到了限制，大多数从业者的思维模式并不会改变。而当代传播信息的媒介迅猛发展，社会逐渐

---

[1] 张文婧,赵昕.试论高等教育中美育功能的挖掘：以传统陶瓷文化为视角 [J]. 黑龙江高教研究, 2016(10):154-156.
[2] 李正安.国外陶瓷设计教育之启示 [J]. 装饰, 2005(10):82-84.
[3] 吴秀梅.近代景德镇陶瓷艺术教育兴起的必然性 [J]. 艺术百家, 2017, 33(06):226-228.
[4] 孔铮桢.沿袭与创新：景德镇近代陶瓷教育研究 [J]. 陶瓷学报, 2014,35(05):535-541.
[5] 李砚祖.中国的现代陶艺及陶艺教育的走向 [J]. 中国美术馆, 2006(06), 55-57.

显露出信息交流所带来的社会性群体思维的扩散,使得整体社会的形态变得不那么封闭,从而导致处于社会中的人群得以在较大的范围内进行多种形式的交流,传统固化的社会形态逐渐瓦解。因此,从社会发展的动态过程中可以看到,当前设计思维的活跃性有赖于社会空间的流动化,并且这种流动正处于一种持续演进的状态。

高校陶瓷设计教育对陶瓷设计的开拓创新,有必要将设计者自身的设计思维脱离于传统设计意识,摆脱现有的对陶瓷设计技术的认知束缚,通过对设计主流意识的解放,以思辨性批判的角度对现有的陶瓷设计现象进行分析。此时,设计者自发性的思维被重新认知,将不再依附于设计即为解决问题的既定假设之中,通过对陶瓷设计现象的再次辨析,寻找出设计现象中内含的产业利益、技术变革、审美重构等因素。以问题为导向所进行的思辨性探索,在寻觅解决办法的途径中可能会发现,在设计介入之前,隐藏于问题背后的假设远比原来的问题更容易使人困惑。面对混沌无序的新问题接踵而至的局面,设计者需清晰地意识到,思辨性的设计批判其核心的价值就是"需要超越思辨设计,去思辨一切,产出多重的世界观、意识形态和可能性"[1]。因此,对设计思维的目标转移方向应是以设计受众群体的主动性思考为目的,假设陶瓷设计产品改变了现有的形式状态与功能,是否还可以有其他的形式和功能供大众选择?

当前景德镇的陶瓷设计正面临着以科技为主导的社会发展变迁,如果只依靠对传统技艺的继承与发展,陶瓷产品将会面临巨大的市场价值危机。在社会转变的过程中,需要对陶瓷设计进行观念上的革新,通过以新观念作为产品建构的框架,从而颠覆受众群体对现在景德镇陶瓷设计单一的认知。这种将被动变为主动的思维方式,能最大限度地促进人们主动参与到对陶瓷产品未来的架构当中,借助观念革新的推动,才有可能将传统技艺转化为大众的现实需要。

对景德镇传统陶瓷设计的传承,不能仅仅停留在已有产品的样式或技术的模仿上,而应当通过设计表现语境的抽象、概括、夸张等方法,在现有陶瓷设计产品基础上保持刻意的差异性和距离,使受众在已有认知中无法寻找出与其相同标准的原型匹配。认知的空白间隙会使受众自身重新进入知觉的辨析中,以获取既现实又非现实的想象,最终完成自身对设计产品意义的认识和鉴别。

---

[1] 安东尼·邓恩,菲奥娜·雷比.思辨一切:设计、虚构与社会梦想[M].张黎,译.南京:江苏凤凰美术出版社,2017:170.

2. 创业教育引导

现阶段的创业教育主要集中在宏观和微观研究两个方面。在宏观层面，一是不同国家之间的创业教育比较和典型案例研究；二是对本国创业教育生态系统构建的研究。在微观层面，"主要是对创业主体自身影响创业的各个因素展开研究"[1]。创业教育所推动的是创新教育兴起。整体上来看，创意的创新通常会成为创业行为发生的先决条件，创新的驱动力作为创业的基础，创业作为创新意识的具象呈现，两者之间存在着既相互制约又相互促进的关系。创新意识的发展，可以将事物未曾挖掘到的潜在价值通过创造主体的技术手段进行转换，从而形成真实的价值，其成果转换的实现途径之一，便是通过创业行为得以实施。创新创业的发展不仅有利于创业者自身的发展，还推动了市场产品的创新和竞争，促进了行业内部的创造，推进了整体社会经济的繁荣发展。

这里所讨论的创新创业教育，主要指陶瓷艺术设计教育与创新创业教育协同发展的教育。笔者认为，创新创业教育的目的并不是让学生立即参与到创业的活动中，而是在于提升学生的创新意识和创造能力，其教学活动也必须依托多元化的理论与实践互动来完成。特别是对于以陶瓷为主要发展产业的景德镇来说，创新创业教育俨然已成为学生在进入社会后面对各种问题时必不可少的学习环节。通过创新创业教育的引导，强化学生的创新意识、提升创业能力和发展职业素养。推进创新创业教育不应单纯地作为一门课程进行学习，而应将其作为创新的催化剂，融入陶瓷设计专业的其他课程当中。在积极发展创新创业教育的同时，还要注意到创新创业的教育模式仍存有较大的改善发展空间。本书认为其主要有以下几个发展方向：

第一，摆脱陈旧的教学模式。所谓教学模式的新旧，并不是以存在时间的长短作为评判依据，而是以学习主体的发展与否作为重要参照，是否以适应主体未来发展作为主要教学目标。田野调查研究得知，长期以来，部分学校的教育方向仍偏重于对学术型人才的培养，从而造成学校的人才培养模式倚重于学术研究方向，常常忽略了发展中的市场对新型实践型人才的需求，对创新创业教育课程的重视程度不高，导致了现在某些高校的创新创业教育仍以单一化的"填鸭式"教学为主。如此一来，这样的教学模式会极大地影响到师生对创业行为的理解和创业问题的探讨，制约教师教学水平的提升和教学成效的实现。因此在创新创业教育模式的发展上，应当重视学生主体参与的能动性，以启发、

---

[1] 黄兆信，李炎炎，刘明阳.中国创业教育研究20年：热点、趋势与演化路径：基于37种教育学CSSCI来源期刊的文献计量分析[J].教育研究，2018,39(01):64–73.

探索、研讨等各学习环节和方式的改进，强化学生对已有专业知识与创新创业知识能力的综合拓展运用能力，进而建构起创业能力和创新思维的主体意识。

第二，清晰梳理教育逻辑结构。目前创新创业教育存在结构逻辑不清晰的现象，部分高校时常会忽略创业与地方性政策的依附关系。单纯地套用其他地区或高校现有的创新创业教学模式，将有可能造成本校的创新创业教育逻辑思路的混乱与区域定位的缺失；加上当地的创新创业教育的相关保障机制、配套服务和学校课程体系内容的拓展如果不能及时跟进，有可能出现内容框架与实际情况相互矛盾的状况。目前的创新创业教育结构并不是一套完整且符合当地教育实际的教学体系。

第三，协调理论和实践。创新创业的理论和实践需要更为紧密地结合在一起。大部分高校的创新创业教育只专注于理论的研究指导，往往缺失了实践场景的营造。比如要求学生进行虚拟的创业设计训练，对拟定假想的创业活动进行策划，以项目报告作为评判学生创新创业知识能力水平的标准，而不注重对社会创业过程中所可能面对的压力的分析和应对，同时对创业能力的培训也极为匮乏，如此一来就容易造成创新创业知识理论的空洞。个别的创新创业导师，过于依赖传统教学工具"书本"的作用，虽然他们有可能将书本上的理论知识讲解得十分透彻，但由于缺少自身对现实中的创业实践性的探索，自身的创业实践技能匮乏，难以对学生的创业实践进行有效的指导。大部分的创业教育还带有明显的行政化特色，不少学校只是开设了这门课程，但是对学科的发展并不重视，也不考虑师生的实际需求，对实际的创业实践产生了不良影响和负面作用。

第四，针对陶瓷艺术设计开展创新创业教育。陶瓷艺术设计本身就是一门实践性很强的专业。设计创新是陶瓷艺术发展的核心原动力，对于陶瓷艺术设计专业来说，开展创新创业教育其实已经具有了先天的优势。因为相对于其他专业的学生创业，陶瓷艺术设计专业毕业的学生具有容易进入市场操作的特点。首先，陶瓷艺术设计在制作手工类型产品的时候资金投入相对较少，使得创业时面对的市场风险会相对比较小。如普通小规模的手工陶瓷产品生产，只需要一张桌子和一些工具就可以。其次，陶瓷艺术设计容易学以致用。陶瓷艺术设计专业的课程体系具备较强的实用性，在进入创业市场之后，可以拓展出不同的创业途径，如陶瓷展览的海报设计、建筑陶瓷设计、陶瓷首饰设计等。最后，陶瓷艺术设计的原动力本就是创意创新，将本门学科的设计知识学好，并通过较短时间的实践，就可在较短的周期内推出具有市场竞争力的新产品。

因此，基于陶瓷艺术设计专业所开展的创新创业教育，需要依托陶瓷艺术设计专业人才需求的特点，清晰认知陶瓷艺术设计创业的实质，以市场需求为导向，培养学生创新的思维和对市场变化的掌控能力。通过对现有教育模式的深度优化，丰富创新创业教育体系中的内容，全面提升大学生创新创业意识和创业实践管理能力。

（二）学校教育理念与目标

艺术教育之根本在于对人感受力的蒙养和创造力的激发。而设计教育则致力于将这种感受和创造转化为一种现实构建，并从中呈现面向未来的知识前景。[1]

社会的发展离不开设计师创造力的推动，而设计师创造能力的培养又离不开学校教育。社会未来需要的设计人才仍主要来源于学校开设的艺术设计专业所培养的学生，他们通过学校的专业教育，提升设计思维、设计技能和设计方法等相关内容，即对未来从事设计行业者技术能力和专业素养的综合培养。

当前，大部分高校的设计教育理念仍受制于西方包豪斯设计理念，随着当下社会设计需求新形势的迅速变迁，应及时调整设计教育理念的建构，以符合当前的发展。

随着全球经济同质化时代的来临，陶瓷艺术设计在推动陶瓷产区经济发展和陶瓷文化传承中的重要作用已逐渐确立，先进的科学技术和信息社会的蓬勃发展，为陶瓷艺术设计创造了新的表现形式并拓展了原有的表达内容。当前的陶瓷艺术设计教育目标的确立，是以人的需求变化、社会环境变化以及技术的工艺变化为主要考量的，设计人才必须是社会发展所需要的高素质创新型的综合性人才，设计人才的培育也应当通过对生活审美品位的提升、设计创造力的释放和设计技能的娴熟等作为重要的参照指标。在确立陶瓷艺术设计发展目标的同时，我们也应当重视对相关设计教育理念的更新，"转变观念是改变行为之前最重要的步骤，人的行为改变了才有可能实现对世界的改造"[2]。陶瓷艺术设计教育理念的创新，应当回到陶瓷艺术设计学科发展的背景中去进行研究。

陶瓷艺术设计具有跨学科融合的特点。陶瓷艺术设计的本质是以人为主体，

---

[1] 许平.设计、教育和创造未来的知识前景：关于新时期设计学科"知识统一性"的思考[J].艺术教育，2017(Z6)：45-49.

[2] 安东尼·邓恩，菲奥娜·雷比.思辨一切：设计、虚构与社会梦想[M].张黎，译.南京：江苏凤凰美术出版社，2017：13.

将艺术之美和科技之理融会贯通，以期达到创造追求造物个性之魂的目的。陶瓷艺术设计与市场对接时，应将市场经济发展趋势作为导向，科学合理地将理论知识体系融入社会实践当中。陶瓷艺术设计的教育理念，应当把设计创造能力的训练加入其中，并成为必修的教育内容。注重对学生创新潜能的挖掘引导，加强学生自身文化底蕴的积淀，引导学生将传统的陶瓷文化融入现代文化当中，以建构学生们的知识结构体系。此外，还应该把传统陶瓷文化中的工匠精神融入陶瓷设计教育中。工匠精神不仅是指对专业技能技艺的精益求精，还包括了当代陶瓷设计从业者们所需要具备的时代职业精神。工匠精神置入陶瓷艺术设计中，将陶瓷艺术设计进行升华，是创造精神与传统人文的结合，是科学技术与大众智慧的结晶，能够潜移默化地改变我们对设计创新的理解。这种境界的升华并不是靠简单的复制和模仿就能达到的，而是经济价值和人文价值融合后的综合表现。此时工匠精神所表达的是从业者的创造和坚韧之心。因此，如果缺少了对学生工匠精神的培育，将无法使学生成为契合社会发展的合格从业者，也无法体现出教育是为社会培养所需人才的宗旨。所以，将已有的工匠精神融入现代的陶瓷艺术设计教育理念当中是十分必要的。

陶瓷艺术设计发展需要通过教育的行为践行学校的教育文化核心理念，其核心意义在于将符合时代发展的设计价值观念融入教育实践过程中，促进教育意义和价值观念的共同提升，为学校的教育开拓更高层次的发展空间。

院校教育理念与目标的确立，离不开国家的教育方针策略，应将国家教育方针与本校自身的办学特色和历史传统等要素结合在一起，凝练出本校的核心教育价值。学校的核心价值体系的确立，相当于建构起了本校教育文化理念的框架；如果缺少了核心价值理念体系，将会无法形成逻辑性的整体力量，难以达到促进教育发展的实质性目的。

（三）教育模式与架构

建构一定的专业教育模式是为了适应当下社会市场发展的需求，有机地将实践和理论结合为统一的整体。陶瓷艺术设计教育模式的核心点便在于创新思维的培养，对相应的教育目标和教育体系进行科学合理的改革，以期建构起创新的设计思维模式。

相比其他学科，陶瓷艺术设计具有更强的自主创造性，其表现形式和内容丰富且不易重复，设计主体的创新意识越强，设计价值就越凸显。设计价值包含了艺术价值、功能价值、人文价值、技术价值等。艺术设计创意想象发展的源泉就是创新力。这种创新力，一部分是源于学生与生俱来的天赋感知，但绝大部分仍是需要学校后期的培养与塑造。因此，教育模式的规划引导，更要注重培养学生的个性发展，需要通过制定符合学生成长规律的教育模式来激发学生的创造力，其中对个性化模式和交互式模式的深化改革将会起到一定的促进作用。

1. 个性化和交互式的教育模式

大部分高校的陶瓷设计教育，仍是以美术教育模式为基础的拓展，教育观念上对陶瓷工艺的重视程度往往会大于对创新思维的培养，理论教育的比重会大于实践教育的比重。而在现实社会中，陶瓷艺术设计专业毕业的学生在进入实际工作场景时，社会对其具备的实践能力和创新能力有较高的要求，从而导致实际需求会远远超出普通类美术教育的范畴。笔者认为，陶瓷设计教育模式的探索应从不同的创新角度进行研究。

以教育的多样性而言，由于各个学科的差异性和区域发展的局限性，教育会呈现出不同的发展个性特征，但这并不是指教育模式的截然不同，而是指教育文化理念的迥异。教育文化理念所具有的个性，并不是天马行空的个性，而是在既定范式之内的个性表达，个性的教育理念影响下的教育模式，不仅会涉及教育内容，还会涉及其本质。比如对传统陶瓷文化的理解，可能在许多高校中都会开设相关的课程，但是对处于某些特定场域中的高校如景德镇的陶瓷高校而言，陶瓷文化因千年瓷都的独特场景会显得更透彻和深刻，这也就彰显出学校教育模式的个性。

当然，教学模式的个性化也并不是凭空想象出来的思维的产物，而是创建个性化教育模式所进行的改革和实践的成果。个性化的教育模式理念来自学校里教育者们的协调创新，是对本校办学实践的感悟和科学性的总结，也是从实践的过程中寻找出的新规律和新思想，还是对不断涌现的新问题进行持续的总结和突破，更是源于对传统教育模式的大胆尝试和不断反思。

交互式的教育模式是指多维度下的互动，突破固有的教学理念的局限，通过对已有教学课程的改革和借助信息技术的推动，不断创造新的教学方法；为学生提供自主钻研的学习环境，推进学生主动探究的学习活动，以转变以往的"填鸭式"教学，使课堂从单一的传授式转向师生交互式和互学式的模式。

此处的互动模式涵盖了以下几种互动关系：一是参与者相互之间的互动，包括学生与教师、教师与家长等相关人际关系间的互动。二是空间界域的互动，高校的历史人文传统和未来发展、校园文化和班级文化等空间之间的关联。三是实践行为的互动，教学活动、技术创新、参与市场等实践行为的互动关系。

也就是说，学校互动教育模式的产生，并不是依靠个体意愿便可以完成的，需要对学校的历史人文、发展愿景、实践特色等多个方面做出整体系统化的思考。此外，互动教育模式的确立还与当前的国家教育方针和学校所处的社会环境息息相关。

在教育实践活动过程中，老师和学生作为重要的参与主体：一方面需要保障教师的基本权益并调动其积极性；另一方面，从学生个体的差异特征出发，尊重个性差异的存在，以学生为本，公平公正地对待每个个体，以强调求同存异的教学思维方式，促进学生自我意识和个性的正常发展，注重其内在的精神创造能力和外在的技能实践能力的培育，使学生从一元发展模式向多元发展模式转变。

2. 教育模式的制度保障

设计学科作为舶来之物，对于中国当代设计来说，无论形式还是内容都受到外来设计理念的影响。国内设计教育大多是借鉴了外来设计教育的发展模式，从而导致模仿多于创造，设计教学的基本框架和课程设置体系也照搬外来设计教育的体系内容。虽然有不少学者通过留学、访学等不同的形式，将国外当前先进的教学理念引入国内，但从学校的教育理念与发展目标来看，其自身体系的完整性、系统性和创造性，仍未从本质上得到改进。

因此，设计教育理念应加强文化自信，对本土的主体文化资源进行深入研究利用，将本土的文化认同和文化自信纳入学校教育理念和目标当中。就陶瓷设计教育来说，依托现有的陶瓷文化资源，增加设计教育中对陶瓷传统研究的比重，将优秀的陶瓷文化艺术大师、非物质文化传承人引入课堂，引领学生了解地域性文化资源的魅力，为学生创新思维的训练提供丰富的资源，以提升学生对陶瓷认知的宽度，做到既有精湛的专业技术知识，又有广博的陶瓷文脉作根基，立足于对本土陶瓷的文化认同，以现代的设计知识理论框架体系为支撑，以优秀的文化传统作为创作的源泉，重构知识框架。学生通过对传统陶瓷文化的深入了解，重新获得对设计创新的思维突破，增强对本土文化的认同。同时，要带领学生利用课余时间进行社会实践，深入社会和生活进行田野考察，充分利用地域传统文化进行再教育，借用设计专业知识和技能，将本土的文化资源再现，以创造出新的文化设计。

3. 教育模式的效果评价

评价体系的作用是鼓励学生以多种不同的方式去实现学习的目的，突破固有思想的束缚，从多个方面、多个角度拓宽专业的发展路径，串联起相关的其他学科体系，以实现培养学生多元化的专业需求适应能力和发展潜力的目的。

教育模式的效果评价主要依托教育实践过程中的过程性评价，必须立足于社会现实，从实践中寻找出结果。只有脚踏实地地从事教育实践的探索，才能真正建立起符合现代社会发展的科学教育评价标准。深入现实实践当中，不能忽视实践的作用和意义，不能脱离于现实状况存在的基础，对既定的教育评价标准进行反复检验，通过实践检验出符合发展的标准范式。

也就是说，教育评价的标准界定必须取决于社会的需求，以满足社会需求服务作为宗旨，不断从社会实践的回馈中，获取有利于教育评价发展的客观经验。在社会发展同步进行的过程中，教育评价的体系才能跟上时代的发展，符合当下社会发展的主旋律；所以必须重视设计教育实践中经验的回馈，并从中总结出新的经验。教育评价还需要参考被评价主体的状态，通过对评价主体的研究和探讨，得出对评价主体客观科学的评价，这也有利于建立起对不同差异性主体都适用的评价体系标准。此外，教育评价标准必须参考社会环境对教育所产生的影响，因为教育体系本就是存在于社会体系中的一个子系统。教育的核心目的就是为社会服务，通过对社会的改造推动社会的发展，这也是教育评价的需求和评价标准的需要。

二、传统师徒制引导

景德镇的传统陶瓷文化本身就具有多元化的属性，是通过传承和表达的多种方式进行弘扬与传播的。当前的社会文化环境早已受到外来文化的冲击，本土文化形态受到不同程度的影响。"如百年之前，张之洞等人为首的洋务派深切体会到中国社会暮气弥散，痛感于国民的封闭与麻木，开始改造旧式书院，创办以西方思维为核心的新式学堂。"[1] 西方的思维价值观一定程度上促进了旧中国社会文化的进步，但时过境迁，当代社会发展模式中对西化教育的一味盲从和故步自封的态度，并不利于现代社会和文化教育的发展。

经济利益为主导的资本主义价值取向，某种程度上促进了市场经济的发展，但纯粹的价值驱动却破坏了传统文化多元化的发展。事实上，中国本土的大部分陶瓷产区已进入了工业化发展的阶段，但在工业化发展的进程中，我们已难以寻觅传统陶瓷文化的多样形态，同时非物质文化技艺的传承也在工业化发展的进程中岌岌可危。因此，传统陶瓷产业在未来发展过程中如何既能稳步发展，

---

[1] 吴杨波. 师徒制：中国现代美术教育的乡愁 [J]. 美术观察，2017(10):26–27.

又能保持中国传统陶瓷文化基因的延续，就必须从当前的手工陶瓷发展入手，寻找出一种新的文化传承融合模式，通过对传承方式的详细分析，研究出符合当下陶瓷产业发展的新思路。

以下的研究主要以景德镇手工陶瓷技艺传承模式的发展为讨论对象，依托传统文化教育模式中有利的部分，通过对师徒传承制的阐释，唤起大家对现代教育机制的反思，从而探究文化传承的发展之路。

（一）景德镇手工陶瓷师徒传承制的变迁

1. 制瓷工序

景德镇的手工陶瓷技艺主要表现为能工巧匠通过技艺将瓷土制成精美的产品，使陶瓷成为"土与火的艺术"。就以制作梅瓶为例，整套的工序流程十分烦琐复杂。《天工开物·卷中·陶埏第十一》中记载："共计一坯工力，过手七十二，方克成器，其中微细节目，尚不能尽也。"流传至今的传统手工制瓷工艺如书中所记载共有72道工序，制作过程中的每一道工序都十分讲究，从矿石加工的8道工序开始，需要选矿、原料处理、配料、装磨、运行、放磨、过筛入池、陈腐，至之后的造型、制模、成型直至出品。虽说现代化的工业发展提升了工序的效率，但整个流程的核心手工工序仍是必不可少的。核心手工工序的传承，是手工制瓷的核心价值，因此，需要技艺高超的师傅通过口传心授、耳提面命、言传身教，促进习得者的知觉能力、观察能力和领悟能力的同步发展，需要经过不断试错、长期积累、持之以恒的漫长历练。同时，学习过程是技术主体技能动态建构的过程，是为了提高学习个体在特定情境之下对某个具体工作任务的自主把控。除此之外，在手工陶瓷制作的实践过程中，手工制作的痕迹能融入产品之中，加上烧成时火候的拿捏容易产生瓷坯的自然变形和肌理的形成，创造者容易借此发挥，演绎出不同技法的组合，能够在创作过程中依照自我的思路设想进行创作，从而表达出自己的创作个性。陶瓷本身在烧制过程中，由于窑炉内部环境的氧化或还原气焰反应，易于产生各种各样无法预计的效果，制瓷者们会严格保证陶瓷制作工序的严谨规范。正如李砚祖所说："只有工整至极才能做到大匠不雕，亦即只有炉火纯青的工艺技术，才能有艺术上的创获。"[1]创作个体对技艺、素养、品位等本体综合内质的培养成为手工陶瓷技艺传承的重要组成部分；因此，师徒传承模式作为景德镇大部分作坊沿袭至今的学习方式，

---

[1] 李砚祖. 创造精致 [M]. 北京：中国发展出版社，2001：121.

也就成了当下研究探索陶瓷技艺传承的重要途径。

2. 历史渊源

师徒传承是千百年来世界手工技艺传承的通用方式。以景德镇的陶瓷师徒传承制来说，主要分为有血缘关联的家庭传承体系和非血缘关联的社会传承体系两大类。师徒制是师傅依照传统沿袭通过特定的手段教会徒弟习得某种技能，徒弟在师傅引导下学习专业技能的一种教育模式。师徒传承制中，多数是徒弟为了寻求某种技能以谋生而向师傅学习。在这个过程中，师徒二人共同建立了一种亲密的人际关系，师傅在传授技艺的同时，会将自己对技能的感受也一并传授给徒弟，以期让徒弟能在日常生活的实践当中感悟到技能实践的精髓。

师徒传承制是景德镇传统手工艺发展历史过程中固有的教育模式。辛亥革命以后，景德镇毕家弄就有江西省立甲种工业窑业学校的分校，实施以日本教育模式为主导的学堂制的教育[1]，但当时的教育模式并没有将本土传统文化与外来文化融合，其主要原因是时局动荡使得许多教育理念难以真正融入本土文化之中。正如李正安所说："人们在兴学堂的潮流中，来不及细思量如何协调其中相互冲突的因素，甚至于整体上对传统形式不屑一顾。"[2]

3. 传承制的价值引导

师徒制的核心价值即为师傅将自己的知识体系转移到学徒身上的过程，此时的技能并不限于对技术技能的理解，而是包括了技术、知识、能力和道德的综合性知识层面。知识技能是指学生在学习实践过程中所认识到的客观世界的结果，它包括对习得信息的描述和学习经验的总结。以当下陶瓷艺术设计而言，学徒需要具备的知识包含文化、审美、创造、品鉴等相关的内容，进而对于从事手工陶瓷设计的学生来说，富有创造的想象力和精湛娴熟的实践能力二者缺一不可。具体而言，实践能力的培训包括对设计器物的造型表现、制作技巧和创作审美的凝练等，技术能力的提升必须通过不断的努力，进而获得较好的成效。在培养学习的过程中，师傅会根据徒弟的不同特点制订不同的培养方案，不断提升徒弟沟通交流、设计创新等能力，全面地提升徒弟的综合素养。

师徒制下，通常师傅所带的徒弟数量不会太多，一方面是传统陶瓷行业长期以来"开禁"[3]行规的遗存，另一方面师傅的精力不足以应对太多的学徒，且

---

[1] 中国人民政治协商会议景德镇市委员会文史资料研究委员会.景德镇文史资料：第一辑 江西省立陶业专科学校简介[M].景德镇：景德镇市新华印刷厂，1984:34.

[2] 李正安.我国高校陶瓷设计教育发生探究[J].装饰，2005(03):68-69.

[3] 开禁，是烧练陶工很早以前传下来的行规。20 年一届，只有开禁了才能正式招收徒弟。逢届开禁是"开红禁"，而在缺少人力的情况下，3 年、5 年或 7 年开一次的，叫"开黑禁"。

过多的人参与对于实践的学习也并不适合。虽然学徒在学习的初期，通常需要做一些杂活，但是长时间处于一种封闭式的学习环境之中，对师傅的技艺耳濡目染，从而在学徒的实践过程中领悟到其中技巧的诀窍。同时，由于学徒的人数并不多，师傅在传授技能的时候，能立即发现徒弟的问题和不足，进而能及时地进行训诫与调整。

在技能习得的同时，对道德品行的培养也是同步进行的，任何时期，道德品行的培养都与社会文化发展的未来趋势相关。从设计与社会发展的关系看，设计是满足人各个层面需求的创造性活动，无论出于何种价值评价范畴，为人服务的基本属性就已被赋予了服务大众的自然功能。作为使用工具的创造者，就必然要肩负起对公众生活、自然环境、社会发展等的社会责任，而社会责任必然是要通过设计主体德行伦理的塑造过程得以兑现。为此，对设计主体内在品德的塑造，也是师徒传承制中重要的组成部分。

师徒制下的教育，就是在师徒双方所共处的一个虚拟封闭的区域中所营造出来的工作情境。师傅的学识以言语表述、行为实践、知识外化等形式表现出来，对教学情境中的相关问题通过双方所展开的互动行为进行学习实践，师徒双方在实践过程中察觉彼此认知的差别以重新修正问题的解决方案。基于工作情境、沟通交流这两个步骤，师傅将自己的知识传授给徒弟，而对差异性认知的重新调整，能使知识内容的转移方向再次被确认。徒弟随着教学工作情境中的实践性探索，不断在传授过程中接受师傅的回馈，与所习得的理论知识进行对照。这个时候，师傅的知识才能转移到徒弟身上，转移过程才算实现，并将原本晦涩笼统的、理论性较强的知识置换为实践性较强的实践性知识。最后，徒弟会将学习到的知识重新运用到新的情境中去，从而解决相似的问题。如果在过程中出现新的疑惑，将由师傅进行再次解答调整。经过这样反复的实践过程，最终实现知识的内化。

师徒传承制引导下的教育模式，会对徒弟未来的技能发展产生影响，可能会形成统一技能风格的传承，甚至形成一个沿袭的技术流派。许多手工技艺史上传承下来的风格流派，正是因为同一种技术风格在师徒代代相传的情境中延续下来而产生的，是在师徒二人之间密切关系的嬗变中发展出来的，技术风格的特性在流传的过程中会日趋完善。

师徒传承制的教育方式，并不完全符合当下对知识多元化的获取，但我们可以看到，这样做的优势就在于能极大地促进徒弟的学习效率，在较短的时间内使徒弟的技艺达到较为精湛的水平。毫无疑问，只是单纯地做一名技术工匠的话，这样的教育方式或许是最为直接且有效的技能知识传授方法。

（二）师徒传承制的特点

景德镇陶瓷行业师徒制的发展和实践具有以下三个明显的特征：

第一，景德镇的师徒传承制主要是以传授传统手工陶瓷技艺为核心，兼顾品德与学识的教育。同时，随着陶瓷产业的发展，行业内的生产分工越来越明确，陶瓷手工技艺的分类也越来越细致、越来越丰富。传统手工陶瓷作为一种偏向于手工操作的技能，其自身是一种研究如何去做的程序性知识。程序性知识的习得往往借助行为操作的反复，本身便属于隐性知识的范畴。传统的师徒传承制旨在借助传统技艺传承的固定程序模式加以延续，作为活动过程中劳动经验、技艺技巧、言语传授等非显性表达的抽象内容，通过师傅自身的口传身授，徒弟在观察、模仿、制作，再观察、再模仿、再制作的循环实践过程中来学习。

第二，师徒制的一大特征便是传授方式的模仿性。徒弟必须在师傅的实践活动中注意观察师傅的行为方式，并且这个活动过程须在师徒二人共同在场的情况下才能完成。徒弟的边缘参与和师傅的同场示范，使徒弟在学习的过程中边看边学习，这其实便是隐性知识学习的主要途径。

第三，师徒传承过程中，强调尊师重道。师徒关系的确立隐含着中国传统伦理关系的建立，对老师的尊重成为道德核心观念。其不足在于：虽然某种程度上能使道德伦理的文化传统得以延续，但却会限制徒弟新思想的形成和创造力的释放，在一定程度上限制了师徒之间知识体系框架的突破和创新发展的可能。

（三）师徒传承制的反思

师徒传承制是有别于培养现代化工业生产人才需求的另一种教育模式。师徒传承制基于技术主体的创造个性及创作技能，以个人成果展现的方式，阐释了自身对产品材质和形态的理解与认识。师徒传承制的教育是引导徒弟通过将技艺及材料的理解内化，建立起徒弟自身的情感感悟，从而去创造具有独特个人魅力的手工产品。简单来说，是技术主体对自己创作对象及目的的充分表达。传统手工技艺类产品的实质体现在产品自身所焕发出来的内在生命力，是借助创造主体内化的活态流变所展现出来的可持续发展状态。由此所诞生的产品，会不同于工业批量化和标准化所造就的僵硬的产品形态，而是如自然生态中生物生长所展现出来的生机一般，拥有无限丰富的创造的可能，所表现出来的是不加重复的新生态或新趋势。因此，与现代教育标准化模式相比，在师徒传承制中，作为引导的老师，通过口传心授、言传身教、因材施教，使跟随其学习的徒弟悉心体会、反复实践，最终真正掌握技术要领。

师徒传承制强调以人为本、因材施教，具有符合传统手工艺传承的特质，兼顾了规范与个性、技术与文化、规范与道德的适应性、开放性和包容性。师徒之间有着经过长时间的接触才稳定下来的人际关系，人的性格、修养、素质、品位等内质会随着技艺一同习得，徒弟能在较短的时间内快速地提升自己的技能水平，这有别于大部分院校教育。师徒传承制中"人"的核心地位得以强化，如果将这样的观点作为一种补充，置入现代教育当中会收效颇丰。因为当下社会发展过于追求片面的经济繁荣，容易让主体"人"的意识缺失，使主体丧失了原本的情感表达和相互沟通。未来师徒制的发展，并不是完全照搬传统师徒制的模式，更不是将代代相传作为固定人身依附关系的借口；而是师徒之间在动态的实践过程中进行内心思想的同步沟通，通过建立更为亲密的感情基础，从而能针对性地对不同的学生进行引导并提出可行的教育方案。

发展新型的师徒制教育模式，具有重要的现实意义。首先，师徒制的发展是应对当下专业转型创新的重要措施；其次，发展师徒制教育是建立"民族自信"、解决"国强匠弱"等相关问题，培育工匠精神、实现中国梦的重要途径；最后，发展新型的师徒制教育，是培养艺术设计专业型人才实践技能及职业道德的重要实践手段。传统陶瓷技艺文化其实蕴含了一丝不苟、坚忍不拔、追求卓越的工匠精神。在当下陶瓷文化的传承中，除了需要强调技艺的习得能力之外，更重要的是体会蕴藏在技艺之下精益求精、创造精致、一丝不苟的现代工匠精神。因此，面对新的艺术设计发展趋势的变革，如何培养出创意创新、理论技能、理想道德并举的复合型人才，是教育引导所需要思考的重要问题。

第三节
政府政策的影响

一、政府出台的相关政策

景德镇市人民政府于 2001 年 4 月 8 日发布了《景德镇市人才资源开发资金

管理暂行办法》，成立了相应的管理机构，并获得了专项的资金扶持，为优秀人才的引进奠定了一定的物质基础。2003年4月30日颁布的《关于继承保护和发展景德镇陶瓷传统技艺的意见》，提出通过举办技能大赛，对拔尖技艺人才给予一定的政府津贴，并设立陶瓷传统技艺继承、保护和发展专项基金。专项基金主要用于拔尖人才的选拔和管理等工作，专项基金列入财政预算。2008年10月27日，市政府第40次常务会议讨论通过了《景德镇陶瓷知识产权保护办法》，自2008年12月7日起施行。该办法对制作技艺保护和传承、陶瓷历史文化保护、商标权保护、著作权登记、鼓励发明创新等相关内容做了界定，为知识产权的保护提供了具体的法律依据。2014年5月1日，市政府办公室发布了《景德镇陶瓷知识产权保护管理规定》。2015年4月8日，市政府办公室印发了《景德镇市艺术陶瓷从业主体税收征收管理试行办法》，对相应的税务问题进行了调整。

二、政策效果与政策支持

在景德镇市政府的规划和上述政策的安排下，陶瓷发展取得了许多杰出的成就，当然也存在一些需要继续研究解决的问题。如"陶溪川"创意集市的开发利用，作为一个政府详细规划的文化创意的区域集散地，其涵盖衣、食、住、购、行等诸多方面的环节，这些环节都直接推动了该地区经济活动的发展。陶瓷艺术设计产品集市作为当地极具特色的主打旅游产业资源，为促进景德镇社会经济、文化产业的集群发展，带来了不可忽视的经济人文价值。整个产品交易区域的发展，带有认知性、传播性和非物质文化性等特征，在满足游客对手工陶瓷产品购买需求和对陶瓷文化创意设计产生渴求认知的同时，还产生了对旅游资源的连带需求效应，从而促进了区域旅游经济、文化产业多方面的发展繁荣。

"陶溪川"作为景德镇陶瓷发展的一个窗口，一个受到地方政府扶持的既有传统又有创新、既有文化特色又有科技含量、既有创意设计又有产业投入、可以集团化发展的科技创新企业孵化路径的典型案例，得到了笔者的关注，笔者对该区域进行了深入细致的调研考察。

2014年开始在"陶溪川"创业的白某认为，政府最大的扶持，就是创立了"陶溪川"陶瓷艺术设计创意产品集市。在"陶溪川"开店或者是摆摊，政府都免费提供场地等资源，这对初创者来说是一个很好的就业拓展平台。政府的这一举措的确为不少青年创业者进入市场提供了便利。同样是在"陶溪川"的"邑空间"开店的刘某说，在进入"陶溪川"之前，他感觉政府相关的政策实施好像和自己并无太大的关联，反而是进入"陶溪川"之后，倒还组织了几次外出观摩的活动。同样在"陶溪川"开店的李某，当被问及对政府政策相关扶持问题的时候，他回答道："补贴是有的，但是从审批程序上来说太过烦琐了。比如你要申请几千元的资金补助，需要交各种材料，还需要跑不同的地方审核盖章，光是盖章和准备材料就要消耗掉最少两三天的时间，说不定程序实际操作过程中还远远不止这些。其实对于我们来说，两三天时间和精力能做很多设计和生产，所创造的价值可能就已经把这些补助赚回来了，如此一来耗费掉的时间其实是得不偿失的。"

毕业于景德镇陶瓷工艺美术学院的江某则认为，政府是有相关的扶持政策，但是需要营业执照，除此之外并不知道太多的细节。景德镇陶瓷学院科技艺术学院毕业的李某对该项政策了解得多一些，认为只要办了相关的营业执照等，就可以在毕业5年之内领取5 000元的财政补贴，要求是拥有营业执照且运营满一年。来自福建的创业者宫兰喜说，政府成立大学生陶瓷创业孵化基地，大学生可以免费申请。第一年免租金，第二年开始收取1 000元的铺租。在基地里住宿是配套的，此外还有一个免息贷款，两年免息，可以贷款10万元，门槛都不算太高，但了解这些政策的创业者并不多。

由此可见，政府需要精准施策，有针对性地解决不同的问题。在政策的实施程序上也要力求简单、规范，关注与创业市场自由的开放性存在的矛盾偏差，提高相关政策审核程序和执行的时效性，使政策满足于大多数创业群体的需求，即注意政策对陶瓷创业青年群体支持的匹配度和空间维度。

景德镇颁布的产业政策对景德镇陶瓷青年创业群体的发展提供了一定的实际帮助，但由于普遍的延时状态，本应朝着良性发展的政策扶持创业活动出现了某些问题和迟滞。从扶持的模式到服务支持的欠缺，说明当前仍有不少问题存在于既定的政策当中。因此，需要更加细致地找出现存问题的原因，并全面科学合理地规划评价体系，进一步落实全局性的政策实施，解决发展性问题，落实有关精细化方案的实施，才能使得那些优秀青年群体的陶瓷创业活动进展得更加顺利。

三、政策发展的困境

在进行田野考察时笔者发现，景德镇地方政府对资源的分配考核评估方式与当前创业群体所需的现状体系并不匹配，创新企业的相关扶持政策存在游离于现实的状况，故难以建立起科学有效的评价体系及实施细则。因此，不能对景德镇的相关资源进行恰当的整合配置，也不能有效促进当地创业群体的衍生繁荣，在一定程度上削弱了政府的公信力，甚至在地方政府出台相应政策时导致创业群体对政策产生了被动消极回应的马太效应[1]，影响了政策法规的执行和传导延伸的示范效应。当地政府虽然在努力改善当前的现状，但对于政策发展中所出现的问题仍需要着重注意以下几点：

第一，在创新创业教育方面。政府在高校创新创业教育中肩负着重要的设计和管理职能。政府政策实施作为推动创新创业教育发展的重要手段，起着引导和决策作用。创新创业教育的相关政策实施也依赖于经济发展和文化发展，但有时候政府调控强制性的成分过高，导致政府在对学校创新创业教育发展的规划上可能出现越俎代庖的行为。大多数地方政府所期望的高校教育，是可以为当地产业和地方经济的发展提供优秀的人才作为主要目标，以满足和适应经济转型的基本需求，更希望能在一定程度上缓和高校学生的就业压力并对当地的人才资源进行优化。但政策的制定如果只依靠职能部门主观意识的判断，将难以在现实的创新创业教育中，拟订出科学合理的整体性方案，更有可能因参与执行部门机构的繁杂，面对各自的问题出台不同的政策。这种做法极易造成政策自厝同异以及应付政绩考核的现象的发生。

第二，资金扶持一直是政策扶持最为直接的方式之一。单一注入式的资金扶持政策，往往只是以项目补贴的方式进行，并未能真正地使该地区需要资助的个体都享受到应有的政策红利。加上政府仍以经济发展作为地区产业发展和未来前景发展的首要目标，对资助资金的审核过于苛刻，不少创业者难以获得有效的资助。

将经济投资作为促进创业群体发展的唯一选择，往往也会带来一些难以修复的后果，如快速投资往往会导致文化资源急速地被某些群体或个体消耗，过度地消耗有可能破坏生态环境，造成不可逆的严重后果。而且某些文化产业发展过快，容易产生实体资源限制，从而出现浪费的现象，并且对消费结构的优化带来不利的影响。此外，如果仅依靠政策扶持的资金运作，将会造成创业群体外部获取社会资金来源的单一化，在形成资金规模化的发展之前，创业群体

---

[1] 美国科学史研究者罗伯特·莫顿（Robert Merton）于1968年提出了这个术语，用以概括一种社会心理现象。他将此现象归纳为："任何个体、群体或地区，在某一个方面（如金钱、名誉、地位等）获得成功和进步，就会产生一种积累优势，就会有更多的机会取得更大的成功和进步。"简言之，即指存在的强者更强、弱者愈弱的两极分化现象。

的资本化运作基本不可能实现。因缺乏资金开展规模化的经济，缺少长期稳定的资本投入，创业群体能支配发展的资金储备远远不足，在进行规模化转变的过程中，仍难以在短期内收到较好的效果。

第三，陶瓷行业的发展依旧缺少人才的支持。如景德镇的"十大瓷厂"解体之后，以前的技术骨干和管理人员，大部分迁移至外地新兴的陶瓷产区，导致本地陶瓷行业人才的严重流失，妨碍了当地陶瓷产业的正常发展。从某种程度上讲，老一辈经验丰富的从业者并未真正参与到当地陶瓷产业的发展中。景德镇高校培育的陶瓷专业人才，毕业之后大多也会选择到经济比较发达的地区从事相关行业。景德镇市政府虽出台了相关的人才扶持政策，但并未真正留住人才，难以吸引其他地区的人才入驻。虽然有自发性的陶瓷创业青年群体的支持，但是对整个陶瓷行业的发展来说，力量仍显得薄弱了一些。

第四，对于景德镇的陶瓷行业来说，职称的评定一直是从业群体所关注的问题之一。但由于当前职称评定体系的杂糅，出现了各种各样的评价体系，进而产生了不同类别的"大师群"，其中含金量最高的属"中国工艺美术大师"称号，同时还有协会评选的"中国陶瓷艺术大师""中国陶瓷设计艺术大师""中国陶艺大师""江西省技能大师"等。政府和民间组织出台的各类"大师"称号最初是为了鼓励对行业发展有卓越贡献的人才，但随着评比人数和获得人数的剧增，这类称号的公信力大大减弱，大众对相应的评价体系出现了质疑，职称的有效认同性也受到了削弱。

四、建议和措施

（一）创新作为发展的主要驱动

陶瓷青年创业群体参与市场的契机是社会陶瓷文化的消费，是以满足人们日益增长的需求为主要目的的。生产模式若能立足文化需求，将能有效降低资源浪费，并易于将具有地方属性的文化消费习俗与产品相匹配，从而提供具有地域特质、更容易使消费者接受的文化产品与服务，以形成良好的文化消费氛围。进一步而言，对文化消费的深入理解也有利于人力资源的优化和自主文化创新能力的增强，从而促进文化资本的良性发展。

因此，对当前政策下的创业群体形式进行分析的同时，政策制定政策的部门应当认识到，促进产业的发展应当从教育引导入手，从人才培育的源头出发，深入实际情况，进行更为有效的高校创新创业教育的改革。具体建议如下：

一是缩小体量，扩大规模。缩减创新创业教育班级的上课人数，同时扩大小班教学模式的规模，以精准细致化的方式推进多层次、多维度的高效教学，深化专题性的教育研究，并为教师的教育辅导提供更多的时间和精力。

二是营造创新创业的学习氛围。学习氛围的营造，不只是单纯的理论知识的学习，应从政府力所能及的服务效能出发，通过将高校的人才资源与市场中的生产资源相结合，携手建立起推动行业发展的创新创业教育合作模式，鼓励开展创新创业教育相关的实际项目课题研究，以学校、市场和政府三者的力量，为高校创新创业人才的培养出谋划策。

三是引进具有实战经验的导师团队。高校的职能就是培养人才，所以必须拥有一个有丰富实战经验的导师团队，引领在校学生进行创新创业的实践活动，才能更为有效地为创新创业教育发展提供更丰富的资源，为创新创业未来的发展奠定基础。

四是依托传统陶瓷文化，培育创新意识。景德镇陶瓷艺术的发展重心仍在于人的发展，当前制约青年群体陶瓷创业发展的主要原因之一是其陶瓷创新意识的匮乏。因此，政府应当制定相应的政策促进从业者创新意识的发展与培养，鼓励跨行业或跨区域的协同合作发展，为青年群体陶瓷创业与其他行业群体合作对接奠定稳固的基础。

（二）加强社会美育的普及

许多地方政府将财政补贴作为促进行业发展的普遍政策手段，通过资金补贴、税务优惠和专项财政资助三种方式，在较短的时间内能一定程度上推进文化事业的发展。但从长远来看，促进陶瓷产业发展最直接的方式仍是对社会美育文化的推广，美育文化在促进个体创造力和智力等方面有着显著的作用，也是其他学科无法取代的。只有这样，才能有效地弥补区域文化差异的先天不足，提升全民审美素质，扩大文化产品需求。

政府政策应推进普及美育文化的发展，也只有这样才能保障文化产业稳定持续地发展。财政补贴的实质应通过对地区政策的引导和说明，扶持美育薄弱的地区发展经济，改善民生的基础性工作，摆脱单一的"输血式"的扶持模式，让美育文化有效地提升文化资源和文化权利的公平化。

（三）进一步优化产业结构

陶瓷创业青年群体对促进景德镇陶瓷文化的发展有着重要的意义。他们既可参与当地的陶瓷产业结构进行优化升级，又可以助力陶瓷产业的基础建设，还能提升景德镇陶瓷文化品牌的形象。因此，政府要推动当地陶瓷产业的发展，就必须把握青年群体陶瓷创业发展的特点和规律，适时制定出推进青年群体陶瓷创业发展的政策，为青年群体的成长提供宽松的政策环境，将社会中的各项资源进行合理的优化分配，以吸纳更多的社会资源进入青年群体陶瓷创业的发展当中。将政府、学校、行业协会等多个单元共同合作组建成为统一的整体，通过对创业群体发展环境的改善，可促进人力资源的储备，加强公共基础设施的建设和发展，引进能促进群体发展的技术，提升个人和行业的创新能力，增强产业未来发展的核心竞争力。新技术、新方法、新创造的核心竞争体系的形成，能促进当地陶瓷产业与全球化市场的紧密联系与合作。开放包容的贸易机制，在稳定行业经济增长的同时，保证社会的效益与公平相一致。

创业群体结构的优化首先应完善政策，进行科学规划，体现政策的引导作用。制定出更为合理的政策体制，提出明确的创业群体发展规划、标准和建设方向等相关内容，并依照实际情况，以法律法规等多种形式保证专项政策的落实。完善税收、贸易、金融等与创业群体发展相关的政策配套设施的保障体系，以保证创业与相关政策合理有效地执行，从而形成有利于各种资源协同发展的产业格局，实现陶瓷创业向"集群化"方向发展。从政策、法律、资金、机构等方面共同构筑起保障创意产业发展政策层面的宏观架构，在组织管理、人才培养、资金资助等相关方面加强制度建设，对相关的专项内容进行扶持。

其次，完善消费者与创业群体的平台建设。消费社会中，消费者作为重要的参与者，是促进产业发展的直接驱动力。应充分利用社会公共文化资源，对消费大众普及消费文化知识的同时，提升他们的消费鉴赏水平和审美情趣。另外，政府需要引导陶瓷创业者们关注当前消费新需求的变化和导向，积极建构起消费者和创业者之间的良性互动平台，进一步推广陶瓷文化，制定相应的标准，提供信息、市场、技术等各个方面的服务，让更多人感受到陶瓷文化的魅力。

再次，强化法律对知识产权的保障。陶瓷文化创意的发展应受到知识产权法律规范的保障，这不仅是对创造者知识原创性的认同和保护，还肯定了其个人的创造价值，更是尊重了独立个体的价值表达。通过对现有知识产权法规的完善，能为产业的创新发展提供有效的法律保障，赋予创造性劳动成果合法权益，并为陶瓷创业发展营造规范的制度环境。对知识产权的保护，还应当建立起地方性的知识产权资源信息管理中心和知识产权交易中心，有效地将创意文化创新成果通过合理合法的方式进行推广，有效消除创业群体担心创意遭剽窃的顾虑。为此，政府还应适当开展对知识产权项目的认定并给予专项资金的支持。

最后，加速对手工陶瓷产业链的建设，扩建创业产业园区。景德镇的陶瓷创业并未形成完整的产业体系，产业链的衔接并不完整。因此，应加速建设产业链发展的相关环节，通过建设完善与产业相关的研发机构和终端，构筑起属于本产业的品牌发展模式。通过合理的规划整合，拓建出功能定位明确的创业园区，并将其与相关企业、传播媒体和经销商等共同整合，形成具有一定规模的产业发展和产品的流通环境。将产业中的衍生产品覆盖至整个园区，把产业聚集的优势效能和竞争驱动力发挥出来，同时政府应发挥产业与社会联系的纽带作用。

（四）加大财政专项资金扶持力度

陶瓷创业青年群体在创业初期会遇到资金方面的困难，可以适当采取一系列的资金扶持政策。在资金资助、咨询服务、技能培训等方面加大服务力度，创设专门的专项基金组织，以推动创意产业的发展。加大对创业孵化基地项目建设的扶持力度，给予陶瓷创业群体扩大规模或创建公司时一定税收的减免优惠，吸引更多的社会资源加入陶瓷产业的发展中。还可以由政府主导创造多元化、高效率、低成本的投资环境，让创业群体能及时合理地获得资金支持。要加速金融体系的创新，以缓解创业者融资难的问题。政府应当鼓励和推动金融体系进入创业群体的实际活动中，通过合理的方式引导社会资本对手工陶瓷创业注入有效的资金，促进文化与资本的深度合作，解决陶瓷创业资金储备匮乏的问题。

第四节
市场观念的更新

一、生活美学与质量

当前社会消费文化的发展导致了市场观念的变更。随着信息化时代的来临，大众日常生活的需求也产生了不同程度的变化。加上手工行业规模化和多元化经济模式的融入，青年创业群体在多种因素的影响下发生了主体内化转变，其主要表现形式为市场影响下对主体艺术设计审美认知的嬗变及重构。

对于青年创业群体主体而言，创意设计审美与生活审美是创业者生活中密不可分的有机整体，两者之间的协同发展，直接影响主体对市场观念的理解。同样，市场观念的形成也离不开大众日常生活审美需求的提升。迈克·费瑟斯通在对后现代主义消费文化中的日常生活审美进行分析时指出，先是亚文化达达主义、历史先锋派和超现实主义打破了日常大众认知下艺术的神圣光环[1]95-105，接着将日常生活的审美呈现以生活伦理的方式进行了艺术修饰，从而使艺术成为一种生活方式[1]99-114。他将日常生活审美的异化视为消费时代艺术发展的新趋势，借以提出了对日常生活美学的新观点。让·鲍德里亚则在《消费社会》中认为，日常物品的话语已在社会消费文化的发展过程中重构，"我们是以日常物品的分析为基础的，但是关于物品还有另一种话语，即艺术的话语"[2]。流行艺术的本质即等同于生活之物，是依附于大众生活的艺术，是美学化和艺术化的日常生活符号。由于"艺术设计是一种造物的艺术，它既不属于艺术又不属于科学，而是两者统合的产物"[3]，以艺术审美作为评价的参照，对于陶瓷艺术设计审美来说，也同样适用。

在对景德镇陶瓷创业青年群体的田野考察中发现，随着市场观念的变革和大众消费需求的转型，作为创造主体的创业者们对现代生活审美的认知也随之改变。从古至今，景德镇的陶瓷生活美学一直是与从业者们的生活息息相关的，造物的主体在日常生活实践过程中，已将生活审美的认知和价值追求融入其中。在不同的历史时期，陶瓷造物作为社会文化的重要组成部分，无论从造型、装饰还是题材等各个方面，皆映射出当时社会的生活形态和审美追求。时过境迁，全球化和信息化进程的高速发展，直接影响到了消费群体生活审美需求的转变，这不仅是生活审美的转变，更是对艺术审美的改造。因此，依附于市场导向发展的创业群体，已然自觉地融入了时代美学发展的潮流之中。

（一）陶瓷艺术设计与生活

李砚祖教授将艺术设计与生活的关系以日常生活审美呈现的形式进行了学

---

[1] 迈克·费瑟斯通. 消费文化与后现代主义 [M]. 刘精明，译. 南京：译林出版社，2000.
[2] 让·鲍德里亚. 消费社会 [M]. 刘成富，全志钢，译. 南京：南京大学出版社，2014：104.
[3] 李砚祖. 设计之维 [M]. 重庆：重庆大学出版社，2007：31.

理性的解析[1]，他认为艺术设计与生活审美其实一直都有着千丝万缕的联系。艺术设计为日常生活的审美提供了物质基础和可能；艺术设计和造物创造本身作为人的劳作是日常生活的一部分；当代日常生活的审美呈现，与物的符号价值凸显扩张并与影像世界合流成"第三自然界"——一个符号的、影像的、网络的、虚拟的、软性的、非物质的相关世界。如人类使用工具的演化，在功能需求得以满足的情况之下，审美追求便成为事物发展的必然阶段，自然而然地日常生活中便形成了通过"设计"将"艺术审美"外化的过程。因此，对陶瓷艺术设计和生活创意而言，需探究现实生活中真实的艺术设计审美现象和行为活动，将创造主体的意识与审美串联，运用艺术设计方式解决日常生活中的审美问题。

对艺术设计与生活审美二者之间关系的认知，必须考虑到不同时期环境中不同个体之间的差异，以现实作为研究艺术设计与生活审美的基础本源；核心问题是艺术设计与生活相关的审美问题，且借助对现象的研究分析，可以为艺术设计与生活审美提供理论建构的基础，进而丰富理论建构的内容。

在景德镇新都地区创业的吴某，面对不同的消费群体，提出了自己不同的陶瓷创业思路。根据他和他所接触的客户群体的共同喜好，考虑到整个景德镇的茶器制作大多是做仿古类型的器皿，不具有明显的时代特征，更没有针对特殊群体爱好者的设计，现在所做的茶器和几十年前所做的几乎没有太大的差异；他力求用陶瓷作为载体，记录下这个时代的标志性特征，除了现在做的动漫类型的产品之外，还有其他类似的产品也在制作。在创作初期，他认为创新契机便是周围的人都在做同样的传统设计，实际上大部分年轻人对传统并不十分了解；而通过动漫形式的设计，做出能与当下年轻人产生意识互动的产品，并由此传达出自己的想法和设计创意理念。

在"陶溪川""邑空间"开店的何某认为，现在创新的来源，一是源于生活中丰富的信息资讯，二是通过与一些有经验的老技师、艺术家或者是老师的交流来获得的经验传承。此外，日常生活涉及的绘画、文学、诗词等方面的兴趣培养，对后期的陶瓷艺术设计创作也起到了一定的促进作用。虽然早期创新的作品可能不大容易被大众接受，因为创新本就是有别于传统的创作形态，所以会存在不被认可的情况，但是现在大家的包容性增强了很多，对创新事物的接受度也显著提高了。

在"陶溪川"开店的唐某认为，现在的客户对陶瓷艺术产品的需求，俨然已不再是单纯意义上的同质化功能需求，而是要结合当地文化的特色以符合日

---

[1] 李砚祖. 日常生活何以审美呈现：艺术设计与日常生活关系的初步解析[J]. 文艺争鸣，2010(04):31-36.

常生活审美需求的产品。如云南大理客户，理念是做一个当地茶文化主题的陶瓷产品设计，以"一山一城一水一云"为一组，设计成一个套装组合。而福建客户，即使是同样的茶文化主题，却会借鉴他们生活当中常见或者是当地比较出名的建筑标志，以他们所认同和熟知的元素进行创新设计。

随着调研的深入，笔者发现，陶瓷艺术设计所表现的就是造物主体的感受，深层意识通过具象塑造得以呈现，并介入造物者的生活。造物者凭借艺术设计改造之力，将艺术设计审美语言评价标准置入生活，构建并完善日常生活审美意识。因而可知，陶瓷艺术设计产品的体验并不单纯是美感的体验，还包含了设计艺术审美多元化的认知认同[1]。当代陶瓷艺术设计是让艺术设计审美介入生活的具体表达，作为设计日常生活艺术氛围的重要组成部分。进一步而言，是陶瓷艺术设计审美影响下造物者对生活感悟的重新理解。

这种重构的生活状态，是指艺术设计造物以设计审美的思维方式将各种问题进行重新审视。延伸至生活，首先是对发生的问题坦然面对的态度。以平常心去对待日常生活中所发生的问题，释放压力，以淡然的心情去面对，重新审视、感受生活的美好。其次，是对生活精益求精的态度。陶瓷艺术设计造物的过程中，造物者对设计制作的一丝不苟，对细节的把握极其精准。同样，在生活上，如果能以同样的方式去进行生活细节的塑造，将能体验更为细致的生活，从而激发起生活中主体无限的创造力。

"陶瓷艺术设计产品不仅是生活技术的体现，还是日常生活中设计艺术的升华。"[2] 比如陶瓷艺术设计产品的器物造型，通常是以日常生活常态所需作为参照，对器物的装饰也时常是造物者自身对艺术设计生活理念的理解，陶瓷艺术设计已然成为其日常生活的一部分。也就是说，造物者将艺术设计审美融入了自己的设计之物中，经过日积月累的沉淀，再次反作用于日常生活审美，进而又内化回归于陶瓷设计造物。简言之，即日常艺术设计造物审美习惯，内化为日常生活审美修养，最终反作用于日常生活之美的重构。

日常生活中习以为常的情境或微小的细节，都可以借助陶瓷艺术设计审美进行反观参照。当我们从一件陶瓷艺术设计产品中看到了存在于生活之中的熟悉场景时，会突然惊觉存在于我们习以为常的周遭环境之中的细节之美，必然也会提醒我们从对生活常态的麻木感中抽离，以新的审美感知去感受生活，发掘我们在生活中的美感体验。

陶瓷艺术设计审美还是一种境界表达。物理层面所认知的物质审美已不能

---

[1] 邓文杰. 艺术与生活：当下景德镇陶瓷艺人的美学边界 [J]. 陶瓷研究，2018，33(05)：10-14.
[2] 邓文杰. 艺术与生活：当下景德镇陶瓷艺人的美学边界 [J]. 陶瓷研究，2018，33(05)：10-14.

完全表达出陶瓷艺术设计的审美之感，而是将其作为一种媒介，加深观者对日常生活的感悟和理解，促进对日常生活的尝试性策划，进而成为构建生活审美的驱动力。如此一来，日常生活的审美便能将艺术设计的意义和效能阐释得更为透彻。

（二）陶瓷创业青年群体的发展空间

景德镇是陶瓷文化的重要发源地，吸引了众多青年陶瓷爱好者在此扎根筑梦，并使其通过创业的形式创造了可以持续发展的生存空间。

从陶瓷艺术设计的本质来看，对于陶瓷创业青年群体而言，陶瓷艺术设计是将自身的客观生活真实状态及感悟通过创造的行为进行表达。

> 艺术设计产品以揭示生活中的真理为目的，进而拓展大众审美的视野，使大众得以从更深层次去理解艺术设计审美在生活中的价值。[1]

例如，青花装饰的陶瓷器物，是借用装饰手法将生活之美的意境融入其中。这不仅是物的装饰，更是以生活之美的创新探索为宗旨，达到造物美之意境的呈现。受众群体自我审美的认同与理解，从侧面激发了大众对生活之美的追求。不仅如此，"艺术化地生活更是人类的理想，是人类向往的一种自由的、艺术的、更为符合人本性的生活"[1]。对陶瓷艺术设计审美的追求不仅是造物者自身的主观意愿，更是为了服务创造生活之美。陶瓷艺术设计产品充分展现了生活审美认识的过程与艺术设计实践的过程是有机统一的整体，器物中所体现的积极向上的审美意识传播，能有效提升大众审美，促进艺术与生活的升华。

对大众消费市场而言，消费与生活审美需求是市场活动中密不可分的组成部分。对一般大众认识而言，对生活中人文主义精神世界的追求是通过生活审美需求而体现的，而生活的物质世界，则表现为消费享乐、利己主义的追求。从认知的层面来看，二者处于两种不同的维度空间。然而，当我们将消费和生活审美同时放置于创业青年群体所开拓的陶瓷艺术设计发展空间之内，此时二者便形成了一种互助互利的联动机制，推动了当下陶瓷文化的弘扬与发展。具体而言，陶瓷产品的消费表明了大众对造物者艺术设计审美价值的认同，而陶瓷艺术设计的最终目的是服务大众消费。因此，对存在于消费市场中的陶瓷艺术设计产品，无须产生过多的臆想，而应当运用批判的态度，去辨析消费行为

---

[1] 李砚祖.造物之美：产品设计的艺术化与文化[M].北京：中国人民大学出版社，2000：361.

的目的与状态。

在日常消费活动过程中，"陶瓷艺术设计的审美能为单纯物质性的消费增添精神层面的享受"[1]，这也是景德镇手工陶瓷艺术设计产品独有的魅力。因为此时的消费已不同于工业化生产之物为满足个人现实物质功用需求的消费，而是成为将物质消费与精神消费结合的共融性消费。这样的消费既不为炫耀享乐，也不为盲目跟风，而是以人为本的主体自行审美评判的适度消费。所以，理性的消费将促进生活与艺术设计审美的协同发展。

（三）信息时代的消费审美

景德镇陶瓷创业青年群体在创业的过程中，必然会受制于社会文化发展的影响，产生不同类型文化碰撞下的竞争或融合，不同类型文化的融合过程必然会由矛盾趋向统一。

新文化模式产生后所涉及的层级较多、范围较广，某种程度上丰富了当代文化发展的内容。但是仍需注意的是：当前的消费群体通常容易受到无意识从众心理的影响。消费群体对陶瓷艺术设计审美的评价，很可能是受周边环境影响的被动反应，是受到信息社会中信息流诱导的结果。信息爆炸所引发的潮流时尚、对高端定制品牌的向往、乐于享受并炫耀物质的攀比等，被社会信息革命洗礼过后的个人审美表达也逐渐被同质化。同质化的结果是对自身审美情趣的遏制，个体主观的创造力和想象力无法得到有效的表达。群体处于无意识状态时，常会受到从众心理的影响，对器物产生"美"的感觉。这种"美"可能并不是为大家各自审美所认同的"美"，而只是群体意识语境中的"美"，"美"的审视定义只作为一种概念化的符号表达。可见，如果受制于信息化革命后群体的从众意识，将不利于大众审美品位的提升，还有可能会减少个人审美意愿的产生。更为严重的是：处于群体无意识从众状态的人，自身大多并不会觉得有什么不妥。

因此，若想要保持主体审美意识的主导性，就应当弱化外界环境的影响，强化主体内在的转变。首先，强化主体生活创造的理念认同。生活创造即对日常生活状态的改造，将平淡的生活过得丰富、精致，从而获得精神上的愉悦之感，通过自己的设计布置，制定出个人专属的特定生活情境，唤醒对生活的创造力和情趣，进而弱化生活中可能出现的不良消极情绪。其次，提升主体审美意识

[2] 邓文杰. 艺术与生活：当下景德镇陶瓷艺人的美学边界 [J]. 陶瓷研究，2018，33(05)：10-14.

的感知维度。日常生活中持有对艺术设计作品审美鉴赏同等的态度，感悟平凡事物情感的转译，保持长久的感性，重新获得新的生活意义。最后，保持主体积极生活的乐观态度。唯有保持对生活积极向上的乐观态度，才易产生发现生活之美的朴真情怀，才能真正将艺术设计审美融入生活。

在研究中，笔者认为，当下景德镇陶瓷艺术设计与生活的界限已被日益扩大化的审美所模糊。当艺术设计真正融入造物者的生活，其所感受到的必然是创造新生活的喜悦，产品所表达的是造物者对生活之美的多重体验。同时，体验感悟会重新反馈于生活，激发起造物者对艺术设计创造的热情与追求。此时，设计并不局限于造物，而是将生活审美的感知融入创造之中，是对现实生活的艺术化呈现。

二、设计创新需求

创新是促进事物发展的先决条件，任何事物要谋求发展，都必须以创新作为发展的重要基础。对景德镇陶瓷创业青年群体而言，在面对市场观念的变革之际，为了满足大众消费的不同需求，必须具有一定的开拓意识和创新能力。作为设计主体，陶瓷艺术产品的造物者本身所肩负的责任，便是作为大众体验艺术设计价值的引导者。通过将陶瓷艺术设计价值和经济价值的融合，自己的艺术设计产品在市场竞争中体现出应有的价值。

创作主体的创新能力价值，还包括对当下陶瓷文化发展趋势的认识、艺术设计的创造和市场销售的传播等相关的创新能力。陶瓷艺术设计主体的创造行为不仅依赖于主体的个人喜好，更多的是面向消费市场，创造满足各个阶层不同需求的产品，甚至要引导购买者在消费产品的同时认识陶瓷内在的文化价值。当然，设计陶瓷产品的同时，作为创造主体的造物者不应只把销售的多寡作为衡量产品好坏的唯一标准，而是需要不断地更新自我的创新意识。单一类型的产品长期销售也不利于自身产品市场的可持续发展，长时间反复出现会造成消费者的视觉疲劳和审美倦怠，无法有效地彰显陶瓷艺术设计产品应有的魅力，甚至有可能会造成人们对陶瓷艺术设计产品未来发展价值的怀疑。所以，作为创作主体的造物者，必须不断地自我更新，创造出适应时代发展的新产品。

陶瓷产品的创造者还肩负着传播陶瓷文化的重任，在面对消费者对陶瓷产品产生疑惑或者兴趣的时候，需要及时进行相关的专业讲解。如果自身对产品的认识不够宽泛，时常容易对产品推广进行狭隘的解释，造成消费者觉得产品的内容空泛，不足以作为拥有独特吸引力的产品，而无法刺激消费的产生。所以，要想激发起消费者的购买欲望，创造者还需要提升自己的专业知识水平。

  推进景德镇陶瓷艺术设计发展的创新，还应借助新生从业青年群体发展的力量[1]。任何主流文化意识的形成，都离不开参与群体组织的推进。构建陶瓷艺术设计创新意识的核心价值体系，必须使参与群体建立起共同的设计创新认知和设计价值。群体固有的发展特质导致了陶瓷创业青年群体在促进设计创新文化发展过程中发挥重要作用，创新文化的发展会超越群体发展，这是群体发展的时效性产生的结果。创新文化的发展进程中会因群体的发展而拓展出更多不同的文化特质，从而建构起陶瓷创业青年群体发展的新文化模式。这些新内容将传统陶瓷文化发展的影响与当代发展联系在一起，同时，设计文化创新作为陶瓷文化发展的外部驱动力，推进了景德镇陶瓷文化的发展。毋庸置疑，陶瓷文化创新价值的延展和创新意识文化的积极发展，必然会影响到规模日益扩大的陶瓷创业青年群体的发展，并产生重要且积极的影响。

---

[1] 邓文杰. 艺术与生活：当下景德镇陶瓷艺人的美学边界 [J]. 陶瓷研究，2018，33(05)：10-14.

第七章
结 论

本书通过使用文化人类学和设计学的理论与方法,对当代景德镇陶瓷创业青年群体进行了较为系统的考察与研究,在历史变迁与现实案例的深入分析中,探究当代景德镇陶瓷产业发展的历史脉络、群体结构和模式特征以及发展趋势。在不断推进的研究中,至少得出了以下初步结论:

第一,景德镇陶瓷产业虽然拥有得天独厚的发展资源,但在产业历史的变迁过程中,固守现有的资源优势已然适应不了社会发展的新趋势。

在对景德镇陶瓷产业发展历史与当代景德镇陶瓷创业青年群体的研究中发现,景德镇陶瓷产业历史悠久、资源独特。景德镇陶瓷产业发展应跟上当下时代发展的脉搏,努力提升陶瓷产业的创新能力,优化多元经济结构模式,并深入发掘中国传统陶瓷文化内在的民族文化精髓。这不仅有益于当代景德镇陶瓷产业的发展,还有益于营造出符合当代陶瓷创业青年群体可持续发展的生存环境,进而服务于"中国制造"及中国文化"走出去"的战略。

对于景德镇陶瓷创业青年群体而言,只有将传统陶瓷文化积淀的华夏文明的精神内涵融入当代陶瓷艺术设计中,才能创造出具有本民族鲜明文化特色的陶瓷艺术设计产品,才会使产品具有独特的艺术文化魅力,使景德镇陶瓷文化在世界文化发展史上占有一席之地。

第二,社会宏观背景要素对当代景德镇陶瓷创业青年群体的发展产生了深刻影响。

在体制与集群层面,景德镇当代手工陶瓷产业发展历经多年的体制改革和转型,形成了新型的产业文化。当代景德镇创业青年群体正是依附于产业文化发展的新趋势和政府的指导而形成了动态性发展新集群。

在市场与展销层面,当代陶瓷市场展销场域的形成和发展,一方面为青年创业者们提供了可持续发展的平台和机遇,创造了其独有的群体文化符号和价值;另一方面也诱发了新的发展困境,如资源日益枯竭、盲目追求利润、品牌意识薄弱、全面型人才匮乏等,这些都已成为青年创业群体自身发展亟须解决的问题。

在政策调控与需求层面，国家宏观政策的调控和扶持有利于青年创业群体的发展。专业性人才和新型文化媒介传播的介入，不仅拓宽了景德镇陶瓷文化的发展方式和传播途径，也满足了许多新型的消费需求。

第三，当代景德镇陶瓷文化的发展有赖于青年从业群体的创造和积淀，是特定陶瓷手工艺场域中所产生的精神文化和物质文化的综合性结果。

研究发现，景德镇青年创业者是景德镇陶瓷业创新的主力军，新的作品、形式、业态相继出现，推动着景德镇陶瓷的发展和创新；不过也有一部分创业者仍然是在传统的师徒传承技艺的模式下成长起来的青年人，他们囿于学习模式的局限，专守于传统技艺而创新不够；同时，即便是大学生也面临着专业知识和技能不足的局限，在陶瓷艺术设计产业发展中缺乏经营管理知识与陶瓷艺术设计兼具的"设计管理者"，缺乏善于包装策划的销售团队，在产品的包装、营销、设计、推广、定位等各个方面或多或少存在着问题，在某种程度上限制了陶瓷艺术设计产业的发展，并阻碍了产业效益的进一步提升。

当代景德镇陶瓷青年群体创业模式可以分为"商业设计创业模式""理想设计创业模式"和"文化＋创业模式"三种不同类型，分别以商业运作、理想追求和创新媒介作为三类不同创业模式的发展宗旨。

当代景德镇陶瓷创业青年群体的发展仍面临一些需要解决的问题，如工业化生产模式的发展扩张，促使大量传统手工业开始转型；全球同质化渗透，造成大众趋向符号消费的意愿；社会科技发展仍占主导地位，艺术设计的发展也必须从属于经济的发展；等等。这些都成为创业群体发展的制约因素。

创业文化模式的形成激发了大学生创新创业的激情，具有社会发展的积极意义。其不仅满足了国家发展的需要，还有利于创造出新型的发展空间，同时满足了学生自我成长的需要，对提升自我素养以及自身成长具有积极的作用。更重要的是：他们的创业服务于社会主义市场经济建设的需要，缓解了日益增长的新型市场需求压力。

第四，当代网络空间已然成为景德镇陶瓷青年群体创业的新型空间，无论在创业领域、创业路径还是创业机制上，互联网都正在改变着传统景德镇陶瓷文化发展的格局。

在对景德镇陶瓷创业青年群体的调研中发现，虚拟网络正在改变着传统景德镇陶瓷文化生产与传播的格局，虚拟交易市场中的陶瓷创业主体与陶瓷文化之间业已形成一种全新的网络互动协同模式。它不仅促进了中国景德镇陶瓷文化与消费公众之间的有效沟通，还跨越时空限制而加速了景德镇陶瓷文化在世界的传播速度，更成为存续与传承中国陶瓷文化的媒介，进而增强了景德镇陶瓷文化的传播张力，重构了中国陶瓷文化传播与消费的新型模式。

景德镇创业青年群体的文化组织结构仍是以"人"为主体所营造的社会互动组织，无论是网络的虚拟空间还是现实的区域空间，组成广义文化的物质文化和精神文化依旧相互依存。此外，网络空间的形成虽然为文化人类学提供了全新维度的研究领域，对于网络人类学的发展研究仍需更加谨慎科学地进行论证。如果以抛弃过往文化人类学研究基础的断层研究方法去进行全新范式的建构，其结构稳定性仍需要更多的实践论证。当然，我们也不能因其多样且不稳定，就停止对此文化领域新现象的探索和研究。随着网络空间与社会文化模式的联系越来越紧密，对网络人类学的实践性探讨必定会更加深入和完善。

第五，学徒和学子两个青年群体之间的"同代代沟"既有对工匠文化发展带来的正向功能，也给工匠文化发展带来了负面影响。

本书通过考察与研究认为，当代景德镇手工陶瓷创业青年群体关系已然由早期的"隔代代沟"转向新型的"同代代沟"。景德镇陶瓷文化无论是在传递方式、表现途径还是形成机制上，均在不同程度上受到了同代青年群体代沟文化的影响，表现在景德镇陶瓷创业同代青年群体之间的认知行为、实践行为和销售行为出现了差异，由此产生了工匠文化的话语权代沟和思想理念代沟。本书认为，当代工匠文化已然发生了新的变革，就工匠青年群体身份而言，已然分化为两个"同代"——学徒群体和学子群体。两个群体之间的"同代代沟"，既给工匠文化发展带来了正面影响，也给工匠文化发展带来了负面影响。

当代社会文化的发展必然是非单向性的流动发展。信息文化的流通已经打破了时间、空间、语言等的障碍，现代与传统的同代隔阂也终将趋于融合。但是，必须指出的是：此处所谓的融合并不是完全的相融，而是两者在某种程度上所达成的和谐发展的模式。一方面，高校学子群体在景德镇追随工匠进行技能学习和创作；另一方面，景德镇的学徒群体也不断地从学子群体中尝试性地接纳现代设计理念和新的生活方式。

新型同代工匠群体文化融合是互利的。景德镇当代的陶瓷艺术设计产品与历史上的陶瓷产业相比，除了传承传统的陶瓷技艺之外，还融入了全新的设计要素。以高校群体为主导的手工陶瓷创业青年群体在现代设计的引导下，推进了当代景德镇手工陶瓷创业的发展，创建了众多的工作室和作坊，更使得景德镇当代陶瓷文化以一种新的形式发展，但这种发展并不是以取代传统作为其最终的发展目标。另一师徒制群体则依旧秉承传统手工陶瓷的传承路线，继续沿袭着过往的师训，兢兢业业地将传统陶瓷文化的本源一代又一代地传承下去。

新型同代工匠群体文化沟通是互惠的。关注文化发展的同时，还应该注意文化群体之间群体流动的互惠机制。首先，群体之间的沟通最直观的便是言语的交流，即两者之间在持续的交流过程中发生的回馈。以此过程为媒介，逐步建立起一种可感知的形态关系。但是，沟通过程若是顺利，那么这种沟通过程便是双方彼此妥协的结果，不同群体之间的形态关系虽然是由二者共同创造的，但终究并不是以某一群体占有主导性的位置。沟通过程所呈现的结果也并非一成不变，这种过程是处于一种动态的发展态势中，是与双方不同信息的沟通转换而产生出不同的结果。在这一过程中，参与沟通的主体会积极主动地运用已有的信息知识去获得自身发展。由此可见，群体之间的互动会受制于主体主观意识的影响，并受到人为的控制。群体之间的沟通过程，一是基于双方互动适应的同步发展过程，二是互动过程中主体信息交流的互惠，三是过程的持续性和主观的意愿。所以，若要逾越"同代代沟"所产生的影响，就必须建构两个群体面对面情况下所产生的互惠性关系。

第六，文化、设计和美学是陶瓷艺术发展的三个重要维度，景德镇陶瓷发展依赖于造物者对陶瓷艺术的文化品牌、设计质量和审美品类的三维认识。

在文化层面，陶瓷产品的价值依附于造物者个人情感的表达，作者情感表达所产生的共鸣会加深受众群体对器物隐喻之美的人文情怀的关注。一件缺乏意蕴美感的陶瓷产品将失去造物之美应有的价值。情感意蕴的表达关乎形式与内容的协调统一，意蕴隐于形是"艺术之形"，意与形相辅相成，缺一不可。陶瓷造物自古便崇尚质朴的自然之美，在意的是心中意境的纯粹，最好的状态是当观者从美学审视的角度看一件陶瓷产品时，审美感知由主观的视觉成像深入意象的探索之中。因此，在全球文化互通的变迁过程中，传统陶瓷的审美文化反而在现代艺术设计理念与新技术的介入中展现出其独特的魅力。

在设计层面，陶瓷艺术设计者在对设计产品的形式表达上，把赋予产品鲜活永恒的生命力作为创造的宗旨。陶瓷产品时常承载着不同历史时期的物质文化与精神文化，是回归于生活的现实摹本，器物的装饰与造型充分展现了当时人们对生活之美的理解。另外，设计是创新的最大驱动力，设计教育已然成为景德镇陶瓷创业者参与设计活动最直接的引导方式。对景德镇青年群体手工陶瓷设计的考察发现，随着当代设计新理念的介入，景德镇青年群体手工陶瓷文化已然进入了以"主体设计文化"为引导的发展状态，无论在设计文化语境还是在设计的文化内涵上，设计文化正在改变着传统景德镇陶瓷产品文化发展的格局。设计师、生产和消费构建成一种陶瓷设计文化新趋势，将景德镇手工陶瓷设计产业的发展推入了一个全新的历史空间。它不仅促进了景德镇陶瓷传统文化的传承，活化了当代景德镇陶瓷文化技艺的革新，更成为传统陶瓷文化可持续生存与创新的文化策略，重建了陶瓷设计的本土文化自信。虽然设计教育大多是西方设计教育的映像，但并不能就此狭隘地认定西方的设计教育必然就是对本土设计教育的文化入侵，而是应当清晰地认识到应从本土文化特有的设计语言出发，从地域性文化特有的文化系统、工匠精神、民族自信的整体视角出发，将本国文化和西方文化进行融合，以应对现代社会全球化设计的潮流。就景德镇的陶瓷设计文化而言，是将中国传统陶瓷文化中的哲学结合到当下的设计实践与理论探索中来，兼容并包地吸收当代设计的精粹，构筑起具有传统文化传承和当代时尚生命力的设计方法。

在美学层面，日常的审美与美学的日常或是未来促进景德镇陶瓷产业发展的动力之一。美学可以成为景德镇青年群体陶瓷创业发展的催化剂和动力源，它不仅能成就陶瓷艺术设计的审美化表达，还日益扩展成为陶瓷创业群体生活的审美目标。美学在消费社会与陶瓷艺术设计生产之间的协同功能是明显的。当下陶瓷艺术的美学动向是适应消费而诞生的；或者说，美学已然成为陶瓷艺术设计生产和日常生活的"调停者"与"介入者"，并发挥着巨大的经济的、生活的以及审美的价值功能。

综上所述，景德镇陶瓷创业青年群体自身的发展是富有生命力的，它与众多不同类型的群体发展一样，具有多元化的本质特征。该群体自身的发展既是政府政策导向性的结果，受到群体的社会意识影响，又具有历史自然发展的属性。应客观地将此类群体的发展视为陶瓷文化乃至社会艺术设计文化体系中的典型现象，通过对其构成、现状、问题等多维度的研究解析，为未来景德镇陶瓷文化的弘扬与发展提供实践的经验和在此基础上的理性总结，为未来景德镇的陶瓷文化传承和发展提供思想资源和合理建议，这亦是本书的研究出发点和价值所在。

总之，景德镇当代陶瓷创业青年群体是时代变迁中新兴的群体组织，所创造的陶瓷产品蕴含着这个时代鲜明的特征，充满着时代的人文精神，包含了创业者们的智慧。他们用自己的智慧和辛勤努力促进了传统陶瓷文化的继承与发扬，是陶瓷文化长久发展的生力军。对传统陶瓷文化的挖掘，将有助于弘扬本民族文化传统和文化精神，并为当代陶瓷艺术设计创新提供不竭的精神源泉。创业者们通过全新的创新再造，将演绎出具有中华民族特色的陶瓷艺术设计文化新风采，创造出真正具有民族文化底蕴和特色的中国陶瓷艺术设计产品。陶瓷艺术设计既是形式感的技术表达，又是艺术化的情趣表现。创业者们通过多种形式的陶瓷产品，叙述他们所独有的精神风骨，借用艺术不同的形式、造型、装饰等元素，结合瓷土、釉色、画料等材质美感，来展现陶瓷艺术设计所具有的独特魅力。同时，景德镇陶瓷创业群体审美化追求是现代性的产物。当下社会空间的无限拓展已然造就了现代性以来的日常消费日益逼近时间消费，即物质消费的物质性及其基本满足已经不是消费的根本，更多的是倾向于日常美学的消费。景德镇陶瓷创业者的审美化要求，正是这种审美化消费的策应和反映。另外，需要强调的是：建构中国特色的陶瓷话语体系是景德镇青年群体发展陶瓷手工业的根本，基于民族文化体系与内在性，造就独树一帜的民族风格的设计艺术是中国陶瓷发展的方向。在华夏文明发展的大环境下，地域习俗、思维、审美等各个方面的差异性，是导致本土陶瓷文化有别于其他陶瓷文化的重要原因。如果对外来的设计语言和思维方式仅仅停留在单纯的模仿阶段，将会造成本土设计体系中自我话语权的丧失，甚至还有可能导致未来设计者自身传统审美意识的退化或丧失。创业者们应警惕本土文化弱化的发生，只有通过对自己民族文化传承和发展的创新，才能保证本民族独有的文化魅力和创新根基。

参考文献

[1] Israel M. Kirzner. Competition and entrepreneurship[M]. Chicago: University of Chicago Press, 1973.

[2] Rita Gunther McGrath, Ian MacMillan. The entrepreneurial mindset: strategies for continuously creating opportunity in an age of uncertainty [M]. Boston: Harvard Business School Press, 2000.

[3] William. B. Gartner. A conceptual framework for describing the phenomenon of new venture creation[J]. The Academy of Management Review, 1985, 10(4): 696-705.

[4] 埃佐·曼奇尼. 设计, 在人人设计的时代: 社会创新设计导论 [M]. 钟芳, 马瑾, 译. 北京: 电子工业出版社, 2016.

[5] 艾军, 陈宝琦. 景德镇大学生陶瓷创意创业主要问题分析及对策研究 [J]. 东华理工大学学报(社会科学版), 2014, 33(01): 80-82.

[6] 艾约博. 以竹为生: 一个四川手工造纸村的20世纪社会史 [M]. 韩巍, 译. 南京: 江苏人民出版社, 2017.

[7] 安东尼·邓恩, [英]菲奥娜·雷比. 思辨一切: 设计、虚构与社会梦想 [M]. 张黎, 译. 南京: 江苏凤凰美术出版社, 2017.

[8] 安金槐. 中国考古 [M]. 上海: 上海古籍出版社, 1992.

[9] 本尼迪克特·安德森. 想象的共同体: 民族主义的起源与散布 [M]. 吴叡人, 译. 增订本. 上海: 上海人民出版社, 2016.

[10] 毕先萍, 张琴. 创业机会差异成因探析与未来研究展望: 基于发展观和创造观融合的视角 [J]. 外国经济与管理, 2012, 34(05): 18-25.

[11] 蔡军. 设计教育发展与产业历史关系的思考 [J]. 装饰, 2007(12): 27-29.

[12] 皮尔斯. 李斯卡: 皮尔斯符号学导论 [M]. 赵星植, 译. 成都: 四川大学出版社, 2014: 31.

[13] 陈帆. 中国陶瓷百年史(1911—2010) [M]. 北京: 化学工业出版社, 2014.

[14] 程廷济, 凌汝绵. 浮梁县志(十二卷): 卷二 [M]. 刻本. 1783(清乾隆四十八年)

[15] 程艳霞, 吴应良. 隐性知识传播模型及共享体系研究 [J]. 情报杂志, 2005(08): 16-17.

[16] 程振武.五十年代陶瓷工业的八大变革[M]//中国人民政治协商会议景德镇市委员会文史资料研究委员会.草鞋码头的变迁（上）：景德镇文史资料第十三辑.乐平：乐平市印刷厂，1997:50.

[17] 戴震.戴震集：文集卷十 古经解钩沈序[M].汤志钧，校点.上海：上海古籍出版社，1980.

[18] 丹尼尔·米勒.物质文化与大众消费[M].费文明，朱晓宁，译.南京：江苏凤凰美术出版社，2010.

[19] 邓文杰.当代景德镇青年群体手工陶瓷设计的文化人类学解析[J].陶瓷学报，2019，40(02):251-256.

[20] 邓文杰.景德镇青年群体陶瓷创业空间的网络人类学解析[J].南京艺术学院学报(美术与设计版)，2019(02):159-167.

[21] 邓文杰.艺术与生活：当下景德镇陶瓷艺人的美学边界[J].陶瓷研究，2018，33(05):10-14.

[22] 费孝通.论人类学与文化自觉[M].北京：华夏出版社，2004.

[23] 费孝通.文化与文化自觉[M].北京：群言出版社，2016.

[24] 冯涛.高校陶瓷类毕业生就业现状分析与对策探讨：以景德镇市院校为例[J].景德镇高专学报，2012，27(05):75-77.

[25] 冯先铭.中国古陶瓷文献集释：上册[M].台北：艺术家出版社，2000.

[26] 弗朗兹·博厄斯.人类学与现代生活[M].刘莎，谭晓勤，张卓宏，译.北京：华夏出版社，1999.

[27] 耿涵.从民族志到设计人类学：设计学与人类学的偕同向度[J].南京艺术学院学报(美术与设计版)，2017(02):17-22+193.

[28] 古斯塔夫·勒庞.乌合之众：大众心理研究[M].吴松林，译.北京：中国文史出版社，2013.

[29] 国务院.国务院关于强化实施创新驱动发展战略进一步推进大众创业万众创新深入发展的意见[EB/OL].[2017-07-27].http://www.gov.cn/zhengce/content/2017-07/27/content_5213735.htm.

[30] 国务院.国务院关于推动创新创业高质量发展打造"双创"升级版的意见[EB/OL].[2018-09-26].http://www.gov.cn/zhengce/content/2018-09/26/content_5325472.htm.

[31] 国务院办公厅.国务院办公厅关于发展众创空间推进大众创新创业的指导意见[EB/OL].[2015-03-11].http://www.gov.cn/zhengce/content/2015-03/11/content_9519.htm.

[32] 贺西林，赵力.中国美术史简编[M].北京：高等教育出版社，2003.

[33] 黑格尔.美学：第一卷[M].朱光潜，译.北京：商务印书馆，1979.

[34] 洪颖.艺术人类学研究的民族志方法讨论[J].清华大学学报(哲学社会科学版)，2007(04):97-107.

[35] 胡飞.民族学方法及其在设计学中的应用[J].南京艺术学院学报(美术与设计版)，2007(01):78-80+162.

[36] 胡颖，葛振兴.行业特色独立学院创业型人才培养模式探究：以景德镇陶瓷学院科技艺术学院为例[J].景德镇高专学报，2011，26(01):73-74.

[37] 黄兆信，李炎炎，刘明阳.中国创业教育研究20年：热点、趋势与演化路径：基于37种教育学CSSCI来源期刊的文献计量分析[J].教育研究，2018，39(01):64-73.

[38] 江西省轻工业厅陶瓷研究所.景德镇陶瓷史稿[M].北京：生活·读书·新知三联书店，1959.

[39] 江西省人民政府.江西省人民政府办公厅关于转发省文化厅等部门江西省传统工艺振兴计划的通知[EB/OL].[2017-10-28].http://zfgb.jiangxi.gov.cn/art/2018/10/26/art_13795_399620.html.

[40] 江西省文化和旅游厅.传统工艺美术保护条例[EB/OL].[2014-02-16].http://dct.jiangxi.gov.cn/art/2014/2/16/art_14746_441838.html.

[41] 江西省文化和旅游厅.《江西省"十三五"时期非物质文化遗产保护发展工作方案》发布.[EB/OL].[2017-09-01].http://dct.jiangxi.gov.cn/art/2017/9/1/art_14513_418119.html.

[42] 江西省文化和旅游厅.江西省非物质文化遗产条例[EB/OL].[2015-06-12].http://dct.jiangxi.gov.cn/art/2015/6/12/art_14746_441846.html.

[43] 金晓虹，梁邦福."景漂"的形成原因与文化意味[J].景德镇学院学报，2016，31(04):6-10.

[44]《景德镇》课题组.景德镇[M].北京：当代中国出版社，2011:23.

[45] 景德镇市人民政府.2016—2020年景德镇市矿产资源总体规划[EB/OL].[2020-11-26].http://www.jdz.gov.cn/zwgk/fdzdgknr/jhyzj/gmjjhshfzgh/t785262.shtml.

[46] 景德镇市人民政府.关于发布《景德镇市人才资源开发资金管理暂行办法》的通知[EB/OL].[2010-11-19].http://www.jdz.gov.cn/zwgk/fdzdgknr/zcwj/gfxwj/t361766.shtml.

[47] 景德镇市人民政府.景德镇市人民政府关于大力推进大众创业万众创新若

干政策措施的实施意见[EB/OL].[2015-10-09].http://www.jdz.gov.cn/zwgk/fdzdgknr/zcwj/zfwj/t424765.shtml.

[48] 景德镇市人民政府.关于继承保护和发展景德镇陶瓷传统技艺的意见[EB/OL].[2010-11-19]. http://www.jdz.gov.cn/zwgk/fdzdgknr/zcwj/gfxwj/t361723.shtml.

[49] 景德镇市人民政府.景德镇市艺术陶瓷从业主体税收征收管理试行办法[EB/OL].[2015-06-04].http://www.jdz.gov.cn/zwgk/fdzdgknr/zcwj/gfxwj/t362708.shtml.

[50] 景德镇市人民政府.景德镇陶瓷知识产权保护办法[EB/OL].[2008-12-08].http://www.jdz.gov.cn/zwgk/fdzdgknr/zcwj/gfxwj/t364936.shtml.

[51] 景德镇市人民政府.景德镇陶瓷知识产权保护管理规定[EB/OL].[2014-06-26].http://www.jdz.gov.cn/zwgk/fdzdgknr/zcwj/gfxwj/t362694.shtml.

[52] 克劳斯·雷曼.设计教育 教育设计[M].赵璐,杜海滨,译.柳冠中,审校.南京:江苏凤凰美术出版社,2016.

[53] 克利福德·格尔兹.文化的解释[M].韩莉,译.南京:译林出版社,2014.

[54] 孔铮桢.陶瓷的人文世界:首届陶瓷与文化论坛综述[J].艺术教育,2017(13):6-9.

[55] 孔铮桢.沿袭与创新:景德镇近代陶瓷教育研究[J].陶瓷学报,2014,35(05):535-541.

[56] 匡瑛,石伟平.职业院校"双创"教育辨析:基于现实审视与理性思考[J].教育研究,2017,38(02):97-103.

[57] 蓝浦,郑廷桂.景德镇陶录图说[M].连冕,校注.济南:山东画报出版社,2020.

[58] 乐天陶社.关于景德镇乐天陶社[EB/OL].http://www.potteryworkshop.com.cn/cn/Jingdezhen.asp.

[59] 李克强.紧紧依靠改革创新增强经济发展新动力:在第八届夏季达沃斯论坛上的致辞[N].人民日报,2014-09-11(03).

[60] 李克强.在第十二届夏季达沃斯论坛开幕式上的致辞[N].人民日报,2018-09-20(02).

[61] 李立新.设计价值论[M].北京:中国建筑工业出版社,2011.

[62] 李松杰."景漂"和景德镇当代陶艺:以乐天陶社创意市集为案例分析[J].内蒙古大学艺术学院学报,2014,11(03):24-33.

[63] 李砚祖.创造精致[M].北京:中国发展出版社,2001.

[64] 李砚祖.奇思妙造开新篇：邢良坤的现代陶艺[J].文艺研究，1999(04)：150-152.

[65] 李砚祖.日常生活何以审美呈现？：艺术设计与日常生活关系的初步解析[J].文艺争鸣，2010(04)：31-36.

[66] 李砚祖.设计与"修补术"：读潘纳格迪斯·罗瑞德：设计作为"修补术"：当设计思想遭遇人类学[J].设计艺术，2006(03)：10-11.

[67] 李砚祖.设计之维[M].重庆：重庆大学出版社，2007.

[68] 李砚祖.艺术设计的定位与创新[J].艺术设计研究，1999(02)：3-5.

[69] 李砚祖.造物之美：产品设计的艺术化与文化[M].北京：中国人民大学出版社，2000.

[70] 李砚祖.中国的现代陶艺及陶艺教育的走向[J].中国美术馆，2006(06)：55-57.

[71] 李正安.国外陶瓷设计教育之启示[J].装饰，2005(10)：82-84.

[72] 李正安.我国高校陶瓷设计教育发生探究[J].装饰，2005(03)：68-69.

[73] 林惠祥.文化人类学[M].北京：东方出版社，2013.

[74] 刘昌兵.因瓷而兴：古代景德镇的瓷业城市历史和特点[J].江汉考古，2008(01)：104-109.

[75] 刘琛.论意象消费：消费社会与视觉文化的互文性[J].文艺理论与批评，2009(04)：25-31.

[76] 刘佳.人类学与现代产品设计研究[J].艺术百家，2005(06)：134-137.

[77] 中国人民政治协商会议景德镇市委员会文史资料研究委员会.景德镇文史资料第一辑：五府十八帮[M].景德镇：景德镇市新华印刷厂，1984.

[78] 柳冠中.中国工业设计断想[M].南京：江苏凤凰美术出版社，2018.

[79] 罗伯特·莱顿.他者的眼光：人类学理论入门[M].蒙养山人，译.北京：华夏出版社，2005.

[80] 马林诺夫斯基.文化论[M].费孝通等译.北京：中国民间文艺出版社，1987.

[81] 迈克·费瑟斯通.消费文化与后现代主义[M].刘精明，译.南京：译林出版社，2000.

[82] 迈克尔·波兰尼.个人知识：朝向后批判哲学[M].徐陶，译.上海：上海人民出版社，2017：86.

[83] 曼瑟·奥尔森.集体行动的逻辑：公共物品与集团理论[M].陈郁，郭宇峰，李崇新，译.上海：格致出版社，上海人民出版社，2018.

[84] 梅贻琦.大学一解[J].清华大学学报,1941(01):1-12.

[85] 奈杰尔·拉波特,乔安娜·奥弗林.社会文化人类学的关键概念[M].鲍雯妍,张亚辉等,译.北京:华夏出版社,2005.

[86] 欧阳友权.新媒体的技术审美与视觉消费[J].中州学刊,2013(02):155-159.

[87] 齐彪."景漂"怎么漂?[J].美术观察,2014(09):32-33.

[88] 钱大昕.潜研堂文集[M]刻本.1806(清嘉庆十一年)

[89] 乔治·E.马尔库斯,米开尔·M.J.费彻尔.作为文化批评的人类学[M].王铭铭,蓝达居,译.北京:生活·读书·新知三联书店,1998.

[90] 秦剑.基于效果推理理论视角的创业机会创造研究[J].管理学报,2011,8(07):1036-1044.

[91] 让·鲍德里亚.消费社会[M].刘成富,全志钢,译.南京:南京大学出版社,2014.

[92] 任江华.文化资源"重燃"千年窑火[N].人民日报,2013-02-18(014).

[93] 三浦展.第四消费时代[M].马奈,译.北京:东方出版社,2014:142.

[94] 宋濂,[明]王祎.元史·卷八十八·志第三十八·百官四[M/OL].http://www.shiciminqju.com/book/yuanshi/88.html.

[95] 宋应星.天工开物[M]钟广言,注释.广州:广东人民出版社,1976.

[96] 睦海霞,孙清.大数据时代下的网络文化传播分析[J].成都理工大学学报(社会科学版),2017,25(01):102-106.

[97] 孙美玲.网络社区交往的建构:基于成员间联动生成模式的分析[J].广告大观(理论版),2012(05):17-33.

[98] 汪宗达,尹承国.现代景德镇陶瓷经济史:1949—1993[M].北京:中国书籍出版社,1994.

[99] 王博.高校"双创"理念发展问题及其路径研究[J].黑龙江高教研究,2016(03):53-56.

[100] 王积超.人类学研究方法[M].北京:中国人民大学出版社,2014.

[101] 王婧.论新时代我国文化产业政策转向[J].探求,2018(05):72-79.

[102] 王茜.对我国高校艺术设计教育人才培养方式转变的几点思考[J].南京艺术学院学报(美术与设计版),2007(03):122-124.

[103] 吴海云.瓷国及其高峰[M].北京:人民日报出版社,1986.

[104] 吴秀梅.近代景德镇陶瓷艺术教育兴起的必然性[J].艺术百家,2017,33(06):226-228.

[105] 吴杨波.师徒制：中国现代美术教育的乡愁 [J].美术观察，2017(10)：26-27.

[106] 熊思东.大众创业、万众创新中的大学作为 [J].群言，2015(04)：29-31.

[107] 徐恒醇.设计美学 [M].北京：清华大学出版社，2006.

[108] 许平.设计、教育和创造未来的知识前景：关于新时期设计学科"知识统一性"的思考 [J].艺术教育，2017(Z6)：45-49.

[109] 雅斯贝尔斯.什么是教育 [M].邹进，译.北京：生活·读书·新知三联书店，1991.

[110] 亚伯拉罕·马斯洛.动机与人格 [M].许金声等译.北京：中国人民大学出版社.2012.

[111] 杨应慧，邱其霖，黄蕾.浅析景德镇地区高校创业教育现状及对策 [J].职教论坛，2015(29)：37-40.

[112] 原研哉.设计中的设计 [M].纪江红，译.朱锷，校译.桂林：广西师范大学出版社，2010.

[113] 约翰·杜威.艺术即经验 [M].高建平，译.北京：商务印书馆.2010.

[114] 曾红颖."双创"的实施进展与建议 [J].宏观经济管理，2015(12)：21-23.

[115] 广州图书馆，[清] 张九钺.南窑笔记 [M].王婧，点校.桂林：广西师范大学出版社，2012.

[116] 张文婧，赵昕.试论高等教育中美育功能的挖掘：以传统陶瓷文化为视角 [J].黑龙江高教研究，2016(10)：154-156.

[117] 赵渊.认识瓷都　建设瓷都 [M]// 中国人民政治协商会议景德镇市委员会文史资料研究委员会.草鞋码头的变迁（上）：景德镇文史资料第十三辑.乐平：乐平市印刷厂，1997：9.

[118] 郑海林，计镇华.高校创新创业人才培养模式研究：以景德镇大学生陶瓷创业为例 [J].纳税，2018(12)：248.

[119] 中共中央办公厅，国务院办公厅.国家"十三五"时期文化发展改革规划纲要 [EB/OL].[2017-05-07].http://www.gov.cn/zhengce/2017-05/07/content_5191604.htm.

[120] 中共中央马克思恩格斯列宁斯大林著作编译局.马克思恩格斯选集：第二卷 [M].北京：人民出版社，1972.

[121] 中国硅酸盐学会.中国陶瓷史 [M].北京：北京文物出版社，1982.

[122] 中国人民政治协商会议景德镇市委员会文史资料研究委员会.景德镇文史资料第一辑：江西省立陶业专科学校简介 [M].景德镇：景德镇市新华印刷

厂，1984.

[123] 中华人民共和国文化和旅游部.国家级非物质文化遗产项目代表性传承人认定与管理暂行办法（2008）[EB/OL].[2008-01-13]. https://www.mct.gov.cn/whzx/bnsj/fwzwhycs/201111/t20111128_765127.html.

[124] 周思中.中国陶瓷设计思想史论[M].武汉：武汉大学出版社，2012.

[125] 朱迪.品味与物质欲望：当代中产阶层的消费模式[M].北京：社会科学文献出版社，2013：11.

[126] 朱怡芳.传统工艺美术产业发展与政策研究：文化、社会、经济的视角[M].北京：北京理工大学出版社，2013.

附录

1. 访谈计划提纲:

(1) 人口学基本信息

姓名;性别;年龄;职业;籍贯;毕业学校;毕业时间;所属专业;职业;访谈时间;访谈地点;创业时间。

(2) 访谈涉及的部分内容（入行—产品—商业—生活）

① 如何接触陶瓷行业？是否在本地定居？为什么想留在景德镇创业？

② 陶瓷技艺如何习得？是否有经历师徒传承模式阶段？概述学习的经历(内容、种类、方法)。

③ 产品类别的差异；市场是否会直接影响到产品的产出类型？

④ 产品创新的思维模式。

⑤ 销售是否有具体的销售场地，选址依据如何抉择？

⑥ 店铺展示的产品是否有进行装置设计？

⑦ 产品生产的一般模式。

⑧ 日常生活状态与生活追求。

⑨ 传统制瓷行业风俗是否还有遗存？

⑩ 政府扶持政策的践行成效。

⑪ 创业经营过程中可能会遇到哪些突发情况？产品大致的销售方式、渠道和范围。

⑫ 家庭经济收支概况；陶瓷创业收入大致情况。

⑬ 日常销售场域是否集中于创意集市？购买者主要是游客还是采购商？

2. 部分访谈记录：
2.1 访谈记录

田野调查素材收集					
姓名	李某	性别	女	职业	自由创业者
籍贯	湖南	年龄	27	所属专业	环境艺术设计
毕业时间	2013 年	创业时间	2013 年	访谈时间	2017 年 11 月 20 日
访谈地点	景德镇雕塑瓷厂（店铺）		毕业学校	景德镇陶瓷大学	
访谈记录（语音转录摘要）					

D：笔者　L：李某

D：基于很多外地人对景德镇的了解只是停留在历史造物的层面，所以想通过第一线的田野调查，为大家呈现景德镇当下的发展现状，最后以研究报告的形式记录下来。

L：景德镇近些年变化挺大的，如央美、广美、鲁美等几个美院从事陶瓷类专业的人，都会到景德镇；也会有很多人毕业之后就留在景德镇，做些自己喜欢的创意产品，其中有些人觉得做得不错就会留下来创业。他们的产品有很多创新的元素，跟原来传统的陶瓷产品有所不同。

D：我看到你之前所学的是环境艺术设计，那是怎么转到陶瓷设计这个行业的呢？

L：因为我是景德镇陶瓷大学毕业的学生，所以在上学的时候就已经接触到陶瓷艺术设计，整个学校的陶瓷艺术设计氛围十分浓郁，很多校友都会尝试做一些与陶瓷相关的小产品。景德镇有很多开放性的创意集市，在周六周日都可以参与摆摊，很多人都会参与到集市中去出售自己设计的产品。我在体验陶瓷设计的过程中发现自己比较喜欢陶瓷，所以毕业之后就从事了这个行业。

D：那你在从事这个行业之前，对于陶瓷制作的技术或者相关的知识是如何学习的呢？

L：学校有一门课程，是学习如何做公共环境陶瓷。自己通过这个课程对陶瓷设计有了一些了解，加上学校本来就有很多人在从事这个行业，不少朋友也开了工作室，于是自己就处于这个环境中开始自学。

D：我看到你的产品中有很多手工拉坯的器型，这些是你自己做的吗？

L：这些都是请外面师傅做的，但造型是自己设计的。

D：自己做一个整体产品的设计规划，然后分为不同的步骤去整合各种资源，最后完成产品的生产，是吗？

L：是的。比如前期注浆或烧窑之类的事情就请师傅，后期一些产品细节的处理就是自己做。我先生也是景德镇陶瓷大学毕业的，他学的是雕塑。前期我们会一起商讨设计，后期主要是他来处理。

D：是什么原因让你决定留在景德镇创业？

L：主要是因为我先生学的是雕塑，去外地就业形势并不好，也不知道哪个城市

续表

有合适的岗位，加上觉得在景德镇创业还是比较自由的，也没什么约束，当时也是一种尝试的心态。

D：你觉得你的产品与其他同类产品的不同之处在哪？或者说，你产品不一样的特点是什么？

L：我的产品最大的特点就是自己调配的颜色釉，其中有些是跟学校的老师学习配置的，然后就是自己设计的产品器型。

D：配釉是与老师合作的吗？

L：不是。主要还是通过相关的课程学习，然后自己尝试。

D：配釉会不会很难？需不需要相关的专业知识？

L：很难，需要自己慢慢积累经验和摸索。通常是将原有的釉料加一些其他的材料使其产生变化，然后烧制出不同的效果。店里的产品主要是以颜色釉为主，加一些自己做的器型，如茶具、花盆、香炉，还有茶具的衍生品等。

D：陶瓷绘画类型的产品有涉及吗？

L：基本上没有。

D：你会在每个季度对产品做出调整或者是推出新的产品吗？如果要筹备推出新品，你的设计思路和灵感主要从哪里获得？

L：并不会有什么特别的规划，有些时候就是自己想了就去做。因为我们主要的产品就是茶具，可能会想到喝茶使用的一些器型。有些客户会给详细的设计图纸或者相关的数据，其中会包括产品的功能、器型、颜色等，可以直接按照他们的规格去做，不需要额外地设计，我们就属于代工。但最后产品的釉色可能会按照我们已有的釉色进行搭配。

D：你会去参加陶瓷类产品的展销会吗？

L：没怎么参加，刚毕业的前两年有参加瓷博会。

D：是什么导致你后来没有参加呢？

L：一是那边比较远，二是因为毕业四年了，主要还是做些老客户的生意，自己这边的业务忙不过来。

D：除了工作之外，你的业余生活是怎样的呢？

L：老同学聚会，三宝陶艺村也会有一些论坛和设计展都会去参加。时间多的话就外出旅游，七八月份淡季的时候或者过年期间都会出去旅游。

D：你们有自己的窑吗？

L：有，我们自己建了一个窑自己烧。刚开始的时候是请师傅教，后面就自己接手了，电窑和气窑都有。气窑大概是四块板的样子，1.3米的内径，宽度是四块48厘米×50厘米的板，设备花费了大概两三万元。前两窑是帮我们做窑的人带着我们一起烧的，后面专门请了师傅。但是烧窑师傅烧的产品和我们烧的会有些不同，因为师傅不知道我们釉的发色温度是多少。师傅会教我们基础知识，后面还是靠自己摸索，自己的釉比较清楚其特性，温度也比较好掌控。请来的师傅原本是烧大件器物的，烧的窑更大一些，八块板到十块板的窑，烧法会有些不同。

D：那烧窑难学吗？

续表

　　L：我们学习了 8—9 窑的样子，后面就开始自己烧了。刚开始是两个月烧一次，现在就频繁了很多，基本 3 天 1 窑，一个月就 10 窑了。外面搭烧很不方便，自己烧比较快。现在的窑炉有温度显示，但是会有温差，主要还是看经验。窑炉里面温度会相差 60 ℃多，只是看表就不太准。

　　D：你们自己烧窑会遵循行业习俗吗？

　　L：我们没有，老的烧窑师傅会有，他们会在一个地方专门供奉窑神。

　　D：其他相关的庆典有吗？

　　L：没有接触过。我们开第一窑和第二窑的时候会供窑神，老师傅们会在窑炉附近找一个位置专门供奉窑神，我们就不会。

　　D：创业初期，政府或学校有没有提供什么帮扶便利？

　　L：有的。比如说摆摊，我们还没毕业的时候就开始摆摊了，毕业之后我就开始开店，摆摊的时候要交 50 元的摊位费，政府补贴一半，从毕业到现在都是这样。还有像今年毕业的人，毕业未满 5 年创业且有营业执照的，政府会补贴 3 万元—5 万元。

　　D：能否简单地谈一下你在创业初期遇到的一些问题和处理方法？

　　L：之前的产品不成熟，由于注浆或拉坯细节处理不当，常出现破裂和残次品。但随着经验不断地积累，加上请教了一些老师傅，情况就慢慢地好转了。最开始靠摆摊维持生计，那时候一年挣不了多少钱，只能保证自己基本的生活开销，没有结余。毕业之后自己开了店，积累了不少老客户后就相对稳定了很多，做的产品也越来越好。

　　D：你觉得景德镇陶瓷产品的销售市场是刚毕业的时候好还是现在好？

　　L：景德镇的陶瓷市场竞争越来越大了，每年有很多大学毕业生一届连着一届地留下来创业，还有外地各个美院和其他学校学陶瓷专业的人，大部分都会选择在这待一段时间或者是自己创业，从而在这扎堆成"景漂"。刚毕业的时候，创业的人比较少，竞争也小，原来产品的生产和销量也没那么多。现在就不同了，年轻人有创意，做的东西更受购买者的青睐，经销商采购的范围也扩大了，机会多了，竞争也变大了。

　　D：那从你个人的创业经历来看，现在的市场是一个什么样的发展趋势？

　　L：我个人的产品销路是一年比一年好。虽然很多人说现在艺术陶瓷销售的大环境不是特别好，但是日用陶瓷类产品好像影响不大。因为本来产品的售卖价格就不高，大家都能消费得起，加上我们主要的产品也是茶具一类，随着人们现在越来越注重生活的质量，对茶具的需求也越来越多了。还有很多做茶文化、茶艺培训等衍生出来的体系，销路就广了，所以销售还是不错的。

　　D：那你产品一般是销往哪些地区？

　　L：全国各地都会有，一般是苏浙沪、深圳、广州、北京等，还是以较为发达的城市为主。茶文化较浓的地方也会涉及，如四川文化氛围比较好的地方；像湖南湖北，喝茶的就少一些，但是也会有。主要还是茶文化带动了销售。

　　D：那你除了实体店之外，还有其他的销售途径吗？

　　L：早期在阿里巴巴开网店，积累了一些老客户。现在网店做得比较少，没有过多的精力去做，虽然也一直想去投入扩大，但是一直都没有实施。

| 175

D：现在你们主要的客源来自哪里？

L：以店里的为主，都是老客户，并没有做太多的推广。自己觉得网络自媒体越来越发达，大家都在做、想去学，现在一直也是在慢慢地学习。平时店里的人比较少，都是老客户来得比较多，他们会有自己的需求，我们再按照需求去进行设计生产。靠着老客户就能满足我们店里的运营和开销。

D：你们主要是做茶具，对其相关的文化在销售的时候会阐述吗？

L：会说些，基本的使用情况之类，产品也考虑过融入一些文化元素，但是最主要的还是技术上的问题比较多，做不出自己想要的造型，有些复杂的造型找师傅都做不出来。毕竟我们是做批量化的，需要保证产品的成品率达到一定的标准，不然成品率太低售价太高就不好销售。我们产品销售价格大多在1000元以下。

D：如果有专门的设计公司为你们做设计，你们能接受吗？

L：可以接受。这边没有专门做产品设计的公司，合作的倒是有。有外地的设计公司做产品设计的方案，在这边生产，成品出来按收益分配利润。

2.2 访谈记录

<table>
<tr><td colspan="8" align="center">田野调查素材收集</td></tr>
<tr><td>姓名</td><td>林某</td><td>性别</td><td>男</td><td colspan="2">职业</td><td colspan="2">自由职业</td></tr>
<tr><td>籍贯</td><td>广东</td><td>年龄</td><td>31</td><td colspan="2">所属专业</td><td colspan="2">金融会计</td></tr>
<tr><td>毕业时间</td><td>2010年</td><td>创业时间</td><td>2010年</td><td colspan="2">访谈时间</td><td colspan="2">2017年11月20日</td></tr>
<tr><td>访谈地点</td><td colspan="2">景德镇雕塑瓷厂（店铺）</td><td colspan="2">毕业学校</td><td colspan="3">中大博雅学院</td></tr>
<tr><td colspan="8" align="center">访谈记录（语音转录摘要）</td></tr>
</table>

D：笔者　L：林某

D：这家店是你自己经营的吗？

L：是的，刚开8个月。

D：你是怎么接触到陶瓷这个行业的呢？

L：我姐夫在这边上学，然后我就来这边旅游，旅游后发现我喜欢这个地方，就留在这里了。

D：这些产品都是你自己做的吗？还有，关于陶瓷制作的技术你是从哪里学习的？

L：是的。刚来的时候是姐夫带着，不懂的就问，自己也会摸索一下。毕竟做陶瓷不是单靠口述就能完全学通的，必须是自己多做。

D：那你的产品种类有哪些？

L：我在这待了7年多，主要是做小摆件和一些小摆件的衍生餐具，都是一个系列的。

D：那有没有一些关于创业的经验可以分享？

L：首先是工作环境的改变。工作环境是越来越好了，周边的路在最开始的时候都是泥路，灰尘很大，现在就越来越干净了。其次是经济环境。经济环境是一个曲线的状态，刚来的时候是一种刚起步的状态，不光是我，大环境也是刚起步。然后到了2013—2015年期间，这边的经济效益是最好的时候，那时候做得好的人都能赚到钱。但是2015年的下半年开始就慢慢下降了。

D：那市场环境下降对你销售的影响大吗？

L：还好，不算很大，但是还是会有影响，可能对于艺术瓷的影响会比较大。因为他们的作品是大件的作品，我们做的都是小产品。现在我的产品销量还可以，产品销售的方向是以旅游区为主。

D：那你现在的销售方式主要是哪种？

L：2012—2013年年初会去参加摆摊，后面就没有了。主要还是靠老客户，新客户不算多，基本上在2013年期间就已经把客户稳定下来了，后面就是那些客户了。再怎么有新客户都做不到老客户的销量。

D：那你能定义一下新客户和老客户的区别吗？

L：老客户对现在市场的需求都已经把控得很好了，他们会知道自己要什么，做什么东西销量最好；而新客户可能看到老客户产品的销路比较好，然后就想去模仿，

| 177 |

续表

他们手上的客源不稳定。购买者刚开始的时候会觉得他们拿的货有新鲜感,但时间久了便会觉得没有新意,就不会再有订单了。

D:在从事陶瓷行业之前你有过其他类型的创业尝试吗?

L:我在这 7 年,副业是做摄影,还喜欢做蛋糕,我做的这一系列的餐具也是为了我的蛋糕。我这个店面后面就是做蛋糕的地方,偶尔也会有人订蛋糕,但是不经常做,还是以陶瓷为主。主要以我自己的兴趣爱好为主,我从小就喜欢美术、设计这一类,虽然家里不让学。

D:看来你真的喜欢,毕业之后还是选择了这个行业。那现在收入还行吗?

L:还好,平均每个月收入 1 万多元。

D:那还不错,比一般的上班要强些。

L:至少自由一些,有更多的时间去学自己想学的东西。

D:按一年来计算的话,你觉得销售额比较好的是哪几个月?

L:从 9 月到过年,相对来说是比较忙的时候。但是如果以暑假前来说,销量差别不会太大。毕竟我这是个人独立的工作室,我没有团队,也没有其他人帮忙,所有东西都是我自己一个人完成。

D:那你女朋友呢?

L:现在单身,来这边也不太想找外地的女朋友,所以就会比较难。虽然这边会有广东人,但是他们不希望留在这里,会选择回去。

D:你是怎么想到要租下这个店面的呢?

L:以前的工作室比较隐蔽,是在附近小巷子里,在那个工作室我只能做陶瓷,不能发挥我其他的强项。但是有个这样的店面我还可以宣传其他的内容,就等于有了一个对外的宣传平台。

D:这个店面房租多少?(20 平方米左右)

L:2000 元。

D:为什么会选择在这个位置租店面呢?

L:因为这里属于一个旅游景点,到了周末人流量比较大,我的工作室也在这里,烧产品和买材料都比较方便,但是开销也不少,加上住的地方,每个月固定 2800 元。

D:忙不过来的时候会找师傅帮忙吗?

L:注浆的东西会找师傅帮忙做,器型的话外面有得卖,直接买现成的就好。因为器皿类主要是以走量为主,如果也是自己亲手做的话,那就走不了量,但是小动物造型类的就全手捏。

D:那你的工作时间是固定的吗?

L:不固定,但是基本上这两年每天都会工作 10 多个小时,中间也就休息 1 个小时,做订单都是早做完早交货。一般我的产品不会收定金,做好直接发货收款。

D:你会依靠一些网络平台做产品推广吗?

L:很少。我基本上不会去刻意地做宣传,不会像微商那样,即便有新的产品都会以生活状态传递的方式展出。比如今天做了一个很满意的东西就会分享,不会说直接展示自己的新品,然后等有需要的客户来下单,和客户交流的方式也会不同。

毕竟还是以自己兴趣爱好为自己的事业，不会把它看得太商业化。

D：工作之余会有其他的爱好活动吗？

L：我会经常出去拍照，因为我的兴趣就是摄影，下雨天不出去的话就会在工作室里面做蛋糕。

D：你会去看一些与陶瓷相关的展览吗？

L：比较少。我个人认为，如果经常看别人的东西，就会影响自己的构思，因为我没有学过美术设计类，不会有太多学术上的东西禁锢自己的思想。我发现身边很多人看多了别人的东西，就非常容易在设计的时候把别人的东西也加进来。

D：那会不会有些客户会对你的产品提出一些意见？

L：暂时比较少，他们就是喜欢才买，做成什么款式不管，我也尽可能地会在产品质量上把控好。

2.3 访谈记录

田野调查素材收集							
姓名	李某	性别	男	职业	自由陶艺		
籍贯	山东	年龄	33	所属专业	陶艺		
毕业时间	2009 年	创业时间	2008 年	访谈时间	2017 年 11 月 20 日		
访谈地点	景德镇雕塑瓷厂（店铺）		毕业学校	景德镇陶瓷大学			
访谈记录（语音转录摘要）							

D：笔者　L：李某

D：你的店开了很久吧？

L：算是吧。刚来的时候这边没有人，在我刚刚读大学的时候是没有店的，然后在大二大三的时候，开始有其他人入驻。这里一开始是受到日本陶艺家安田猛的影响，他提出在这里建一个类似日本的集市。那时候是 2008 年，2008、2009 年是集市最早发展的时候。

D：你原来的专业就是陶艺？

L：对，就是专门学陶瓷的。

D：当时你是基于什么样的考虑，最终决定留在景德镇创业的呢？

L：第一个就是专业学的是陶瓷制作，第二个就是我们 2009 年毕业，2008 年这里开始有了乐天陶社。刚组织这些摊位的时候，我们很多人就开始从事这个行业，慢慢地有了一定的收入。那时候就想反正刚毕业还年轻，要不就尝试一下再说，然后就一直到现在。

D：那同届留下来的大概还有多少人呢？

L：同一届的我不大清楚，我们班那时候有 40 多人，现在大概还有 20 个人在这边。因为我们这个专业的局限性，学的是陶艺，偏手作陶瓷这一块，你到其他地方找工作其实不是那么容易找。不像陶瓷设计偏于设计，可能在其他地方计算机设计方面实用性会强一些。对于我们这些学陶艺的人来说，在这边就业可能会更好一点。

D：那有没有在外面就业不好又回来的呢？

L：有的，这就是为什么一直到现在还有 20 多个人留在这。其实有一开始是在这里然后出去了；有一开始出去了可能觉得上班也是这个样子，然后又回来的；还有些是一直留在这里的。

D：那你陶艺技术除了在学校学习，出来之后有没有跟师傅学？

L：其实在学校学习，教给我们的大部分是理论性的知识多一点，像拉坯这类课程也有接触一些，但是主要还是自己在外面多学习、多练习。在外学习也不见得会找专门的师傅，景德镇这个行业太广泛了，即使你不学，你也可以找一些师傅来帮忙。当你生意做大的时候，你没法全是自己做，但既是这样，这些相关的东西你要懂，明白了就可以了。

D：那你现在的经营模式，是你自己独自经营还是跟别人合作呢？

L：现在的模式就是我自己先出样品，其实就是设计一些自己的想法或者造型，然后请师傅来做。就像一个小厂长，你来监督管理，有人帮忙生产。

D：现在的销售业绩跟以前比有什么变化？

L：现在整个销售市场跟以前比都要差一点，因为这两年手工陶瓷整体行业都不是特别好，所以要差一点，但是也在慢慢地回暖。

D：以前的销售是以什么样的形式为主？

L：最早的时候像 2008、2009 年，主要的收入靠摆摊。那时候摆摊收入很高，像我们只摆一个星期六上午，好的话赚几千元或者上万元都是很简单的事情，那是生意最好的时候。然后过了两三年市场逐渐开始稳定，大家手上慢慢都有一些固定客户了，加之淘宝和微信的交易平台也都起来了，所以网上的销售反而要多一点，导致现在实体生意并不是很好。

D：那你有在淘宝开店吗？

L：淘宝我没有，微信还在做，因为我们没时间来做淘宝。

D：有些人说淘宝经营很费时间，是吗？

L：也不是说很费时间，只是第一时间上确实要费一点。你看我们白天做了一天事情，晚上有可能不太愿意再在计算机上守着，买东西的客户可能还是晚上淘宝的会多一点。第二就是要分类的东西不一样，像我的这些东西不一定跟淘宝的销售要求相符合。因为我们手工拉坯的东西，尺寸和画面都不一样，有客户到实体店来买的时候，反而觉得这个比较独特。但你在淘宝上销售就不行，拍的图片与别人收到的不一样，他就会有意见，不像其他人的注浆产品或者一些比较规范的定制，一下可以生产很多很规则的产品，那些人的销售就会比较简单，可以马上在淘宝售卖。当时也有一些专门做淘宝的客户，他们过来找我们谈，我做的这种手工东西在谈销售细节的时候就会很麻烦，谈着谈着就发现原来谈不下去，只能换一些产品，就是做一些可以符合淘宝销售要求的产品。也有这样一批人，发现可能做淘宝销售更赚钱，他们就不做陶瓷了，做个中间商觉得更好一点。也有自己开店的，在市区的国贸商场都有，就拿我们的货去卖，在这都是很正常的事情。还有我们的专业是制作陶瓷，销售对我们来说是业余的兼职，只有在一开始没办法的时候才做这些事情。

D：那你觉得你的产品跟别人的不一样的地方在哪？

L：其实也不是不一样。陶瓷这个东西，可能在感觉上大同小异，只是说你可能会有一些自己的造型，一些自己的画面，然后加一点自己的想法在里面，通过星期六摆摊，发现每家每户同类型的东西大体差不多，常感觉有类似的。最早的时候我们帮别人做过一些其他人的货，但是有人就会说你的产品设计感觉会影响他们销售，其实我可能觉得这样好看就会这样做，你觉得这样不好看就不这样做，没有什么特别的不同或者是特点。

D：那你们在做产品创新的时候，有没有固定的设计思路？

L：也没有特别固定的思路，有时候就是多看一下别人的产品。一开始的时候和现在的想法完全不一样。因为最早的时候，你会急着把产品换成钱，就容易接受客户的意见，有客户觉得这个能再大点，或再薄一点，或画得再细致一点，这样慢慢地做出来的产品就会变成比较更符合大家需要的东西，不会特别有个性，毕竟接受

续表

个性的购买人群较少。

D：政府在最开始的时候有没有什么政策补贴？

L：对我们来说好像没什么，因为政府好像不是特别重视创业这一块。补贴什么的对我们来说，一是没听说过，二是听说过也没拿到过，也可能是我们不太关心。虽然也听过相关的信息，但我们最需要扶持的时候是刚毕业的阶段，当时并不知道这些事，反而等过了几年，听说有这些政策了，却不太需要这些帮助了。都已经过了那个最需要的时候，就不见得会再去想这些事了。申请政府补贴好像也挺麻烦的，批文件、写报告也挺耗时间，就越来越不想弄了。

D：除了日常工作之外，你一般的消遣会有些什么？

L：就是玩，比如和朋友吃吃饭、聊聊天、打打牌。景德镇晚上的活动还是比较少。会找一段时间去看展，比如说我们去的文博会、茶博会之类的展览，我们不仅去，还会带自己的产品参展，因为这些是我们销售来源的一部分。

D：那你现在是以销售什么类型的产品为主呢？

L：我这边主要是茶具和香器之类的东西，香炉这些现在做得最多。其他杂七杂八的也多，这么多年下来积累的种类多，反正都有一些在这里，现在销售最多的就是这两种。我们做到现在最主要的就是满足客户的需求，他们要得多我们就做得多，他们要得少一些的东西我们就偶尔做一点点。最早做的那些产品种类，慢慢地不需要了，就淘汰掉。

D：一年之中销售额情况怎样？

L：像现在这个情况，销售业绩比较差，一年的销售额大概就是20万元到30万元。我们这个行业有季节局限性，一般对于我们来说，过完年的3-5月、8-9月，然后就是12月至来年1月份，这几个时间段整个营业额要高一些。其他时间要差一点，包括国庆也差一点。这个地方零售实际上不是特别好，主要是靠那些老客户来买，国庆的时候他们自己也要卖，过来旅游的人不太会来这边买东西。所以说真正旅游的时候生意并不是特别好，大部分销售是以客户订货为主。

D：那你开店的目的是为了什么呢？

L：我们开这个店的目的，其一是为了产品展示，其二是有客户来了我们方便和他们沟通。真正销售特别好的是在其他地方，比如陶艺街或国贸，而雕塑瓷厂这里相对来说要差一点。

D：那你会去那些地方拓展自己的市场吗？

L：目前没有这个想法，因为觉得现在这样就已经很忙了。

D：我知道网络发展比较快，会考虑网上销售吗？

L：现在还没有，就是没事发个微信、发个朋友圈，把做出来的新东西给大家看一下。其他的业务还没有，最主要的就是刚才说的，一是产品不太符合，二是如果后面做的话也不会自己做，会找专门做淘宝的人，他们是专业的，我们把货供给他们，他们来做，因为他们更专业。

2.4 访谈记录

田野调查素材收集					
姓名	钟某	性别	女	职业	陶瓷设计师
籍贯	湖南	年龄	30	所属专业	陶瓷艺术设计
毕业时间	2010 年	创业时间	2009 年	访谈时间	2018 年 1 月 2 日
访谈地点	景德镇雕塑瓷厂（店铺）		毕业学校	景德镇陶瓷大学	
访谈记录（语音转录摘要）					

D：笔者　Z：钟某　Y：严老师（钟某丈夫）

D：最初是怎么接触到陶瓷行业的？

Z：偶然的机会，就是喜欢画画，然后看到有一个学长的工作室能画，就自己也去画，慢慢地就跟着他们一起创业了。

D：我看到你这（登记表）上面写的时间，还没毕业时候就开始创业了？

Z：对，那个时候画瓷板画。

D：那最后让你决定留下来的契机是什么？

Z：乐天陶社的创意集市。

D：如果说一开始赚不到钱，你还会留在这里吗？

Z：难讲。如果赚不到钱，那应该不会留下来了。

D：当初最主要的原因是有一个交易的平台吧？

Z：对。

D：制作陶瓷的相关技术你是从哪里学习的？

Z：自学，也有师傅指点，但没真正拜师。

D：那你大概自学了多久？

Z：就自己摸索，也没有特别去学，就一路摸索着过来。

D：你的产品种类有哪些？

Z：开始是做瓷板画，后面开始做杯子，现在发展到以做茶器和香器为主。

D：那你有没有制作什么大件的东西？

Z：作品类的也有，是比较综合性的。

D：你从瓷板画到杯子再到茶器、香器，产品变换的一个契机是什么？

Z：根据市场需要。做杯子是最简单的，所以入门就开始以杯子为主，然后杯子做得比较成熟了之后，你就想着会去做更复杂一点的东西。

D：那你的产品风格主要以市场为基准，还是说有特定的风格？

Z：有。就像我们之前一直做的青釉产品，我是在产品上画画，我老公就做青釉产品基础造型，就一直稳定这样，然后根据市场的需要来拓宽产品。

D：这个市场需求的信息来源从哪里获得？

Z：自己观察或者自己感兴趣。你的兴趣不可能一直都是喜欢青釉类的产品，观感是会改变的，时间长了也会有审美疲劳。你做的东西多了，会觉得这个东西不好看了，想换换，其实市场也是一阵一阵的，青釉的东西大家也会看疲劳，或者你觉得哪个东西好卖了，你就做这个东西。

D：那你们会不会在集市看到什么东西特别好卖，然后去关注，去做这个？

Z：会，但不会跟它雷同，只是说会有那方面的倾向。比方说现在的大市场就是流行柴烧类的产品，或者这种日式风格比较好卖，按理大家多多少少都会往这方面靠。但是刚有创意集市的时候就不会，那时候什么东西都好卖。现在的市场就比较难做了。

D：那从你创业到现在，你怎么推断划分市场的波动？

Z：初期创业就是摆摊，那个时候产品主要以造型简单的器物为主。做得比较成熟之后，便开始做一些复杂一点的产品。在集市上，大部分人或多或少都会参考一下周边销量比较好的产品类型作为风向标，比如市场上流行柴烧，或者是日式风格的产品比较好卖。在2010年到2013年间，创意市场还是不错的，那时候做什么都可以卖。虽然刚开始做的东西不成熟，但是都有人买。现在不一样了，消费者眼光不同了，大部分从业者做的产品都成熟了，购买者对审美和工艺的要求变得高了，更挑剔了。不管是以前还是现在，最大的价格竞争者仍然是大型的陶瓷厂，他们做的量很大，价格就会比我们便宜很多。以前他们会做一些大罐子，比较廉价，现在也会做一些杯子、碗、茶具等小件，成本会低很多，但是他们并没有更多的创意和想法。

D：那你的销量有没有比较大的波动或者一直比较稳定？

Z：没有大的波动，但是有很明显的变化。以前我们是靠拿货（采购商）为主，就是外地的经销商，但现在拿货反而很少了，现在以少量的零售加拿货。店里就是零售，如果东西利润少的话，拿货量少，就不会做了。有一些东西的利润相对要高一点，但它的技术含量也会高一点，所以那个拿货多少都无所谓。

D：现在网络发展迅速，有没有想过朝网络销售发展呢？

Z：网络销售？有想过，但是没时间弄，因为我们有客户是淘宝开店的，做得很好。因为你一个人兼顾不了那么多，你要么就做生产，要不就做销售。以前合过伙，合伙合不来的，我们这种情商还不够。

D：你的产品会不会过一段时间就不卖这种类型的了？

Z：会，现在青釉类的产品就要停了。

D：为什么呢？为什么还有销量就要停呢？

Z：有啊，也有老客户，但是因为你的风格太多样了，别人会觉得你不专业，然后你的产品太多样了，你也会做得很累。有很多客户这个产品要一点，那个产品要一点，也会很烦，不利于销售和生产。产品一旦分化了就很难赚到钱，而且青釉现在做多了，利润被压得太死。

D：现在还是会有价格竞争吗？

Z：还是会有，尤其跟厂里面的竞争会更激烈。以前做陶瓷的厂，他们也在转型，他们以前是做大批量的，然后他们现在也做这种小东西，而且他们价格就很便宜。就一些小中型的厂，不是那种很有名的，以前他们只是做坯或者做一些大罐子，以前都很廉价的东西，现在也多了一些杯子、盖、碗、壶，他们的成本压缩得很低，但是他们没想法。

D：那你的创意想法是通过看展还是去逛集市获得，或者是其他的方式途径？

Z：书，还有一些国外的青年陶艺家的东西都看，网上找的比较多，还有看杂志图片也不少。

D：那现在是自己做还是有请师傅帮忙？

Z：有请师傅帮忙一起做。

D：是请长期固定的师傅，还是有订单的时候再请师傅呢？

Z：有订单才请师傅。

D：这样划算一点吗？

Z：没有，其实师傅不好养，因为你不同的工序阶段就需要不同的师傅，没有哪个师傅是能一个人搞定所有工序的。

D：那你对这些制作工序都很熟悉吗？都知道哪里会有什么样的师傅，对吗？

Z：差不多。

D：现在店面里的这些产品展示，你有特意地去设计吗？或者说会定期去做一下陈设设计？

Z：偶尔吧，看心情，大格局不会变，除非又想装修了。

D：工作之余你会做些什么？

Z：没有什么，打游戏算不算？看电视算不算？偶尔打牌。

D：会不会去参加三宝的展览或者青年座谈会这些？

Z：不去，没这个方面的兴趣爱好。没时间去关注这些，还要带小孩，哪有空？

D：那你在工作环境之中有没有了解最传统的那些庆典或传统习俗？

Z：没有。

D：政府有没有实施一些帮扶政策？

Z：创业的初期有这样的风声，但没有实施，我们没有享受过。好像能贷款，但是好像去贷款也是很麻烦。

D：那在经营的过程中有没有遇到一些什么问题？

Z：没有。我做生意就是你爱买就买，不爱买拉倒，没有什么特别的。

D：这说明你做的东西还是符合市场的，没有偏离太大。

Z：嗯，对，因为我们也没有去走偏锋，就看哪个符合了再做。我创业的时候还没毕业，就随便做，爱卖不卖，反正有生活费，也就误打误撞。

D：因为我看你画杯子也画了好长一段时间，怎么突然就转去做茶具了？

Z：那个时候就是有一个老师，他需要那个方面的东西，就叫我们做，后面就一直做这个，然后我怀孕了，不能画了，所以才停了。

D：如果现在让你画，你还愿意画吗？

Z：利润空间太小了。

D：以前我看你的东西卖得很便宜啊，二三十块钱。

Z：当时创意集市市场好的时候，一年就能挣十几二十万元，存了几年就把现在的店盘下来了。早期的店面也不是很贵，40多万元就能买下。有了店面之后，由

续表

于人手问题，就不再去参加过多的集市活动。在景德镇买瓷器的人，主要的购买力仍然来自采购商，他们对景德镇产品分布都比较熟悉，一次采购基本上都会走遍这几个点，所以在这有一个销售点后，其他的点也可以不用去了。我身边大部分的人也都是这样的，并且以前长期摆摊，也积累了不少的客户，现在的销售主要就是经营好自己的品牌客户群。

D：那你一年的纯利润是多少？

Z：没算过，反正存了 10 万元。除了开销，一年存 10 万—20 万元差不多。

D：那你现在整个家庭的收入主要靠陶瓷？有没有其他副业？

Z：我没有。

D：一年之中哪几个月的销量最好？

Z：4-5 月份跟 10 月份，这 3 个月是最好的。

D：那是因为这时间段里批货商买的比较多吗？

Z：也不是，4-5 月份是旅游季嘛，10 月份就是'十一'小长假和瓷博会。

D：那瓷博会你有没有参加？

Z：没有。以前参加过一次，但是后面没人帮忙，那个时候我们就只有两个人，又要到乐天摆摊，又要在店里看店。

D：有没有请学生帮忙？

Z：那时候我们东西做得太杂了，不好请，当时产量也低，你不可能同时准备三个地方的货，乐天也卖，店里也卖，还去准备瓷博会的东西。我们就俩人，人手不够，况且那时候生意也还可以。

D：那现在主要是一半批发、一半游客零售？

Z：差不多。

D：这种情况是从哪一年开始的？

Z：去年吧，前年就有苗头。

D：大家买陶瓷是送礼的比较多还是怎样？

Z：对，现在的礼品公司大部分把这一块给斩断了。

D：我看以前很火的首饰好像没多少人在做了。

Z：但是他们有一些卖得好的还是在做的，张老板（相识的另一位创业者）不就一直在做首饰吗？

D：对，刚好你们几家还都不一样，你们就专门做这些嘛。那田老板（相识的另一位创业者）是做的哪一块？

Z：田老板也是做茶具类的东西，也是这些，但是风格不一样。

D：这样看来，这地方做茶具类的比较多？

Z：就这条街做茶具类的比较多。

D：雕塑瓷厂好像也是，我采访的几家也是做茶具、香炉的，然后还有一些个性化的餐具和一些小碟子。

（第二次采访）

续表

D：其实我当初有个朋友想创业，我说，景德镇要想发展的话得征税，你们这里工作室或作坊不打税吗？

Y：不打税。

D：一个城市发展还是要靠税收吧。通常像你们这种创业者不需要缴税吗？

Y：其实他们做得大的企业还是要缴税，我们做得不大，才3万块钱，应该不用缴税，而且订单根本就控制不了。

D：这些产品是怎么确定价位的呢？

Y：自己定吧。比如隔壁卖柴窑产品的，他们是一个很大的团队，别看他店就这么大，很大的团队在后面炒作，炒作附加值，一个坯的话，也就100块钱以内，加上画工，也就100块，那也就200元了，然后卖1000元。

D：卖1000元？太厉害了。

Y：但要我们就不会去做这些东西，因为你没有那么多资金去压。你压100个杯子就要很多钱，光成本就很多钱。然后还有壶的成本就更高了。如果你要产品做全的话，就要投很多钱进去。像那些汝窑的东西，他们都是玩噱头，然后也要有一个财力支持，要有人出资。

D：对啊，我看到电视上有一个人仿官窑，他们在那里做，做得不好就砸，就这个样子。

Y：你看崔老板，刚开始的作品还摆那里。

D：也在这边开店吗？

Y：卖给朱某了，朱老师的店，也就前段时间卖的。

D：他主要做什么？

Y：他主要是做那种重手工的东西，就是标准化的重手工，跟隔壁差不多，价钱卖得也很高。刚开始还好，现在也不行了，好像是说合伙人撤资了还是什么。

D：看来维系这些东西还是要充足的资金。

Y：他们开销也大，有钱就乱花。你看崔老板，苹果出新机，还没上市他就拿到了。他三宝那个房子也是他自己的，都是按照最好的标准去装，钱是赚到了，可能花得也差不多了。

D：像旁边比较大的店，他们一般做要多少？

Y：这个不知道。像宝时琳（某品牌）的话，他们8个股东，最少都是200万元的，最多的好像有800万元，就好几千万元。都是外地老板投资的，到处开店，店面租金也很高。

D：陶溪川这些店不要钱吧？

Y：第一年不要钱。

D：其实我看见很多人除了卖陶瓷，还卖一些衍生品，比如茶雕之类的。

Y：朱老板就是卖这种小布袋子，他主营就是这个，靠这个小东西发了。

D：对，还有卖什么盒子、锦盒这一条产业链的东西。

Y：锦盒的话其实还好。锦盒他们一般发到深圳去做，那边比较便宜一点。

D：现在有请店员吗？

Y：请店员？之前我们请过一段时间，没效果。

D：他对产品不熟悉吗？

Y：对，他根本不懂这个东西是怎么来的。我觉得最近这几届毕业设计做得还可以的，比我们那时候真的是好很多，现在很多学生还没毕业就开始开工作室做东西了。

D：现在主要是技术各个方面都上来了，他们现在做东西比以前好做很多。以前我记得就那么几家模具厂，现在你看，那一条街都是。那时候我们找模型厂还不知道找谁做呢，这介绍那介绍的。

Y：现在新区那边窑都多起来了，以前多不方便，都要跑这边来烧。

D：那边烧的成品好不好？

Y：其实差不多的，它只是一些特定的釉色比较难烧，对窑温、升温曲线这些要求高的就难烧一点，其他都好烧，就算烧得不到位也能看，是吧。我们卖几百块钱几十块钱的东西，相对要求不会那么高。

D：他们不是说烧传统的东西要抢窑位？

Y：嗯，那种无光白，然后红色的釉，难烧的他们需要特定的窑位。

D：上次我那朋友包了一窑，然后烧了不发色，他就重烧。

Y：跟窑的结构也有好多关系，有些做红釉的人，他的窑跟普通的窑不太一样，就专门做一个窑烧红釉的。

D：听说你也打算自己去建一个窑？烧窑应该很好学吧？

Y：嗯，好学，有专门的师傅，隔段时间去看看，省事一点。

D：还是电窑好一点。

Y：但是电窑烧不出什么东西。我买了一个电窑，很多釉烧不出来。

D：化学变化就这样。

Y：对，它只有氧化，不还原的。

2.5 访谈记录

田野调查素材收集							
姓名	木某	性别	女	职业	陶瓷创业		
籍贯	河南	年龄	23	所属专业	服装设计		
毕业时间	2016年	创业时间	2017年	访谈时间	2017年9月20日 2017年11月20日		
访谈地点	景德镇雕塑瓷厂（店铺）		毕业学校	西安文理学院			
访谈记录（语音转录摘要）							

D：笔者　M：木某

第一次访谈

D：请问是什么吸引你到景德镇来创业的？

M：我本来是做服装设计的，但是服装设计不好挣钱，还是做这个比较顺手，一开始一个人就可以完成很多事情。

D：一开始接触陶瓷是参加陶艺班还是其他的方式？

M：我们学校有这个公共艺术专业，就是前面两年学设计，后面两年你可以学纤维，也可以学陶艺。但是后来发现就我一个人报了纤维，所以没有开课，就学陶艺了。

D：我还以为你是专门做服装设计的。

M：兴趣爱好吧，其实我做服装设计比陶艺做得好。

D：有人推荐你来这边的吗？

M：没有，自己觉得除了景德镇没有哪个地方做手工陶瓷比较适合。做创意类还有市集类的，就这个地方最好。家在河北那边，不太想回去。

D：我知道除了景德镇应该还有很多陶瓷产业区域吧？

M：但这边年轻人多，条件好，主要是去年来的时候就觉得这边条件还是挺好的，然后当时就想：大四毕业了，没地方去就在这。到这边已经两个月了。

D：那你的产品有在销售吗？

M：没有，这个月刚做好，然后申请了下个月的陶溪川，名单要下个月公布。

D：为什么不在这边的乐天摆摊呢？

M：乐天的要求很高，摆摊人做的产品要有特点且工艺完善，然后设计感强，价位也高，所以他们的台阶比较高。像明清园那边，基本上就是你申请了卖什么都行，而陶溪川那边就是你自己做的东西，然后拿去拍照片申请，觉得可以就可以，而且陶溪川那边没有摊位费，交个押金就可以。

D：这几个地方可能乐天是租金最高的地方了？

M：但它的条件好，只是台阶太高了。

D：你来这边的时候有做什么规划吗？

M：没有太多的规划，觉得做自己擅长做的事就好。到周围的市场逛一逛，觉得自己适合做哪一方面，给自己稍微定位一下。同时也做很多不同类别的尝试，然后感觉自己对哪一方面还可以，就往哪一方面去做。

D：那你现在主要做的是哪一方面？

M：做手捏的，然后简单彩绘一下，画那个陶瓷画片，主要喜欢几何形，自己看了感觉漂亮就行了。

D：你做的这些东西和这边传统的东西还是会有很大的不同。

M：传统的拼不过人家，都说是传统，肯定有历史，说不定还有家族传承。人家都拜师傅，从小学到大，拼不过人家，而且干吗要拿自己的短处去拼别人的长处，对吧？

D：那你会考虑去学习传统的工艺吗？

M：还是会尝试接受一些，就是你可以办到的部分，然后融合一下，不一定要像别人一样，画那么难的纹饰，别人都是从小画到老。这边都是拉坯就拉坯，修坯就修坯，要一个人从头完全到尾得找一个适合自己的办法。服装和陶瓷是不一样的，就是你做衣服的灵感由于材质是布料比较柔软，你怎么弄都没关系。陶瓷是一个非常脆弱的东西，每一个环节不像画画那样你画好了就好了，就算画好了烧后也可能就坏掉了，挺考验心理素质的。所以我的心态特别好，画坏一个真的没关系，说不定烧出来以后它也是坏的。

D：据你了解，你们学校过来的人多吗？

M：我是我们班最有魄力的，我还把我男朋友也带过来了。我男友是广西的，他是那种比女生做东西还要细致的人，所以他做的东西和我做的东西不是一个类型，我比较粗犷一些。他在老厂那边，我们工作室是分开的，我家人也在这。

D：你怎么会想到把家人接来呢？

M：家人非要过来的，但是我觉得没有自由，所以我每天都在这待着，比较自由。

D：那你的设计灵感通常是从哪里获得？

M：主要看自己心情，做现在这样的类型肯定是因为这个相对来说还是能做才会去做这个，而且像灵感这个东西，我认为就是选颜色，也就是先感受一下，然后决定用哪几个颜色。因为你最后的东西让人第一眼的感觉还可以，看得过去，然后别人觉得这个颜色挺好看，就会过去看。最后才考虑这个东西实不实用、会不会买。我觉得其实别人看的就是一个颜色，我是个比较感性、不是特别理性的人。我现在主流就是做感性的东西，你做的只要跟别人不一样，消费者又喜欢，就能卖到钱。

第二次访谈

D：感觉比上次的产品丰富很多。

M：现在不想做之前的那些了，觉得做那些好无聊，有些不太适应。

D：那你现在准备往哪个方向发展呢？

M：现在打算做带有肌理的盘子、碗，借助一些石膏模具。

D：你现在的产品销量还好吗？

M：反正我现在没有存货，个人做的量也不是特别大，除了给有订货的做以外，散卖很快就卖完了。现在主要在陶溪川，就是星期六开设的摊位。

D：那你生意还是不错的。

续表

M：量不大，价格也卖不上去，一个盘子也就 45 元或 55 元，然后像人家有拿货的就相对会便宜一点，35 元或 40 元，看大小。

D：我看你的产品都是偏小的器型。

M：这里每个创业者初期都有一个通病，就是一开始的东西都会做得很小，然后慢慢地就是被人反映说东西太小了、不太实用，然后慢慢就会做越来越大，价格也就越来越高，卖的量反而越来越少。所以说做一些小东西，如果说它的功能性能解决的话，应该也挺好卖的。

D：你这种销售状态有多久了？

M：三四个月了，销量都差不多，但是捏得就越来越快了，工作室从空的发展到现在堆满了，可能还需要增加一些架子。暂时不会换地方，但是可能会再租一间离我近的。

D：这边租金贵不贵？

M：不便宜啊，我租这个房子的时候是毛坯的，电线也都是新接的，墙也是我刷的，本来是 600 元，房东比较好说话，550 元就租了。大些的工作室都要几千元，像我这种装修好的，基本都要 700 元到 800 元才能租下来。因为雕塑瓷厂是个好地方，这里制作产品资源更丰富，如果在这边申请乐天集市摆摊的话就好近。

D：那乐天和陶溪川的区别在哪？

M：现在它俩的区别是这样的：乐天的要求会更细、更高一点，陶溪川那边看你只要能和别人做出来稍微不一样的东西，一般就能申请上，但是那边不要摊位费，那边摊位会更多一些，逛的人可能会逛得更久，产品在那边也挺好卖的。像在乐天的话可能就是能把价格卖上去，它们走一个、两个或者是一上午走了四五件东西，可能比我们一整天都要好。它们卖一个杯子一个盘子啊，一般都 100 多元，它们摊位费一上午就要 200 元，它们是分区域的，a 区 b 区，然后其中一个区是 100 元，另一个区是 200 元。陶溪川不要钱，它们是政府资助的，算是赶上好时候了。

D：你男朋友现在的工作在哪呢？

M：我男朋友在老厂那边，他现在不做纸鹤了，也做手捏的产品了，他发现没有我卖得好。因为像现在一个星期稳定下来，至少每个星期能卖 600 元。他有的时候赚 50 元，有的时候赚 100 元，还没我稳定，有时候他赚 50 元我就赚了 600 元，一般他赚 100 元的时候我就破千了。

D：那你在这儿稳定下来了吗？买房了吗？

M：没有，我才刚开，不想给自己太大压力。

D：我发现这边有个现象，创业者一般都是男女朋友或者是夫妻的比较多。

M：一个人来，基本上就要分手了，而且两个人一起在这边可能会有动力吧，就会觉得说不是特别的孤单。你一个人好孤单，有男朋友的最大好处就是帮忙买泥。女生一般不会一个人来，男生有的有，但是他们也会叫朋友一起来。

D：你们学校就你自己来吗？

M：现在没有，明年就会有人来了，他们被我感动到了。他们发现他们在城市里面要死要活的还没有我在这边轻轻松松一个月过得好。比如说他们在厂里面的要求他今天得做 100 个，他们就要做 100 个，做 100 个、做 1000 个都是一个价，好像部分他们是有提成的，但是你自己做的附加值都是你的。下一届会来两个，这是我知道的，但是我这届没有任何一个人想来的，他们看到我非常有魄力的一面。

　　D：你男朋友当时愿意过来吗？

　　M：他是被我劝过来的，我说你去别的地方也不一定过得很好，不如来这边，轻轻松松，房租也不会很贵，其他地方的房租好贵。

　　D：你还有认识在这创业的其他人吗？

　　M：大部分是陶院毕业的学生，都做得挺好的。在这边的话，还认识一个女生，她画的是白色底上面有黑色图案的那个（指向一个杯子），当时我看这个杯子觉得挺搞笑的，不是造型搞笑而是她的做法，她弄了个压坯的造型，然后拿回去修，之后她画完后还刻。她这个图案其实很值钱，就因为是个压坯的，她再怎么修里面还是一个压坯的。它的价格就是卖不上去，它不完全属于纯手工，它们每一个长得都是一样的，就像一个杯子，你捏一个能卖 30 元，你画一个只能卖 15 元。

2.6 访谈记录

田野调查素材收集

姓名	张某	性别	男	职业	设计师
籍贯	内蒙古	年龄	32	所属专业	陶瓷艺术设计
毕业时间	2010年	创业时间	2008年	访谈时间	2017年11月21日
访谈地点	景德镇雕塑瓷厂（店铺）	毕业学校		景德镇陶瓷大学	

访谈记录（语音转录摘要）

D：笔者　Z：张某

D：最开始你怎么接触到陶瓷这个行业的？

Z：最开始来到景德镇，是在学校里接触的。

D：你所学的专业是陶瓷设计，是什么驱使你最后留下来在景德镇创业的？

Z：最早刚开始就是觉得好玩，喜欢这个东西，刚开始慢慢自己做，然后觉得不错，还可以带来收入。

D：在大学的时候就已经开始做这些东西了？

Z：对。大二就开始了。

D：最开始经销的场所在哪？

Z：摆摊。

D：记得雕塑瓷厂刚开始有乐天陶社的时候，做首饰的人非常多，然后到现在还在销售的也不超过10家了，这一路下来有没有什么可以分享的？

Z：一定要坚持原创、坚持质量。这两点做到以后就可以坚持下去，肯定不会被淘汰。我们都是不停地出新款，刺激客户，没有一款降价的，降价的话就直接淘汰掉了。

D：那你的灵感来源呢？

Z：也不一定，有时候好玩，看到一个东西突然就产生了想法。有的时候看到了别的好看的饰品，就会和陶瓷结合一下，产生新的灵感。

D：有没有去参展？

Z：没有，没有这个想法。

D：从来没有？瓷博会去过没？

Z：去过，去过几次，大概有四次。

D：也挺多的，后来怎么不去了？

Z：刚开始去了，生意都还可以，接触了不少新客户。后来客户越来越少，就没去了。

D：那这些客户后来是成为你的老客户还是消失了？

Z：有留下来的，有的消失了。

D：是不是前几年陶瓷比较火爆，来景德镇的客户人流量比较大，但是后来就少了？

Z：前两年有人每个月来两次，到后面一年来两次或一年来一次，他们来的时间越长越觉得没意思，就不来了。

续表

D：那你和客户沟通一般是以什么形式交流？

Z：出了新品直接微信发图片，告诉他们就可以了。

D：最开始相关的制瓷技术是从哪里学到的？

Z：学校里学一点，看别人做学一点，自己再研究一下。

D：这个学习过程大概有多久？

Z：应该有两年左右。

D：两年之后东西慢慢成型了，开始自己摸索了，是吗？

Z：对。

D：你们有哪些创新产品种类？有没有固定的？

Z：不固定的，什么材质都可以尝试，各种风格都可以尝试，只要是和首饰相关的，没有特定要求。

D：为什么没想过做除首饰外其他种类的产品？

Z：第一销量不是特别好，第二客户是专供饰品这一块的，别的产品客户没有需求，因为大部分客户都在旅游区开店要销售饰品。

D：那有没有客户提出要特别定制的产品？

Z：有要私人定制的。

D：直接就把图发给你？

Z：对，然后有些需要改动的就互相沟通一下。

D：这个店一个月租金多少？

Z：5000元，最近几年还比较稳定。

D：刚开始的时候多少？

Z：刚开始的时候1000多元，最早的是1800元，那是前面的店。现在是换的第三个店，后来涨到3000多元，现在5000元。

D：刚刚创业的时候是没有工作室的吧？

Z：对。

D：工作室开了多久后才有开店的想法？

Z：两年多。

D：是什么让你觉得你需要开店去展示呢？

Z：有时候因为摆摊只有周六和周日，平时是没有客户的。开店以后，平时游客或客户都可以过来，可以更好地体验产品。有时候东西太多摆摊展示也不全面，需要店面来展示。

D：那你有没有想过在陶溪川再开一间店面？

Z：想过，但现在没有店面了，等二期开始应该会开一间。

D：这里的产品展示会定期更换还是基本上就固定下来了？

Z：不一定，如果好卖一点的，就会放到主要位置，如果不好卖就淘汰下来，现在会变动。

D：大格局不会变吧？

Z：大格局应该一两年不会变，除非下次装修应该会改动一点。

D：开始的时候产品应该是你自己做，到了什么时候你开始跟别人合作？因为这个饰品的需求量应该很大。

Z：请工人也只是做初稿，后面还都是我们自己把关。

D：现在也是？

Z：对，现在也是。像一些泥活，就是工人做，我们就出一下坯，后面一些成型加工，都是我们自己做得多。

D：那你的工作时间怎么安排？

Z：大部分时间我不在店里，一般是我妻子在店里。

D：在这里创业的人大部分是不是都是两口子？

Z：一个人就只能请人，不好做，忙不过来。

D：如果是一个人创业，一般会请家人来帮忙吗？

Z：有很多，把自己家人请过来的好多。

D：那你平时除了工作之外，休息的时候会做什么呢？

Z：休息的时候很少，在店里就属于休息的状态。

D：那你一天工作几个小时？

Z：时间都不准，但也比较自由。比如说 9 点多起来到 12 点，也就两三个小时，但晚上加班时间长一点，都在 11 点以后。

D：那现在的工作环境会接触到一些陶瓷行业的传统习俗吗？

Z：有，就现在做老瓷件这块就接触到了一些传统的东西，了解了历史和各个朝代的工艺。

D：你现在除了做实体店的陶瓷销售，还有别的销售方式吗？

Z：有，微商。

D：你有开淘宝店吗？

Z：淘宝不开，微商是有好多客户在卖。淘宝容易被人仿制，做原创的话不好弄，而且淘宝网的价格比较乱，卖得太贵他们好像接受不了，太便宜了又不划算，我还要保护实体店销售的客户利益。

D：零售销售额占你们的整体销售的多少？

Z：五分之二，批发为主。

D：你觉得从 2008 年到现在，市场经济环境怎么样？

Z：现在经济比较萧条。

D：那你觉得哪几年卖得比较好？

Z：2008 年到 2012 年。

D：那个时候是不是供不应求？

Z：对，那会儿做的人少，饰品种类也特别少。现在做的人多了，市场也不好。

D：当时有没有想过，在市场特别好的时候扩大规模？

Z：没有。

D：现在你们经营到这种规模了，有没有考虑扩大做一个中小型的作坊？

Z：有考虑过。

D：现在你还会去参加集市吗？

Z：现在不参加。

D：为什么不参加集市。不是可以增加客户吗？

Z：因为没有时间和精力。

D：有没有想过请人来帮忙？

Z：没有，客户这一块需要自己亲自接触，因为价格别人是谈不拢的。客户需求量大的话，价格放不到底线，他没办法接。

D：我发现你们不少产品都开始和银饰结合了。

Z：对，开始做高端的了，低端产品没有市场，现在不是随便一个饰品都可以戴的，要材质好还要好看。

D：你觉得购买的客户这几年来有什么变化？

Z：就是不像以前那样，随便买的东西都戴身上。现在要求质量，价格只要合理就可以，所谓的价格合理就是50元以上300元以下的都还好销售。

D：他们的审美水平是不是在提高？

Z：比以前提高了好多，一般东西都入不了眼，几块钱的他们现在都不看了。以前他们卖得特别多，一下卖几千条几万条都有可能。现在都不做了，都开始卖好一点的产品了。

D：最近几年新客户多不多？

Z：新客户多，好多人都在不断地开新店，还有的过来逛一逛，发现商机拿一批货的也有。

D：那边卖茶具的商家就说新客户少、老客户多。

Z：对，他们做老客户。

D：是不是因为景德镇这边卖茶具的特别多？

Z：也不是，买茶具的也就那点人，不像饰品都是新的，它有那个极限。你看饰品，饰品店卖也可以，商场也可以。茶具的话好难，只有卖茶叶的店里面可以卖一点。

D：外国人来的多不多？

Z：现在好少，前几年多。

D：觉得陶溪川开了之后对你影响大吗？

Z：这边影响不大，因为这条街是以批发为主，陶溪川是以旅游为主。买东西都会来这条街，这条街批发的很多，客户还是比较多的，拿货的都会来这条街，买这些小东西的都会来这条街，不管哪个地方来的批发商都会来这里。

D：你了解的景德镇在做首饰的还有多少家？

Z：这个我还真不了解，好的我知道有四五家，做便宜货的就不知道了。做便宜货的乱七八糟可多了，现在都倒闭了好多。以前生意好火爆的，一年估计几十万元、几百万元都有，现在都不行了。

D：说到款式，会不会有抄袭的现象？

Z：有好多，不是一家两家，有的绳子都抄袭。

D：那你是怎么处理的呢？

Z：只能往前改啊，再出新的。

D：你出新品的频率高吗？

Z：不一定，有时候一个月出十几款。还有些经典的产品，比如大三做的那款7

年了，到现在还是很经典，一直卖得还很好。前几年仿的人多，这几年没有人做了。

D：为什么没人做了？

Z：因为他们做的都卖不下去，质量不在那，味道不在那。

D：有没有什么器型是你烧得出来他们烧不出来的？

Z：有啊，像那种卷的，都要亲自捏，别人捏不起来，即使捏起来都是裂的。

D：区别是经验吗？

Z：对啊，时间上要把握住。

D：你会不会做的时候额外加点特殊的秘方？

Z：有些会加一点东西，要调试，要有自己的特色。以前要求低，现在要求高了，还要便宜。

D：你这里客源看起来还是比较多的。

Z：还好，因为销售定位在 35 岁以上偏多，年轻人少，在这里消费群体都比较有钱。

D：那你产品定位就定位在 35 岁以上？

Z：对，年轻人虽然销量大，但价位上不去。

D：你这个微商做得还行吗？

Z：还可以，都是老客户，买了以后都会再买。

D：你们工作的时候有没有说要固定几点上班？

Z：没有，想几点来就几点来，大多是 9 点多营业，这两天天气冷就 12 点来。

D：销量最好的时候是哪几个月？

Z：销量最好的时候是国庆的时候，每个月都差不多，国庆节来说还可以。年后从 3 月份开始就好一点。现在这个季节所有行业销售都是淡季。

D：一般你们存货多不多？

Z：不多，都不存货，都是卖现货，因为做不了那么多。

D：一个月销售额大概有多少？

Z：应该有 10 来万元。

D：那你可以考虑换个更大的店铺了。

Z：不好换，现在一个店租金 5000 元，还有工人要发工资，工作室、作坊那些都要钱，还有房贷每个月 1 万多元，去掉成本，开销也还是很大，也就比上班强一点。

2.7 访谈记录

田野调查素材收集					
姓名	高某	性别	男	职业	自由创业
籍贯	辽宁	年龄	24	所属专业	环境雕塑
毕业时间	2016 年	创业时间	2016 年	访谈时间	2017 年 11 月 23 日
访谈地点	景德镇雕塑瓷厂（店铺）		毕业学校	景德镇陶瓷大学	
访谈记录（语音转录摘要）					

D: 笔者　G: 高某

D: 你是怎么接触到陶瓷这个行业的？

G: 最初的接触是来到这里上学的时候，大学就是这个专业，觉得这里陶瓷市场还不错。

D: 我看你不是本地人，你是毕业后决定留在这里创业的吗？

G: 对。

D: 毕业之后是什么样的契机让你决定扎根在景德镇发展？

G: 主要是学雕塑专业在景德镇有一个非常有利的条件就是做陶瓷，如果我回老家东北的话，就没法做陶瓷了，局限性很大，所以就决定做下去，因为景德镇是一个很方便创作的地方。

D: 雕塑的话我知道有个公共艺术雕塑方向，为什么你不去那些大城市做呢？

G: 去了其他城市做陶瓷雕塑就会有局限性，因为雕塑用到的材料很多，在景德镇都可以做。但是去了其他城市就不可以做陶瓷雕塑了。

D: 那陶瓷制作的相关技术你是从哪学的呢？

G: 在上学的时候学到的，上学的时候有了一个初步的了解，毕业之后在外面跟师傅、跟学长学。

D: 跟师傅学大概了多久？

G: 将近一年。

D: 这师傅你是怎么认识的呢？

G: 通过朋友介绍，然后去找师傅做东西，熟了之后就给师傅打下手。

D: 那你拜师学艺的话有没有交培训费？

G: 没有，边打下手边学。

D: 你是怎么离开师傅自己创业的？

G: 跟师傅更多像朋友的关系，不像老师的关系。

D: 这边工作室的产品类型主要有哪些？

G: 现在我们工作室产品类型就是雕塑和茶具。

D: 雕塑就是我看的这些人物类，是吗？

G: 对。

D: 看造型还是偏佛像。

G: 刚开始创业的时候就是做佛像这一类的，现在慢慢地转向摆件一类。

D：那你觉得你的产品跟同类产品的区别在哪里？

G：区别在于像我们这种刚毕业的学生，唯一的优势就是创新比较快．这边设计主要还是看市场趋势，比如明年是狗年，就会做一些狗类造型的雕塑，还有茶具上设计一些新的花面。

D：那你是怎么去判断这个市场的？会不会去看周围人在做什么或者是客户会给你提供意见？

G：都有。

D：那你产品的创新思路来源是如何获得的？

G：平时在工作室会看一些数据，感觉哪个图片不错就会拿来改进。还有平时做东西的时候会突然有想法，马上就做出来。

D：那收集网络上的资料多不多？

G：主要是网络，因为现在的网络普及率比较高，数据还蛮多的。

D：那你的销售形式是工作室还是实体店？

G：工作室，现在还没有实体店。实体店的话开销比较大，在景德镇实体店还是蛮贵的，像在陶艺街那边实体店一个月租金要4000元左右。

D：那网上有没有开店？

G：刚开始的时候做过淘宝，但是淘宝销售效果不是特别明显，而且做淘宝花费的时间挺多的。

D：就只是时间多，是吗？

G：对，现在我们工作室三个人，一个平时有事情，还有一个在上学，像我这边还要负责生产和制作这些事情，没有时间去弄淘宝。

D：那没尝试去做微商吗？

G：微商要有耐心，我们做的产品都会发在朋友圈里，主要是固定的老客户。

D：最开始你们如何去销售？

G：摆摊，参加乐天集市、陶溪川集市之类的。

D：陶溪川好像租店面是免费的吧？

G：店面要钱的，邑空间里面不要钱的，但是要申请。

D：那你们可以去那边，不是吗？

G：对，有打算去那边。

D：那你们产品的制作是请师傅做还是自己做？

G：都有，我在工作室就做设计，做出最开始的原始模具，后面量产就找师傅，还有一些纯手工的茶具也是找师傅，在景德镇这个资源很丰富。

D：那你在这边创业的话，家人有什么看法？

G：家里既不支持也不反对，像我家里就我一个，离这也比较远。家里有段时间也想让我回去，但是我觉得既然创业了就想多努力。我知道创业是比较难走的，有时候就怕没有稳定的收入，毕竟年纪大了也会考虑成家这方面的问题。

D：那除了日常的工作之外你有其他的娱乐活动吗？

G：娱乐活动就是打球或者是跟同学去上网。

续表

D：你之前跟师傅学习的时候，有没有发现制瓷行业特定的习俗或者庆典？

G：多多少少有一些，像曙光路那边的"鬼市"，说价格的时候都是一毛、两毛、一块、两块的，实际成交价格就是乘一百，还有烧窑祭拜窑神。

D：其他的还有没有？

G：这个就不太了解了，现在做陶瓷不像以前了。

D：那你创业的时候政府有没有实际的政策扶持？

G：有扶持贷款的，像大学生创业的，说大学生毕业五年之内自己进行创业的，政府会给5000元的补贴，还有小额贷款，3万元5万元的，是免息的。

D：政府不是直接资助你一笔资金？

G：那倒没有。

D：开始创业到现在有遇到什么问题吗？

G：自己有一段时间的迷茫期，像上学的时候接触的都是学生，毕业之后要面临如何面对顾客，然后把自己的产品推销出去。有段时间自己的产品卖不出去，当时没有收入来源，心情很容易烦躁，但是每到这时候想去兼职或者做其他的事情，产品反而又卖出去了。

D：产品销售的渠道，除了摆摊之外还有没有其他的途径？

G：还有我们接单认识的一些朋友会帮忙互相推销。

D：那你现在销售范围主要会销往哪些地方？

G：苏浙沪为主，好多人从那边提货，还有安徽的一个茶市、南昌的一个茶城。雕塑类的话比较散，摆摊的时候没有固定地方的消费人群。

D：那你现在的经济来源除了做陶瓷，还有没有其他工作？

G：刚开始毕业的时候老师给我找了一个工作，在陶溪川，做了一个月，感觉没办法兼顾，后来就选择了待在工作室，现在主要收入就是来自创业这块。

D：你们工作室一年的销售什么时候比较好？

G：比较好的时候都是下半年到下一年的年初，像现在每个月都有单子做。到了年底会接学生的毕业设计制作，不过这个周期比较长，从年底确定题目到明年5月毕业才结束。

D：那他们做毕业设计的话，一单的价格大概是多少？

G：平均的话5000元到7000元之间。

D：专门做毕设的人多不多？

G：很多，像师傅们都会做，留下来继续创业的人也会做。

D：现在你们工作室租金是多少？

G：现在我们是1000元一个月。

D：你们工作室一年销售额大概有多少？

G：也不是特别稳定，每个月多的话两三万元左右，少的话就几千元。

D：那你创业到现在应该是一个慢慢上升的过程吧。

G：对。

D：会不会参考别人同类型的作品？

G：多多少少会一点。
D：你们产品是游客买得多还是批发商买得多？
G：批发吧，游客相对少一点。
D：你可以大概介绍一下景德镇哪些地方是做什么产品种类的吗？
G：里村老鸭滩那边专门做瓷板；做雕塑的话在雕塑瓷厂那边；翻模具在这边也有，在602所（往三宝那走）也有，而且做模具类的师傅都会做雕塑类的模种，杯子类、茶具类的都会做；像樊家井那边是做仿古的；拉大件的去老厂，或者去唐家坞（现在唐家坞在改建）；注浆的大器型老厂有一部分，602所三宝那边也有。

2.8 访谈记录

田野调查素材收集					
姓名	张某	性别	女	职业	陶瓷创业
籍贯	江西	年龄	24	所属专业	陶瓷艺术设计
毕业时间	2016 年	创业时间	2016 年	访谈时间	2017 年 11 月 23 日
访谈地点	老厂（工作室）		毕业学校	景德镇陶瓷大学	
访谈记录（语音转录摘要）					

D: 笔者　Z: 张某

D: 我看你的专业是陶瓷艺术设计，那你对陶瓷艺术的了解除了在学校，还有什么机会能接触到？

Z: 因为我本身是景德镇人，然后我小姨他们家是开小作坊的，自然而然地就会接触到，但是他们做的都是传统的仿古陶瓷。

D: 那关于陶瓷的相关技术是从哪里学习到的呢？

Z: 嗯，虽然一直生活在景德镇，但是真正了解陶瓷还是从大学本科课程开始，然后才慢慢打算从事这方面的职业，就会问问家里比较有经验的人，或者是雕塑老厂的师傅。

D: 你家里面有人是从事这一行业，对吗？

Z: 我小姨和我姨父他们就是主要做这行。

D: 然后你就跟他们去学？

Z: 也没有特意去学，因为有好多技能就包含在陶瓷创造的实际操作过程中。家人不需要说太多内容给你听，完全展示出那个过程你就能学到，也可能只是给你说一个经验知识点，但那经验知识就很重要。

D: 你是有个比较特殊的一个家庭的环境，一般外面的人学，师傅会不会不将技艺外传？

Z: 得看这个外人是不是陶大的陶瓷专业或者非陶瓷专业的。因为如果本科四年都是在这边学习，然后确实对陶瓷有兴趣，他自己会去认识很多从事这一行业的手艺人或者是老师傅，也会学习到很多。我经常会从一些老师傅那学习到很多经验，特别是我男朋友，他从当地师傅那得到的经验特别多，因为他的毕业设计是在老厂的一个老师傅帮助下完成的，当他做完的时候，他说他最大的感悟可能就是做这毕设的半个月，比他在大学四年学的还要多。其实那些老师傅很愿意分享，他们没有说要把这个技术藏起来，没有这个情况。

D: 那你做的产品主要是哪些类型呢？

Z: 我主要做的是青花类的，然后是那种创意瓷偏多。大致类型是日常使用的餐饮具，还有就是一些花器"软装"，主要还是做日常餐饮具。

D: "软装"，你的定义就是陈设瓷之类，是吗？

Z: 陈设和花器。

D: 你觉得你的产品相对于其他同类产品的不同点和创新点在哪？

Z: 我们就是把传统青花绘画现代创意化，这可能是我们产品和别人最大的不同吧。如很多客人第一眼看到我的产品时，因为满桌全都是蓝色，就会立马联想到

续表

青花；特别是外地来的人不太懂，但是他也知道青花瓷，对于青花瓷的定义就是蓝颜色画的陶瓷。因此，当他看到蓝色的陶瓷产品，就会问：这是青花吗？怎么青花还可以做成这样？因为在电视里包括在书籍上看到的青花都是那种缠枝的莲花呀，或者是一个很传统的中国纹样的图案，然后再看见我们这样的设计和画面不一样了。比如说我们的产品有那种几何图形，如圆形、三角形的，把青花的分水用另外一种形式展现出来，这样古法今用的方式也可以让他觉得有一点创新的感觉，有不一样的味道。

D：那你真正开始创业是什么时候？

Z：本来想大学的时候开始做，但是那个时候玩心比较重，毕业之后才慢慢地开始对自己未来的职业有一些规划，然后再开始创业。我是2016年6月毕业的，但是真正开始上手是9月，说真正开始上手是因为6月一毕业我就尝试开工作室了。但是那三个月是处于毕业的迷茫期，什么都不懂，尝试着做了三个月，好像就只做了一堆垃圾出来，工作室从9月开始才真正有了起色。

D：那这些产品的创意设计的灵感，来源于哪里？

Z：我们工作室最开始做的产品是动物类，你看我做的很多东西就是猫咪的造型，最直接的原因是因为自己本身很喜欢猫，家里、工作室里都有猫，然后做的东西多多少少都会受到影响。创业初期不知道其他人怎么样，但对于刚大学毕业的我，那个时候就很着急，因为毕业了会面临很多压力，所以就很想赚钱。那个时候有一段时间很着急地在想，我做什么才可以最快速地赚到钱？这个问题就是前三个月我主要在寻找的答案。但是过了那三个月之后开始了一段时间的冷静期，就会往一个反的方向去重新想这个问题，到底怎么样才能把自己的利益和喜欢的东西结合，就算不会完全融合，但是至少不会太冲突。然后慢慢地就好像找到了一点点对的路子，但现在也还是在摸索中。

D：你会从网络书籍上来寻找灵感吗？

Z：肯定会的，因为其实你得多看一点东西，才能够积累一定的素材。有相当一部分灵感是源于网上的一些艺术家的创作给我的启示，之后慢慢地在做的过程中形成自己的想法。

D：那同行的产品也会去看一看做参考吗？

Z：同行的可能不会，就是过去欣赏一下吧，但是不会参考。

D：销售有实体店吗？

Z：我们在陶溪川有个店，也算实体店。

D：那里就属于是免费租的，对吗？

Z：那边对于我们刚毕业的大学生来说，花销不会太大，但是可能遵循的规矩也会稍微多一点，不过可以理解，毕竟平台在那边，有点像大商场那种上班打卡的感觉，你必须准时在店里面进行布置。比如假设我们自己有一家店，虽然大家都希望保持店里的干净和整洁，但是偶尔也会有懒的时候，就想把这个放这里，就想把那个放那里，如果是自己的店就可以。但是在那里就不行，必须每样东西都规规整整地摆好，因为陶溪川这里要给外人一个整体形象，就是特别的干净整洁。今年的9月，我们请了一个学生做兼职店员，但是他一周会有两天的休息，像我男朋友他现在就在那边看店。
　　D：那你的产品是自己制作还是请师傅制作？
　　Z：目前是完全自己制作。
　　D：家人有来帮忙吗？
　　Z：嗯，但是他们是不支持的。我父母这块可以说是很严重地反对吧，因为如果说是一个外地人，然后在这边做陶瓷的话，可能会因为你的家人不是太了解，反而会觉得这个其实还蛮有前景，因为他们不了解，对不了解的事物他们至少不会太轻率地去否定。但是因为父母本身就是这边的人，家里还有人从事这个职业，他们可能就会很主观地不看好这个市场。我是觉得他们和我们做的事虽然都是陶瓷，但是是两个方向，一个传统，一个是现代创新。可能我们想法不一样，就好像我没有看到家人的担心点，他们也没有看到我的期待吧！
　　D：现在除了日常的生活之外，还有没有其他活动？
　　Z：那就是考研，希望能给自己再多三年的时间吧。
　　D：就是缓和家里的压力？那你觉得你考上研之后工作能兼顾过来吗？
　　Z：我可能现在想得比较肤浅，因为我感觉我考这个研究生也没有抱着要真的去学习这个东西。因为我报的是专硕，自己感觉其实做陶瓷，除非说你想成为大师什么的，那样大概需要去做很多很多复杂的事情，包括你技术和人事上的关系。如果说只是单纯地做你自己的东西的话，你做哪一块就精通哪一块的知识，这些知识我觉得学校给的帮助不是很大，可能在学校更多的是那些人事上的帮助会更多一点。我自己是这样认为的，当然在学校肯定也能学到很多东西。
　　D：基本上就是工作，然后忙考研，还有其他的娱乐吗？
　　Z：如果说有合适的展会邀请，就会跑外地参加一下，近期我们去参加了厦门的文博会。
　　D：为什么不去参加瓷博会呢？
　　Z：那时候感觉不了解吧，我自己觉得在这样的一个陶瓷大环境下，再去卖陶瓷，其实没有太大必要，而且来逛瓷博会的人也会去逛陶溪川，我就感觉没有必要再折腾了。
　　D：那你们在开工作室或者说在陶溪川的时候，政府会不会有相应的政策？
　　Z：有5000元的创业补贴，具体不太了解，因为这些东西都是我男朋友在弄。
　　D：你已经拿到那个补贴了吗？
　　Z：没有，申请了有一段时间吧，但是我是真的没有去了解过这一块的情况，所以也不太知道。
　　D：在经营过程中你有没有遇到过什么问题，然后怎么解决呢？
　　Z：经营过程中？你是指销售？生产过程中让我印象最深刻的大概是我的产品，早期的时候会出瑕疵，那个时候因为自己技术不是太过硬，还因为在大学里就玩心比较重，学习没有太认真，然后又不了解，其实很多东西都是后面我在工作和日常实践中才有了一些经验。就比方说去年冬天的时候，我做了一款马克杯，动物的马克杯，然后那个杯子经常会出现瑕疵，就好像有缩釉，出现黑点什么的，各种乱七八糟的问题。然后那段时间是很愁很心烦，因为每做出一批瑕疵，就要砸在自

续表

己手里。因为每一个都是需要自己先垫付资金制作，所以就会亏很多。那时候也比较急躁，也会想到底是什么问题。虽然那个时候很急躁，但是也不知道是怎么回事，就是没有去找这些问题的原因，还是这样烧。那个时候就有一种比较积极的态度，就是假如我烧 100 个出了 60 个瑕疵，那我还有 40 个好的。当时我会这样去想，但是这种想法是完全错误的，剩下的那 60 个瑕疵品简直是魔咒。最后感觉到不行了才去解决，之后发现可能是坯有问题，或者是釉有问题，还有可能是烧制也有问题。比如说烧的时候你摆放的位置问题，因为一个公共窑那么大，有前有后、有上有下的，你这个东西适合摆在哪里？如果釉上得厚的话，它又适合摆在哪里？釉薄的话它又适合摆在哪里？包括料重、料浅的问题都会反映在你烧的东西上。还有比如说产品上的釉之前会经常出黑点，完全只是坯的问题吗？好像也不是。是不是这个釉效率需要过滤一下？如果你只是过滤的话是不是也不够？需要再加一块吸铁石这种技术上的问题，然后慢慢地通过问一下师傅啊，烧窑的师傅，他们都会热心帮助你解决这个问题的。

D：销售呢？

Z：销售一直还好吧，因为我在这家店做兼职有三年了，等于是积攒了一些客人。

D：产品的销售方式主要就是通过摆摊，网络上有没有做网店？

Z：我做了一个淘宝的网店，还有一个小众的设计平台上弄了一家小店，只是我并没有去很费精力来经营。因为工作室就我们两个人，不可能从生产到完整的销售都完成，顾不过来。有一个小小的淘宝店，但是就是因为没有去经营它，所以可能它的销售并不是很可观。但是我还是每次有新品的时候会认真地拍好照片然后上传，也会有人购买，只是人比较少而已。但是每次有卖出去的话，我会给他写一个感谢信。因为我觉得很厉害，我从来没有做过任何的运营，居然还能找到。

D：你主要的收入来源还是以你开店为主吧？

Z：对。就是会去摆乐天，还有陶溪川那个店，然后就是微信。

D：微信的销售还好吗？

Z：微信还可以吧，因为微信毕竟也积攒了这么多的客人，而且这么久了也会有一些固定的客人，他会固定地问你有什么新的东西。还挺好，因为所有的零售客人大部分都会变成你的微信客人，他们有喜欢的就挑，好像逛超市一样。

D：那你去摆摊的时候，购买者是批发商多还是游客多？

Z：嗯，差不多，一半一半，还算稳定。但是没有太稳定，现在家庭收入来源的话主要还是陶瓷这一方面。

D：一年的收入状况什么时候会比较好一点？

Z：下半年比较好，因为我们做的那些东西，嗯，可能还是偏小众一点。不像茶具，你做得高档或者是一般，拿去卖都会有人消费。但是我们的产品可能要看人群，他喜欢这一个方面的，他才会去消费，才会买。下半年刚好是景德镇游客最多的时候，所以我们可能是下半年比较好一点。

2.9 访谈记录

田野调查素材收集							
姓名	包某	性别	男	职业	陶瓷创业		
籍贯	河南	年龄	25	所属专业	陶瓷艺术设计		
毕业时间	2016 年	创业时间	2016 年	访谈时间	2017 年 11 月 23 日		
访谈地点		陶溪川（邑空间）		毕业学校		景德镇陶瓷大学	
访谈记录（语音转录摘要）							

D：笔者　B：包某

D：你是怎么接触到陶瓷行业的？

B：通过大学学习接触到的。

D：我看你的记录，发现你不是本地人，那你怎么会想留在景德镇创业呢？

B：因为找了一个景德镇的女朋友，还有就是比较看好陶瓷行业发展。

D：你的专业是陶艺（陶瓷艺术设计）吧？如果去外地的话，这个专业对口的工作多不多？

B：陶艺专业去外地的话，我觉得就是去考大学执教或者是培训机构的陶艺老师。

D：那你陶艺相关技术，除了学校教的基础之外，还有拓展学习吗？

B：就在毕设的制作过程中，跟这些民间的师傅学了很多东西，其实在学校学的有很多都忘了，真正实用的都是在做毕设的过程中学习得到的。

D：那学校教育对你从事这个行业帮助大吗？

B：就只是让我对整个行业有一个概念的了解，但是具体的内容还是不多，也可能是我平时上大学就学得不是特别认真。

D：那你的产品创作方向主要是偏向哪一类？

B：主要就是生活器皿类、日用类，因为觉得以后会有发展。

D：你做的产品和其他同类产品的最大的区别在哪？

B：最大区别可能就是画面比较创新，不是用传统的画面，有自己独特的风格。

D：那你产品的主要创意思路来源于哪？

B：主要就是在日常的一些生产过程中，可能会发现一些纹理、一些画面或者一些比较有意思的东西触动了你的灵感，然后就去做。

D：那会不会每个季度特意去做一个产品的设计规划？

B：这就属于为了创作而创作，曾经也有，就是自己没有灵感的时候只能这样做，就不停地画一些东西，跟做毕设一样。

D：那你销售是否有实体店呢？

B：实体店就是目前我们在陶溪川申请的一个铺位，工作室那边主要还是以生产为主。客户有的时候会要求去工作室，去看一下生产的过程，了解一些具体的内容，还有考察是不是自己亲自在做。

D：那选取工作室的时候，如何去考虑地点的选择？

B：老厂这个地方属于做陶瓷工序比较集中的地方，就是供应或者制作陶瓷的各种需求比较齐全，包括烧窑、吹釉、拉坯都可以在这附近找到。

D：会不会跟你的器型有关？你的器型是自己制作还是会去买一些坯修改？

B：有的会自己做，有的会买一些。自己设计的就会去找师傅做，在老厂找师傅会比较好找。

D：有时候也会和这里的制瓷师傅合作吗？

B：这种情况一般就是在设计初期。如果要做一个模型，就需要去找师傅做，赶货的时候可以找另外的一些生产方面的师傅帮忙。

D：现在你除了工作之外会有什么活动？

B：嗯，除了工作之外，目前就是复习考研，个人爱好就是打羽毛球，平时工作很长一段时间后会出去旅游，适当地放松一下。

D：为什么会想到考研？

B：我想反正留在景德镇，考研的话基本也不是太耽误时间，对自己也是一个提升。

D：你认为考研对你最大的帮助是什么？

B：可能会提高我的眼界和拓展我的人际关系。

D：你发现在陶瓷工艺的流程当中，是否还保留着以前陶瓷技艺传统的一些习俗和庆典？

B：这个不是特别清楚，可能会有，但是很大一部分可能就消失掉了。

D：在你创业初期，政府有没有实际的政策扶持？

B：前段时间好像有一个大学生创业一次性补贴，就是申请后还没有下来，不知道能不能拿到。学校在你毕业的时候，如果有创业的意愿，统一给你办一个营业执照。

D：在你经营或者生产过程中有没有遇到一些问题？

B：开始生产的时候，产品容易出现瑕疵品，后面注意产生这些问题的原因，然后去一点一点地解决，再问一些经验丰富的师傅，通过各种方式去解决它。

D：销售刚开始的时候你们是摆摊，那种状态还适应吗？

B：还适应，因为大学期间就会在雕塑市场里批发一些小东西拿回家去卖，有一些摆摊的经历。

D：那你们在销售过程中，会不会发现你们销量好的产品被别人抄袭？

B：这种情况肯定是有的，但是我们目前遇到的不多。

D：产品销售方面，除了店面和摆摊之外，还有其他吗？

B：微信、在线淘宝。

D：那你的客源是怎么积累的？

B：就是摆摊积累的。

D：那你现在的主要收入来源是什么？

B：主要靠陶瓷。

D：对你来说一年哪几个月的销售额是最好的？

B：按这个行业的旺季和淡季来说，是9月、10月、11月，这是属于旺季，像7月、8月是属于淡季。但是今年其实好像没有什么淡季、旺季之分，差不多。

续表

D：会不会参展？

B：参展不是很多，因为我们刚开始做，没有这方面的经验，而且参展一次投入的成本比较大，包括入场费、运输等费用，只参加过一次。

D：生产状况是供不应求还是会有一些存货？

B：会有存货，因为目前销售情况不是特别好，生产完全跟得上。

D：你会不会特意多备一些货放着？

B：可能会，如果有空闲时间可能会选择做一些新产品。

D：你会针对明年的狗年做一些相关的陶瓷吗？

B：会的，这是大众消费的一个方向。

2.10 访谈记录

田野调查素材收集							
姓名	赵某	性别	女	职业	自由职业		
籍贯	河南	年龄	27	所属专业	陶瓷艺术设计		
毕业时间	2013 年	创业时间	2017 年	访谈时间	2017 年 11 月 24 日		
访谈地点	景德镇雕塑瓷厂（工作室）		毕业学校	郑州轻工业学院			
访谈记录（语音转录摘要）							

D: 笔者　Z: 赵某

D: 能谈一谈你在这边创业的感受吗？

Z: 迷茫。因为觉得做毕业设计的时候就没什么想法，翻过来翻过去就那些东西。2012 年 7 月份毕业设计弄了一个月后就来这边学习了，学习的时候赵老师（我的老师）就让我过来实习，因为他本来想让我去上海上班。我就 10 月份过来了，因为 9 月份学校要开学，然后就在乐天空间，特别大的那个白房子里当志愿者，就是类似于实习，在这期间乐天允许我参加集市摆摊，那个时候陶瓷销售市场特别好。

D: 那你是什么时候开的工作室？

Z: 今年 3 月份的时候开的工作室。本来实习期间老师想让我去上海，但那时候家里却想我回家当老师，当时自己觉得如果当老师的话，有点太安稳了，不太想过那样的生活，加上那时候摆摊的生意还可以，家里又给生活费，也没什么其他压力，就没回去了。那时候人家都是正儿八经地在做，而我就跟玩似的，和另外一个女生每个星期随便拉一拉、画一画产品，也能卖得出去，还挺开心的。我那时候不想开工作室的原因就是觉得要多赚钱就要拼命地做批量化的产品，而批量化就是反复、重复地做一个东西，对于我来说那样就失去了做陶瓷的意义。然后我就觉得陷入了一个圈子，做量的话就要请人帮忙，做工厂一样的模式，但我又不想是这种模式。刚好有个公司找到我做了一个项目，然后慢慢就跟着公司一起在做。

D: 公司项目？

Z: 现在还在合作，就是"功夫小瓷"。它是做陶艺教育的，先开始我是做老师培训的，国外的陶艺教育不是比较普遍吗？但是在国内却很少，一般都是在陶吧大家才能去学做陶艺。有很多美术老师，他们想在课堂中加入陶艺课程，我们公司就把这些人找过来，由我教他们如何做陶瓷。这个陶艺培训做了大概一年，然后我就发现你教他们做什么，他们回去就教孩子们做什么，但是其实并不适合。比如小朋友根本不会揉泥巴，本来揉泥巴是要把气泡揉出来的，但是反而会越揉越多，你就会觉得这些老师并没完全学会。后来我被调到武汉去了，当时创立了一所陶瓷学校，也就是陶艺教育中心，大概有三层楼 300 多平方米，我们自己写课件招收小朋友，然后教小朋友怎么做陶艺。在那里我待了 3 年，后来又因为工作的原因又调回来了。当然我也想回到景德镇，因为不想把做陶艺的技能丢了。那个时候就租了工作室，每天下了班之后就会过来，一般会待到晚上十一二点吧。那时候就做一些雕塑，想参加比赛，就想着工作赚一份工资，然后平时就做自己的东西，这样子就可以两不

续表

耽误。但是其实还是挺累的，工作本身就累，再加上天天这样，身体有点吃不消，我就休息了一段时间，但是还是觉得不行，就辞职了。辞职之后让我纠结的还是那个问题："卖产品还是做艺术？"但是毕竟是要吃饭，我就在想那要不然给自己一年时间，先做陶瓷。我这几天在我朋友工作室看他做产品，虽然不是那种机械化大批量的产品，基本上还是手工的批量化生产，但是同一类型的东西有上百个，要重复制作很多遍。去那的时候也有不同的感受，就觉得其实他们还是有态度融在产品里面的。我特别希望我将来有一个很大的工作室，有大的落地窗，然后窗外就是山，每天做自己喜欢的东西，拍拍照放到网上别人就会买，就可以了。我那时候就觉得，反正老了的时候也可以做这样的事情，并且那个时候需要赚钱，所以就开始准备开工作室了。

D：那你最初接触陶瓷就是通过学校？

Z：对。

D：你来到景德镇后，觉得要在这里待一段时间就留下来了？

Z：对，我觉得挺神奇的就是自己报了这个专业。因为在我们学校，校内的工业设计是特别有名的，是省重点专业，但是一个学长说，大家都是学工业设计，不如做陶艺的有气质。我当时觉得我缺的就是气质，就报了这个专业。我是2010年的时候来景德镇跟一位拉坯师傅学的拉坯，学了一个多月。

D：拉坯是不是老师介绍的？

Z：是老师介绍的，但是那个拉坯师傅基本上就是每天让我看，然后让我在旁边练习。师傅让我练习拉斗笠碗，天天就拉斗笠碗，但是那时候拉得有大有小，反正就是瞎弄。

D：要交学费吗？

Z：没交，因为是老师的朋友，就没收我的钱，然后我还住在他们家里。

D：那挺好的，你毕业之后留在这里了，之后没去其他公司实习了吗？

Z：我就在乐天实习了大概两三个月，然后就在"功夫小瓷"那个公司上班。

D：那个公司在景德镇？

Z：在景德镇，现在在陶溪川。

D：我知道培训陶艺的地方不多，那个时候也挺赚钱的吧？

Z：嗯，对，"功夫小瓷"培训在这个行业里面应该还算可以的。因为现在的培训机构，很多都是从我们公司出来之后开创的，我们公司在暑假一个月一共会开设四场培训，一场的话至少是20多个人，有时候是两场同时开，一周六天基本上没有时间休息。

D：那一个人的培训费是多少？

Z：那个时候是1980元或1680元，现在便宜了很多。

D：我看你现在应该是准备做产品，具体想做哪一方面的呢？

Z：实用的东西，器皿类的会好卖一点，然后我卖得也比较便宜，因为我很多产品其实是在做试验，就是我也不知道它们烧出来是什么样子。其实我也没想这些东西要不要变成商品，因为我养了猫，我就每天给它拍照片，然后做它的动态而已，之后具体要做什么也不太确定。

D：你也是刚刚准备出来创业？

Z：对。

D：那你现在创业都是靠自己的积蓄，有没有靠家里？

Z：没有，因为家里不太赞同我没有正式的工作。

D：我看这边做陶瓷夫妻档还是挺多的。

Z：怎么说呢？是因为做陶瓷还是蛮辛苦的。比如我的工作室在这里，我要买40斤的泥巴根本扛不上来，这一桶釉也不是我自己的，是我以前朋友的。

D：是体力活，对吗？

Z：对，是体力加脑力。我觉得做陶瓷是挺不容易的一件事情，因为每一天要做的事情又多又琐碎，然后每一件陶瓷作品，真的要经过很多道工序，你可能哪一个细节没做好，烧出来之后这个东西就卖不出去了。购买者买产品的时候看不到你，所有操作的工序都没亲眼看到，但是他愿意花这个价钱去买你的产品，看中的就是你的产品最终的呈现效果。我认为这个产品里面就会有你制作的态度，比如你随便画一画也可能可以卖，但是随便做出来的产品一定会走下坡路。所以在做产品的时候一定要端正自己的态度，还要将自己所要表达的情绪融入产品当中，我觉得这样的产品才能卖得好。

D：那你现在工作之余还有没有别的业余活动？

Z：我每天都会去练瑜伽。因为做陶艺很累，即使一天干不到几个小时，但是每天都能感觉到肩膀和背部都是紧的，所以每天都会去练一下瑜伽，然后我在工作室闲着的时候会画油画。

D：其实你的生活状态就是工作，然后放松一下，然后回到工作。

Z：对，我还会写书法。

D：那你辞职之后主要的收入来源是什么呢？

Z：因为刚辞职，这个月我参加了一个比赛，得了一些奖金，没有其他收入了。

D：你是从哪里获得信息说哪里会办展？

Z：也是看朋友圈，也有老师推荐，就是会发一些链接。

D：最近是参加哪里的？

Z：就一个广州的，还有一个是西安的。

D：你还是想走艺术这条路，是吗？

Z：对，其实我觉得不管是走艺术还是走产品的路，都要找到自己喜欢的点，可能找到了就发现只是表现形式不同。做作品的可能就是为了去参加展览或比赛，但你只要找到了自己的元素，然后再把它表达到产品上面，那你的器皿就会有你的特色。其实无所谓是哪一种表现形式，你会发现很多艺术家油画也画、水彩也画，然后也会来画陶瓷。陶瓷跟很多东西不一样，就是它的展示特质。比如就像这个陶瓷小猫，如果放在这它就是个摆件，我把它加到一个盘子上，它就变成了实用器皿，就变成了产品。其实对陶瓷来说，产品和艺术品之间是可以左右横跨的。

D：从你工作到现在，你觉得景德镇手工陶瓷在哪个年份区间的销售效益是最

续表

好的?

Z: 因为我接触的时候刚好是 2012 年,但是我听同行说大概从 2010 年开始就不错了,可能 2012 年、2013 年是高峰,就是真的随便乱做都能卖得出去的那种。2014 年应该也还好,然后慢慢就有点下滑了。去年好像就不太行了,今年可能更差一些。

D: 那个时候我记得整条雕塑街都在卖首饰。

Z: 对,2012 年的时候我还买了一大堆珠子。

D: 我了解到大多数拿货还是到雕塑瓷厂。

Z: 对,陶溪川开店的东西就会贵很多,他们说明年就翻倍了,并且那里不再招陶瓷店。因为他们才开一区,在建设二区,不能全部卖陶瓷,做生意都是这样子,他们才不管这些摆摊的人赚不赚钱,反正你们每个星期来我不收你们的钱,你们都来摆就行了,就靠人气赚钱。虽然乐天可能现在收费贵一点,但是至少还在把控它的质量。你知道陶溪川什么最赚钱?

D: 什么?

Z: 卖吃的。

D: 我发现外地人来看的多、买的少。

Z: 也不是,游客有时候什么都会买,你会发现在雕塑瓷厂做什么陶瓷生意都还不错,现在卖什么的都有。像我妈就喜欢买陶瓷刀,还有我们这楼下卖的餐具,一套餐具或者盘子大概也就是 30 元左右,很多人都大包小包地买,这就是活跃的市场。其他地方虽然都是模仿雕塑瓷厂,但现在没有地方能超越雕塑瓷厂,因为它在这里有种氛围,其他的地方再模仿,如果没有自己的特色是没有用的,只是在模仿形式。

2.11 访谈记录

<table>
<tr><td colspan="8" align="center">田野调查素材收集</td></tr>
<tr><td>姓名</td><td>林某</td><td>性别</td><td colspan="2">女</td><td>职业</td><td colspan="2">陶瓷创业者</td></tr>
<tr><td>籍贯</td><td>福建</td><td>年龄</td><td colspan="2">22</td><td>所属专业</td><td colspan="2">英语</td></tr>
<tr><td>毕业时间</td><td>2017 年</td><td>创业时间</td><td colspan="2">2017 年</td><td>访谈时间</td><td colspan="2">2017 年 11 月 24 日</td></tr>
<tr><td>访谈地点</td><td colspan="2">陶溪川（摆摊）</td><td colspan="2">毕业学校</td><td colspan="3">景德镇陶瓷大学</td></tr>
<tr><td colspan="8" align="center">访谈记录（语音转录摘要）</td></tr>
</table>

D：笔者　L：林某

D：你是怎么接触到陶瓷这个行业的？

L：因为我是陶瓷大学毕业的，但我的专业不是陶瓷类的，是英语。

D：学英语是怎么想到做陶瓷的呢？

L：因为景德镇的氛围，都是年轻人，加上我男朋友他自己就开工作室。

D：你不是本地人？

L：我跟他都是福建人。

D：大学毕业后你有没有找过其他的工作？

L：有。

D：那最后为什么决定留在这里？

L：目前的话就是做这个，平时对这个有点了解。

D：你男朋友是什么专业？

L：他是雕塑专业。

D：那他跟陶瓷的关联就比较密切了。

L：对，我就是见得多然后就会做。

D：那陶瓷制作相关的技术从哪里学来的呢？

L：我在男朋友那就是打下手，有时候他如果忙不过来，我会帮他。

D：那这些技术你是从哪里学的？

L：大部分都是男朋友教我的。

D：那你男朋友的技术是从哪里学的呢？在学校学的？

L：他大学期间就自己创业并开了间工作室，他接触的人也都是做陶瓷这一块的，互相学习。

D：你的产品种类主要是哪一方面？

L：像这些小动物就是一个种类的，还有目前做的花钵、花盆、多肉盆，这种摆件类的。

D：你觉得你的产品类别跟别人同类产品的区别在哪里？

L：比较可爱，有一点抽象，但是总体的形态还是看得出来。

D：那你产品创新、创意的思路来源主要是哪里？

L：主要是生肖，这一块比较经典，然后做一些比较抽象的。

D：你会不会从网络或者展览中寻找设计灵感？

L：肯定会去借鉴。

续表

D：那你的产品有没有参加展销会或者展览？

L：瓷博会没有，就参加一些市级的展会，因为参加那些展会要求你的作品更有档次一点。

D：那你现在的主要销售除了摆摊还有实体店吗？

L：没有实体店。

D：有工作室吗？

L：对。现在也在弄淘宝。

D：那你的工作室是租的吗？

L：租下来的，有两层楼。

D：租金贵不贵呢？

L：我们租得还是有点贵。

D：大概是多少呢？

L：两层楼加起来是1600元，就桃园新村旁边。

D：那现在的产品制作主要是靠自己还是找师傅？

L：这个都是自己做，还有其他东西就是和其他的老板合作。

D：你家人有没有过来帮忙？

L：他家人有过来。

D：你家人觉得这个行业怎么样？

L：他们也没反对，也可能就是不了解陶瓷。

D：除了日常的工作，其他业余生活还有些什么呢？

L：我就玩计算机、看书，或者出去放松一下。

D：大部分应该都还在陶瓷这块，是吧？

L：对。

D：这边要交摊位费吗？

L：不用，但是要交押金。

D：这边押金多久交一次？

L：星期五晚上摆摊，一个星期一次的话，那押金就是200元一个月，到时候会退的。

D：从你创业到现在，有了解到陶瓷行业相关传承下来的传统或者习俗吗？

L：我不太清楚。

D：那从你毕业创业到现在，政府有没有什么扶持的政策？

L：有政策，但是要注册营业执照，如果有申请，各种条件都符合，就有5000元。

D：那你在经营的过程中有遇到过什么问题？

L：我觉得主要还是销售，就是市场没有推出去。

D：那你现在一年的销售额大概有多少？

L：那我也不知道，如果接到大单的话就不一定，都是不稳定的。

D：大概呢？大概一个平均值。

L：一年就8万元—9万元吧。

D: 那产品销售的渠道,除了摆摊卖还有其他的吗?

L: 有,就是从摆摊那积累和开发客户,参展,还有各种微信群也加,很多订单都是朋友推荐的,如果你做得好他还会再找你做。

D: 那你现在家庭的收入主要就是靠陶瓷产品,还是有其他的副业?

L: 主要是陶瓷。

D: 那一年销售你觉得哪几个月是好一点的?

L: 肯定是冬季之前。冬季都没有什么生意,春天的时候吧,春天和夏天。

D: 那你这里是游客购买比较多,还是批发的比较多?

L: 还是零售为主,但是也有拿货的。冬天就基本没什么人了,可能天气太冷了,人出来少了。

2.12 访谈记录

田野调查素材收集					
姓名	昕某	性别	女	职业	陶瓷创业者
籍贯	内蒙古	年龄	32	所属专业	陶瓷艺术设计
毕业时间	2009 年	创业时间	2009 年	访谈时间	2017 年 11 月 24 日
访谈地点	陶溪川（店铺）		毕业学校	景德镇陶瓷大学	
访谈记录（语音转录摘要）						

  D：笔者　X：昕某

  D：我做的调研就是与陶瓷创业社会文化相关的。

  X：现在是不是景德镇的"景漂"在社会的影响力特别大？都来景德镇做调研。

  D：可能是因为现在许多学者觉得景德镇还是有许多研究可以做，这可能是学术界发展的一个现象吧。

  X：现在这两年还少点了，以前在陶艺街每年要接待好多学生，都来这边调研。

  D：可能大家在这边找到了写论文的一个考察点。你是怎么接触到陶瓷这个行业的呢？

  X：我是学陶瓷专业的。

  D：看记录你不是本地人，对吧？

  X：我是内蒙古的。

  D：那你是基于什么原因选择毕业之后留在了景德镇创业呢？

  X：这个说得现实一点，那个时候是因为我老公，我俩大学期间就在一起，所以毕业之后我们也就留在这了。

  D：他是本地人吗？

  X：不是，他是海南的。因为我俩那个时候都想留在景德镇，如果说想在这做这行赚钱，那肯定是坚持不下来的，主要那个时候还是挺喜欢这行，才留在这儿这么多年的。再加上 2006 年左右，在上大学期间我们就开始在景德镇摆摊，而且那时候创意陶瓷产品刚刚复苏，赚钱比较容易。

  D：那时候销量也是非常好的吧？

  X：也不好，一个月 1 万块左右吧。但那个时候开销小，就我们两人，租个房子、租一个工作室。2006 年就开始有摆摊了，2008 年陶瓷创意产品刚好复苏，做陶瓷创意产品在那个时期普遍容易被人接受，一个月能赚 1 万块左右，虽然不算很多，但是那时候的开销比较小，我又喜欢做这个，所以就感觉挺好的。发展到现在已经有了一个工作室，聘请固定的员工，月产值最高可以做到 8 万元—10 万元。

  D：那你陶瓷制作的相关技术除了从学校，还有从其他地方学习吗？

  X：这边厂里的师傅呀。

  D：有没有特意去拜师？

  X：没有。

  D：在生产过程中和他们接触得比较多？

  X：其实主要还是自己摸索，刚毕业的时候自己开始做，会发现你在学校学习的知识只是知道，实践起来基本上没有什么用，然后就会边做边摸索，就这样一点点练习。至于拜师学习，你要知道在景德镇要拜师的话，就是要给人家干活。

D：那你的产品创新种类或者是你经营的种类有哪些呢？

X：我们经营的范围挺广的。茶具，这应该是主流了；花器；然后还有家装的一些饰品，大一点的罐子一般都作家装陈设用；再然后还有已经研发了一年多的咖啡具，直到现在咖啡具还没有研发完成，等攻克一些难题之后就可以上市了。

D：那你现在是自己有一个大型的作坊吗？

X：也不算是大型作坊，还是属于个人工作室形式。

D：那你现在是怎么解决批量生产这个问题的呢？

X：我们厂里有师傅，但是我们的师傅不多，我们厂里都有固定拉坯的，有一个固定利坯的，然后有个打杂的，有个倒浆的，也就四五个人，小型的这种。

D：那产量还是可以保证的吧？

X：产量产值不是很大，产值可能最好的一个月会有 8 万元—10 万元，但这只是最大的产值，还没有计算成本，不能以点概面，如果陶瓷这么好赚，那都发财了。它是一个硬性成本，就是你这一个月的产值是有这么多，但是你还有各项开销至少一半，因为现在陶瓷产品的价格不太理想，特别是这两年市场行情都不太好，除非有些人早些年就做开了，现在已经有他自己的市场，也就是市场定位，就做得很好。

D：那你产品创新的思路来源主要是什么呢？

X：最开始的创作来源是因为我老公比较喜欢传统的中国元素，所以我们家中国元素的东西还是比较多的。但在设计上也不算传统，就是使用的元素还是传统元素比较多。他一直做的都是这种感觉，跳不开传统元素，但这也可能是他一直以来的设计理念。做陶瓷发财是很难的，它只能维持在一种就是你能吃得饱但是不至于撑到的状态，除非你很会经营。通常人的思维都是有局限性的，一般会做东西的人恰恰不太会搞营销，可能话都说不利索，但是一般会搞营销的人能挣到钱。

D：那看来主要还是营销，那你们除了实体店销售还会有其他渠道销售吗？比如网络销售？

X：现在有在做网络销售。

D：开淘宝店吗？

X：准备要做，这两年由于某些原因，实体店都不大好做。

D：好像发现陶艺街那边白天很少人开店。

X：就是因为生意不好了，前些年会从早上就开始营业，近些年是因为生意不太好，即使白天营业，好像也没多大成效，还在那耗着时间。

D：那店面的展示你是自己设计的，还是一直就没有变过，装修好就基本这样了？

X：自己设计的，因为我们还是有追求、有情怀的。

D：那产品制作的话，是自己制作呢，还是请师傅做呢？

X：最开始都是需要自己做的，靠自己做了很长一段时间，但时间长了就会有一些批量订货的客户，那已经算是接触到初级市场了，就开始慢慢请人做。比如客户要 100 个罐子，自己拉坯的话可能要一周，请人做会快很多。后来接触到的客户需求量更大了，就需要邀请一些人帮忙干一些杂活，通常赶货的生产时间不够就会定期请些人帮忙，现在就是长期请人了。

D：那在工作之余，还有什么业余爱好吗？

X：听 CD 碟片。

D：你一直从事这个行业，有没有了解以前行业的一些传统或者庆典习俗呢？

X：没有，因为传统的烧窑方式至今已经相隔很久，新方法和技术使得烧成率比以前提升很多，好像即使不祭拜窑神，很多人的产值也很可观，所以它没有像过去那么复杂。你看古窑博物馆那边会有介绍很多以前的制瓷风俗和习惯，以前确实挺多风俗活动的，但现在都没有了，来创业的大部分都是外地人。再说，现在烧成工艺也已经进步很多了，所以一般那些旧俗仪式很少，可能古窑博物馆在烧柴窑的时候还会有。

D：那在创业的初期，政府有没有一些实际的扶持政策？

X：没有。

D：那从你开始创业到现在有遇到什么工艺或销售上的问题吗？

X：很多，都不知道从哪开始说。在工艺方面，只要做一个新产品就会有工艺问题，没有任何一件产品制作像你看到的那么简单。比如说这个公杯，现在做成这个形状，它的嘴出水是这个样子，如果做成另一个形状，它的出水又不一样了。你就必须要研究一下，那它要配一个什么样的嘴它才出水好，然后握起来才舒服。壶身造型虽然是圆形的，但怎么样才能不烫手。每个创新点都有工艺上新的突破。

D：那销售方面呢？

X：也很多，比如我们这铁打的店铺流水的人，人员配置不稳定。

D：那你觉得不稳定的主要原因是什么呢？

X：因为像杨婷（店员）他们都很年轻，希望接触学校以外的世界，再加上他们还会面临考试、毕业或者是去别的城市等很多原因。本地人全职的也比较难，因为景德镇整体工资偏低，工资低的地方，人的流动性肯定大。

D：那你现在家庭收入的主要来源就是陶瓷这一块？有没有做其他的？

X：没有，陶瓷是主业了。

D：我有个同学，他开始是做首饰的，后来开始卖衣服了。他觉得首饰和衣服的关联性比较大，他所有的客户基本上都在做卖衣服这一块，他就开始做了。你会涉及其他行业吗？

X：副业的话，咖啡也算吧，明年想要在店里加一些互动体验式的东西，因为这样单一经营的话，只是比外面摆摊的多一点。当周五、周六人多的时候，外面100多个摊位，这个店铺对购买者来说就没有太大的区别，对一些喜欢逛街的人来讲，可能逛地摊更有意思，所以我们就希望还是增加一些体验式的活动。

D：对你来说当时为什么选择开店呢？

X：我以前是在陶艺街开店，后来转到这边的。2009年的时候，你知道陶院那边吗？还没有陶艺街，但是当时因为圣罗帝景的开发商为了卖店铺，就以免租的形式先招揽人气，于是便借助这个机缘就开始开店了。如果那个时候是以收租金的形式发展到现在，这种成熟一点的店铺还不一定开得起来。

D：那你当时从那边转过来，维持这种店面的形式是从哪几方面考虑的？还是说只为了有一个场所供大家研究和客户过来交流？

X：提供一个场所吧，如果没有店面，我们今天哪能面对面交流。

D：那现在还会出去摆摊吗？

X：现在门口就有。

D：陶溪川这里是不是属于那种市场销售比较好点的？相对于雕塑瓷厂市场前景不是很好，所以没有再过去？

X：没有，因为我们申请不上。

D：如果申请上你还会考虑过去吗？

X：现在肯定不会去摆摊了，现在摆摊的人年纪都很小，我毕业这么多年了，同行看到也会觉得很奇怪，而且现在摆摊没以前那么好了，摆摊的地方多了。跟以前不同，以前只有乐天那一个地方，而现在有了陶溪川。但来陶溪川的人也不一定是冲着你的产品来的，大部分是由于这个地方的宣传，许多人才过来，看的多、买的少。早期摆摊还有一个特点，那时候大部分人的规模都不大，手工性强，产量少，大家做的东西都会不同，同质化的东西少。不像现在，这家和那家的东西都差不多，购买者可以逛来逛去讨价还价。现在有了自己的店之后，就守着这个店，店面的档次和摆摊给人的感觉也是不同的。

D：那你现在的客户主要还是以前积累的吗？

X：对，是慢慢开店积累的。新客户每个月都会有，但是真正能成为老客户的很少。

D：以前的是不是比较多一点，回头客会比较多？

X：对，前几年，2014年以前吧。

D：我发现调研的普遍现象就是2014年或2013年以前陶瓷行业的市场大环境比较好。

X：对，那个时候做什么几乎都可以卖出去，就怕你做不出来，基本上不会有存货的情况出现。因为那个时候货没有剩余，也没有想到过扩大规模。

D：为什么不考虑扩大规模呢？那时候扩大的话效益应该很好。

X：当时没有生意头脑，而且那个时候还是尝试着做。那个时候产品好卖也有一个潜在的原因，就是大家的规模都不大并且都是手工制作。而且那个时候，大家做产品的可以说是一家一个样，同质化比较低。不像现在你逛地摊，这家的觉得有点贵，看那家好像和这家差不多，还可以去还价。那个时候自己要拉坯、立坯和烧制，产品更新的速度非常快，所有的东西都是自己做。新品几乎都是每次在做这些产品的时候，突然蹦出了一些其他想法产生的，然后就着手实践，那个时候出产品雏形也快。

D：现在出产品雏形很慢吗？不应该是竞争力越大更新越快吗？

X：现在制作成本提高了很多。那个时候只是一个小工作室，慢慢磨时间没关系。现在厂里有这么多人，一个月有几万块开支。比如你要出一个新的产品，先要让这些工人熟悉它的各个生产流程，并稳定持续地生产，这只是时间上的成本。还有一个就是工艺成本，它不像过去单纯的拉坯或利坯那么简单了，所以现在不是说我想做一个产品，就可以立马做出雏形，没那么随便了。还要考虑怎么让手下的人能帮你操作，至少是一部分，对不对？自己再加工一部分，然后再烧成。你还要考虑市场反应效果、工艺、厂里生产能不能顺畅进行等因素。这就不像你以前全都是自己做，即使是再复杂的产品，可以慢慢地用很长的时间做，也能磨出来。其实景德镇吸引人的是什么？最直接的原因就是有瓷器做，然后可以赚钱，也就是大家的一个谋生手段，只是在外人看起来要文艺一点。

　　D：我访谈了很多创业者，发现学雕塑、陶艺专业的转行比较多，完全对口的好像很少。

　　X：对，确实很少。因为这个也跟你大学的专业选择有关联，你是不是真的喜欢陶瓷？你可能不确定报的陶艺专业是不是真的喜欢，报的雕塑专业是不是真的喜欢，然后上了大学你也不知道毕业之后是不是能干这行。可能你在学这个专业的过程中还不喜欢呢，感觉很多人都是因为陶瓷学院的陶艺专业比较好才报的。我当时也这样报的，只是后来就觉得做这行好像挺好玩还能赚钱。

　　D：那个时候大环境也好，好像做出什么产品都能卖出去。

　　X：那个时候就是那样，所以那个时候会做生意的人现在都有钱了。但那个时候我们这些天天都窝在工作室里的人根本不会想到这些，那时候比较容易自我满足，觉得刚毕业可以有这个收入，也很满足了。

2.13 访谈记录

田野调查素材收集

姓名	厉某	性别	男	职业	陶瓷创业
籍贯	山东	年龄	23	所属专业	陶瓷艺术设计
毕业时间	2016 年	创业时间	2016 年	访谈时间	2017 年 11 月 25 日
访谈地点	景德镇老厂（工作室）		毕业学校		景德镇陶瓷大学

访谈记录（语音转录摘要）

D：笔者　L：厉某

D：你是怎么接触到陶瓷这个行业的？

L：其实我开始对这个行业不怎么感兴趣，因为来这边上学，就问老师哪个专业比较好，然后他说陶艺（陶瓷艺术设计）专业比较好，就过来了。

D：那为什么你毕业之后会选择留在景德镇呢？

L：因为我学陶艺专业，比较了解这边的地点、人脉、环境，再说做陶瓷还是景德镇这边比较适合，如果我去别的地方，可能就会做别的。先在景德镇创业两三年，看看发展情况怎么样，不行的话还是会做别的事情。

D：那你陶瓷制作的相关技术是从哪里学习的呢？

L：在学校学了一部分，然后在校外跟同学一起做陶瓷，帮他打下手。

D：你觉得在学校里学到的东西多吗？

L：我们陶艺专业学的东西不专一，好多都学，但只是学了个皮毛，学技术时间短了你也吃不透里面的东西。

D：那你有没有拜师傅学习？

L：拜师没有，我大二的时候跟同学一起开工作室，一边学习一边实践。

D：你的产品主要类型有哪些？

L：之前做雕塑瓷，现在做花器，还做写实的雕塑产品。

D：写实的产品销量好吗？

L：销量不好，受众群比较小。

D：你觉得你的产品和其他传统产品区别在哪里？

L：主要是创意和造型，大多数都是我自己的想法和设计。

D：那你的想法思路来源于哪里？

L：可能是生活，也可能是书本，有时候会看西方的油画或者是中国的国画，在里面看到一些造型，再思考看看适合做成什么样式。

D：有没有融入一些中国文化，还是只是做了一个造型没有深入去想文化层面的内容？

L：确实没有深入去想，我个人觉得瓷器的造型为主，不很注重这一块。

D：那你的方式是实体店还是工作室？

L：摆摊，在陶溪川我有一个店面。

D：摆摊是在陶溪川还是乐天？

L：前段时间两个都参加，但是现在只参加乐天的了，因为在陶溪川里边有店面

续表

的话，就不会让你在外面摆摊。

D：那你陶溪川里边的店面是要交租金还是政府补贴？

L：政府扶持一点，我们要交一些管理费。

D：那一个月杂七杂八的费用是多少？

L：差不多1000元左右。

D：其实跟在乐天那边差不多，那边摆一次也要200元。

L：对。

D：那你选择在这边开工作室的主要依据是什么？

L：我工作室是在老校区那边，离烧窑的地方近，可以在楼下注浆，各种工序做起来比较方便。一般我只做一道工序，其他的都找师傅做，我只管卖。原始造型是我自己设计的，后面都是他们去做。

D：你觉得完全自己做和请别人做最大的区别是什么？

L：那些师傅毕竟做了好多年了，是专门做这一行的，各方面都把握得比较好，如果什么都让我自己来做就太耗时间了。

D：那你在这边工作有家人帮忙吗？他们支持你吗？

L：没有帮忙，但是他们支持我做这个。

D：那你在这边有女朋友或者成家了吗？

L：没有成家，有女朋友，她在读研究生，所以参与这些事情比较少。

D：工作之余你的业余爱好是什么？

L：篮球。

D：会不会打牌？旅游呢？

L：不会，对这个不是很感兴趣。旅游其实很想去，但是一直没去。

D：我发现大部分做陶瓷的人大部分时间都在研究产品，因为产品的更新比较快，是吗？

L：对我来说，时间其实也有。但是我对陶瓷并不是非常感兴趣，只是为了赚钱才做的。

D：那你从事这个行业，有没有了解到一些传统的习俗或庆典之类的？

L：乐天每年都会有一个陶瓷节，会请一些乐队来演出。

D：那你的创业初期，政府有没有给予实际性的扶持？

L：有一个营业性扶持。要交各种各样的材料，要求是毕业5年以内的，扶持5000元。我现在申请了，但是还没有拿到。

D：申请了多久？

L：申请了差不多半个多月了。

D：你从开始生产到现在的创业过程中有没有遇到过什么问题？

L：大大小小的问题也挺多的。比如说技术方面，有时候釉吹薄了，这一窑就差不多全成废品了。

D：那你怎么去解决这个问题的？

L：有的釉色你可以补救，但是有的就补救不了，反正就是成本蛮高的。

D：那你技术方面会请烧窑师傅来看吗？

L：会，毕竟烧窑师傅技术方面比我们都懂，会跟我们说到底是烧窑的原因还是釉色的原因，都能告诉我。

D：那些师傅会愿意分享他们自己的经验吗？因为我听说有些人不大乐意。

L：会，但是还是看人，我也遇到过，可能是自己刚入行不久，不知道怎么交流，问了会不搭理。

D：经营过程中有没有遇到过什么问题？你是自产自销还是有人帮你经营？

L：自产自销，这个比较累。虽然我只管吹釉和满窑，但是后面还有很多小事情需要我管。比如打包、发货，还有联系人，一个人就是做不过来，时间长了就有点疲累。

D：那你的收入主要来源于陶瓷吗？

L：就这一块，没有其他的。

D：你在家时，属于城镇居民还是农村？

L：农村。

D：也可能是毕业后没有特别好的就业方向？

L：嗯。

D：你一年的销售状况，哪几个月会比较好？

L：3、4、5月份和7、8、9月份差不多。

D：你觉得产品销售的趋势是往上走还是往下走？

L：我觉得还是往上走，我对我自己做的东西还是比较有信心。

D：你的产品是零售比较多还是批发？

L：批发比较多。

D：批发进货的以后他会经常定期过来，还是只要在微信上看一下就可以了？

L：会在微信上。很多直接给你微信，你的样品发过去给他看一下就可以了，老客户拿一两次熟悉了之后，就直接拿货。

D：一个月的销售额大概有多少？

L：不固定吧。好的时候差不多有1万多元，然后不好的时候就几千块钱。

D：这个收入在景德镇创业还是比一般公司好。

L：比上班时间要长一点，但是时间也比较自由一点。

D：很多人都是喜欢自由的氛围。

L：我就是不太喜欢那种公司氛围，所以还是自己创业比较好一点。

2.14 访谈记录

田野调查素材收集					
姓名	方某	性别	女	职业	陶瓷创业者
籍贯	广西	年龄	22	所属专业	雕塑
毕业时间	2016 年	创业时间	2016 年	访谈时间	2017 年 11 月 25 日
访谈地点	景德镇老厂（工作室）		毕业学校		广西艺术学院
访谈记录（语音转录摘要）					

D：笔者　F：方某

D：你是怎么接触到陶瓷行业的？

F：我是学雕塑的，以前上课也学过陶瓷。

D：你不是本地人，但是为什么会想到来景德镇从事这个行业？

F：因为我很喜欢陶瓷，我去旅游，在景德镇看到很多陶瓷首饰之类的东西，我就觉得挺有市场的。我做这个不是因为我有一颗陶艺心，而是我一开始就觉得它很有市场。

D：你是什么时候来这边的？

F：毕业就过来了。

D：你是有朋友在这边，还是老师推荐过来的？

F：自己过来的，因为我们学雕塑的，有木雕、瓷雕、泥雕，当时跟同学在大三暑假的时候到这边学习，感觉陶瓷好像就是专业范围之内，毕业之后就过来了。

D：你的陶瓷制作相关技术是在哪里学的？除了学校，有拜师傅吗？

F：没有。首饰是很简单的，不像拉坯很有技术性，在一个师兄还有朋友那里待了一两个月，基本的就都知道了，不懂的话还可以问他，然后就是学比较新颖的技术。最基本的那些，大家都懂的就不用学了。

D：你主要的产品就是首饰，对吧？有没有做其他的产品？

F：没有，没有时间。

D：你做的首饰跟同类首饰最大的区别是什么？

F：别人买的话会觉得比较新颖。

D：那你的设计灵感来源于哪里？

F：我就做我喜欢的。

D：有没有客户拿一个成品让你仿着去做？

F：有的，但我会很抵触。之前有客户拿一些东西来给我做，虽然开始没接，但最后还是做了。在做的时候还是觉得挺难受的，首先就是心里面有点难受，不想做，还有就是技术上的问题，陶瓷这一块给别人做的东西你不可能做得一模一样，别人有自己的技法，后来我发现还是做自己的东西更好赚钱。

D：你的首饰销量怎么样？

F：首饰这一块还是很混乱，之前我是做批发的，然后发现这过程中有很多问题，就开始做自己的品牌，但是还是有很多问题，无论你是做批发还是做品牌，都会碰到很多问题。

D：你现在的工作是自己做还是几个人合伙？

F：我有一个小伙伴，我负责生产，他负责销售。他对首饰是完全不懂，我还是懂一点，但我俩对工艺这一块都不是特别熟，还是会经常请教别人。

D：那他的专业和这个有关吗？

F：他不是，他是一个大学老师，在陶瓷学院教创业的，他觉得首饰这一块很有市场，也很有前景。

D：感觉你的工作室还是很大，只有你一个人在这边吗？

F：分工了，我是负责生产，他那边是负责搭配。

D：有没有请其他的外人帮忙，师傅之类的？

F：那边有一个阿姨。

D：只有一个吗？

F：只请得起这一个，如果特别忙的话就会请临时工。现在做的产品还不是很赚钱，但用它做品牌的话还是比较有意义的事情。

D：景德镇这边还是有一些首饰店很赚钱的，我知道这边首饰最早的时候也是卖得很火，但是会有一个现象就是抄袭，一般新品出来多久会被抄袭？

F：对，抄袭很严重，很快。因为拿货的客户的朋友圈还在卖这个东西，但是已经没有跟你拿货了，就是很明显别人也做了这个了。

D：卖得比你便宜他就在那里拿货了？

F：国内都是这样子。

D：那你遇到这种问题怎么去解决？

F：没办法，你还是得做自己的品牌，唯有自己品牌的东西有保障了，那他们也只能抄袭其中一两款。因为在网上，再大的品牌也还是会被抄袭，所以就只能把这一块做好。

D：会不会因为这种情况出现了，你就会推新款或是加快推新品的频率？

F：推新我觉得没有那么容易吧，因为你要出新品其实很简单，但是你要卖出好的新品就挺难的。

D：因为我有朋友也在做这个，他就是每个月都会出新品。好卖的话，他就会再做；不好卖的话，他马上就不生产了。

F：对，我们也是。我们每个月都会出新品，但是好卖就没那么简单了。

D：那你这边有实体店经营吗？

F：没有，一般是在自己的网店销售，还有国外的一个网店，就是两个网店。然后会去参加一些展览。

D：集市会去吗？

F：每周会去一次，其实不太想去集市。

D：为什么不想去集市？

F：因为我们现在不怎么做批发，去那边会有很多批发的，设计的产品很容易就会被当成样品进行二次批发。

D：你为什么不想做批发呢？

F：还是觉得不怎么赚钱，而且很累，觉得没什么意思。因为你做批发，你做着就会往帮人家代工的方向发展，批发量也大，一下子请很多人也不太现实。我觉得做批发不赚钱又累，如果要做批发，我觉得做别的事情还是挺赚钱的，但对于我来说，这个首饰唯一的意义就是可以建一个属于自己的品牌。

D：有家人过来帮忙吗？

F：没有，可能我比较要强吧，就是我的事情我自己做。

D：那你的家长会支持你这样创业吗？

F：不支持也不反对，反正我爸就随便我，开心就好。如果缺钱的话还可以资助一下。

D：那么你是生活在城镇还是乡村？

F：城镇。

D：那你现在有男朋友在这边吗？

F：没有。

D：你们网店开了有多久？

F：才一年时间不到，网店也就开了几个月。

D：你们是淘宝还是微信？

F：淘宝。

D：阿里巴巴吗？

F：阿里巴巴是做批发的，你要做企业的话就一般在淘宝上，刚好淘宝现在很推崇工作室，个人原创。

D：网店这一块你们也在做的话，你们能忙得过来吗？

F：因为我朋友负责这一块，他负责销售包括淘宝。以前的方向都是我定，现在的方向都是他定。

D：你在景德镇这边有了解过这边的陶瓷传统吗？比如祭窑神之类的习俗？

F：没有，我有接触很多做陶瓷的人，现在景德镇的艺术家很难存活，除非是那种拉坯大师或者是拉壶大师，特别有名的那种才比较有出路。一般大学生创业，也就毕业的时候做的东西比较有创意，后来坚持几个月，最多坚持一两年就都走了。创业还是挺困难的事情，很多创业者刚开始的时候也许会做得比较好，比较有创意，但是到后面就会走商业模式了。

D：在这边创业有受到政府实际性的政策扶持吗？

F：我觉得这里还算好，比如说你去陶溪川摆摊，很多都是免费的。我一直都去，只是现在不太想去了。在这里创业还是挺辛苦的，虽然说有很多这样的政策，但是你一个星期也赚不了几百块钱，很多都是你去卖也卖不掉。

D：你现在的销售额一个月大概多少？

F：之前做批发的时候销售额很高，几万块肯定是有的，但是现在不做批发了。因为你做批发需要资金周转，也很累，想着没有意义的事情就不要做了。

D：有没有想过批发我也做，但是是给别人做？

F：这个事情没有这么简单，除非是实体店。我们开发的产品针对网店，价格比

续表

较贵。实体店拿货就少了，因为你自己开网店自己卖，别家拿货肯定卖不过你，然后拿货慢慢地就越来越少。

D：那你现在收入的主要来源就是陶瓷吗？我了解到有些人都是有副业的。

F：没有，我的计划是两年，到明年看看，如果做得下去我就做，做不下去就换其他的工作，不浪费时间了。

D：那关于销售这方面有没有什么可以分享的经验？

F：销售主要是看产品，你产品好销售就很容易了。

D：一年的销售状况哪几个月会比较好？

F：首饰还好，全年都差不多，我不知道别人是怎样，反正我觉得首饰一般只要做得好，一下就可以接好多单。

D：你的客源主要是游客还是批发商？

F：批发，刚开始都是从批发商开始的。

D：打算做一个品牌的，那日常开销怎么维持？还是说以前的老客户的单子还是会做？

F：不做。我朋友他们学校有一个支持创业的项目，说要投钱给我们做，但是我们觉得技术等各方面都不太成熟，就没有接受，基本上都在用积蓄。

D：打算做多久推出品牌呢？

F：现在我们一直在做，网店什么都是他在打理，只要新品一直在出就可以了。

D：你的朋友经营得还可以吗？

F：还可以。做批发虽然赚得比较多，但就是拿精力，还有时间去换钱，没有什么意义，我觉得赚钱不是一件很难的事情。

D：当时毕业有没有想过去其他的城市工作？

F：因为我在大学时有创业过，所以没有想那么多。

D：是做什么呢？

F：卖手机，那个时候卖手机很赚钱。

D：赚差价吗？

F：差不多，就拿货然后零售。那个时候年纪比较小、压力比较大，跟人打交道就被骗钱。当时主要是年纪还小，很多事情不会处理，跟合伙人之间的关系也不好，从内部瓦解了。

D：现在的合伙人你是怎么认识的？

F：就是我去摆摊，然后他觉得我的东西很有创意。反正他说他在那逛了两个月了吧，就看到我，然后就跟我一起做伴。

D：你们是合股的形式，一人一半吗？

F：差不多。其实我还是很有目的性的，因为我很喜欢这个。因为我之前创过业，还是发现做你喜欢的事情会比较好一点，真苦你也不会觉得太累。

D：陶溪川不是可以租到免费摊位吗？

F：对，但是它有规则，外地人才可以免费租摊。

2.15 访谈记录

田野调查素材收集

姓名	吴某	性别	男	职业	陶瓷创业
籍贯	海南	年龄	28	所属专业	工业设计
毕业时间	2015 年	创业时间	2015 年	访谈时间	2017 年 11 月 26 日
访谈地点	景德镇老厂（工作室）		毕业学校		西安科技大学

访谈记录（语音转录摘要）

D：笔者　W：吴某

D：想了解一下，你是怎么接触到陶瓷这个行业的？

W：学校每年 4 月份组织去外面旅游，大概是 2012 年 4 月过来玩了一下，有些同学和老乡在这边学校读书，就找他们玩。毕业实习的两个月觉得无聊，就跑过来这里。

D：最后什么原因让你想留下来创业？

W：跟性格有关，我性格比较内向，有点不习惯被别人管着，爱自由、爱玩。

D：你制作陶瓷的技术都从哪里学习的？

W：开始我就跟老乡学了一个月，因为我们做的基本都是注浆。那时候开了一家小作坊，这是第二间作坊。

D：那你有没有请教老师傅？

W：没有。都是边做边学，边做边摸索。

D：那你产品的种类有哪些？

W：我来了两年，个人的产品没有，一般都是接单子，帮外地的公司做。

D：客户给你的单子，是会给你一个成品模型模仿吗？

W：大多数客户都会给我个图案和图纸，再通过双方商量出最终的结果。有些造型不能生产，像有些造型卡模，从哪注浆都要商量。但大概的造型主题每次都会给你，然后你就按主题去做。

D：你觉得你的产品跟其他陶瓷类产品有哪些不一样的地方？

W：别的不多说，比如一般做动物雕塑好多都会有个注浆口，但是我做的都没有，还有我的质量要好一点，像质感、釉面、泥巴好点。

D：小的产品是印坯的吗？

W：我都是注浆的，印坯的价格高。这个造型大点的还是有的，比如说像那个尾巴下面有个洞，但是我知道有些釉在一定温度下会流动，在烧的过程中釉流下来就遮住了原来的洞口。像这个这么小的就不用遮，大一点的还是要遮。我能掌握好这个度，把它烧到一定温度后盖上。

D：有没有尝试过完全去做一个新的产品品种，然后让那些合作公司做推广？

W：没有，因为客户认识很久了，今年做什么工作还是会提前商量一下，我只能从中给点意见。

D：那还是做一个代工？

W：是代工。

D：你销售是否有实体店或者是其他的渠道，还只是说通过公司渠道销售？

W：主要通过朋友介绍，比如黄莉萨。

D：你开始的时候应该没有接单，会去摆摊吗？

W：之前摆过摊，后来莉萨介绍客户，慢慢地就拓展出自己的一个工作室规模。

D：那你现在产品制作的话是完全自己制作，还是会请师傅一起来帮忙？

W：一般大多是自己做，忙不过来的话，就找师傅做。

D：师傅帮忙是不是只是一个短期合作的形式，是要赶一批货他才过来？

W：对。你说你要赶货，通过微信或打电话说明情况，他就过来。

D：那现在除了工作你还会有其他活动吗？

W：平时要是晚上不干活就去朋友那喝杯茶，晚上就回去睡觉。偶尔会和朋友晚上吃晚饭、喝酒。

D：那你以后会在这里定居吗？

W：定不定居也不知道，不过毕竟做了，舍不得走。现在已经小有规模了，也不可能做到一半还找工作，因为毕竟在这里这么久了，也有经验了。

D：那你就是从创业到现在这个工作环境当中，有没有了解到一些传统工艺习俗？

W：这个很少，工艺上倒是有一点，但是也不多。

D：创业的时候你是从外地过来的，政府有没有什么相应的政策扶持之类的？

W：像我们外地来的，不会有。陶院毕业的好像也没有，听说是有个政策，但是好像没有几个享受过这个政策，很多时候没有真正地落实。我也不是很关注这个方面。

D：生产方面你遇到过什么问题？

W：刚开始成品率很低，烧多少坏多少，行话就是烧窑粘板、吸烟。冬天类似的情况会有很多，容易出现黑点。后来我也烤花，烤花损失再贴花，贴花纸在烤的过程中容易裂。制作初期很痛苦，什么问题都会有，都是慢慢走过来的。

D：后来是自己去想办法解决，还是请师傅解决？

W：问一些老师傅，会提供意见给你，然后结合自己的产品。有时候老师傅给的意见不一定适合你的产品，因为你的产品和别人的产品不一样。

D：那你产品销售呢？

W：一般来说，我只要做了就有人要。

D：会不会自己再去摆摊？

W：几乎没有，按订单做。今后尝试去做自己的东西，一直帮别人做不是太好。

D：你现在所有的收入来自陶瓷这一块，还是有其他的工作？

W：都在陶瓷这一块。

D：大概一个月的收入有多少？

W：收入大约 8000 元—10000 元。

D：每个月都比较平均？会不会有几个月特别好？

W：特别好的时候，一个月都有好几万块。若淡季的时候，几个月不开张也会有。

D：淡季一般是哪几个月？

W：淡季一般是6月份到国庆节这段时间。

D：对你来说，旺季是哪几个月？

W：说旺季的话，就这个月到过年前。

D：这段时间订单会多一点？

W：订单会多一点，但天气冷也不好干活，很麻烦。

D：那从你创业到现在，你觉得每一年的销售状况在递增还是平缓，或是说有收益下降的趋势？

W：递增的，每年都有订单，每年都比上一年多一点，可能是技术成熟了，订单也就多了。

D：从创业到你真正地有固定的订单，财务达到收支平衡的情况，大概花了多长时间？

W：差不多一年半吧。创业刚开始到今年4、5月份之前都是亏损，到后面才慢慢地好起来。

D：那你在这期间有没有参加过什么展会？

W：没有，都没有。

D：那你完全是自己运营？

W：是。别看地方小，但是要管起来也不好管，请工人帮忙还要教他们，不像传统的产品。比如说我的产品补水太多就会影响造型、线条感。

D：那你现在会固定请工人吗？大概几个？

W：固定工一个，临时工一个。

D：你有没有想过要去开店？

W：我有能力了，在外地开，去上海，不在景德镇，景德镇价格不好。

D：比如这样一个小象，在景德镇可以卖多少？

W：这么大的话。我感觉，卖50元不好卖。

D：在外地呢？

W：在外地的话，可卖180元。像这样的动物在景德镇10元可能都没人买，若在外地30元都很好卖。过年或碰到什么节日像"双十一""双十二"，有时候货都不够卖。

D：你有没有发现你生产的这一系列作品有人抄袭？

W：抄袭肯定会有，相对来说保密性还好，就算抄袭也不可能一模一样，都是要改一下。现在很多人抄也不会跟你一模一样地去做，现在很少人做这种事。

D：是技术含量的原因吗，还是说别人模仿不了？

W：也不是模仿不了，技术是一方面原因，造型方面不能做跟我做一模一样的。现在我有跟公司合作，我可以告他，这是有自己的保密配方，是自己摸索出来的。

2.16 访谈记录

田野调查素材收集						
姓名	洪某	性别	男	职业	学生	
籍贯	江西	年龄	22	所属专业	化工无非	
毕业时间	2018 年	创业时间	2017 年	访谈时间	2017 年 11 月 26 日	
访谈地点	雕塑瓷厂（摆摊）		毕业学校	景德镇陶瓷大学		
访谈记录（语音转录摘要）						

D：笔者　H：洪某

D：你是怎么接触到陶瓷这个行业的呢？

H：接触陶瓷是因为我家里做的就是这个，我的父母还有我的外公外婆都是从事陶瓷行业的，如果我也做了，就算是第三代了。我从小就在雕塑瓷厂那边长大，自己学的专业又是陶瓷釉料。

D：你家父母都是做传统陶瓷的吗？

H：我父母是做圆雕、浮雕还有捏雕这一类较多，然后他们现在的客户主要针对的是国外定制之类的产品。像我的外公外婆是属于传统绘画，他们现在是国家级大师，他们专门画画不搞雕塑。

D：因为你学的是无非专业，那你的陶瓷相关技术主要是从家里还是从哪里学习？

H：开始是从家里学习，后来读大学的时候，从大二开始，去参加了集市摆摊，开始接触陶瓷产品，就开始学习相关的事情，包括自己进货和一些工艺。之前在读书，也做了些别的事情，所以现在才刚学不久。

D：你还要去拜师傅吗？

H：拜师不太需要，基本上我就是想先学手艺，之后自己就是什么都会一点，但不需要做得特别精致。我最后还是想成为一名商人，能做电商是最好的选择，所以对陶瓷产品和销售相关的每一样都学点儿。

D：那你计划生产的产品种类有哪些？

H：还在摸索阶段，最近做了一些茶具、花瓶，还做了风铃之类的小东西。然后接一些私人定制，他要什么东西我就帮他做，具体的还没有固定下来。我也在尝试，不断尝试哪方面好一点，因为是刚刚开始。

D：那如果你去设计一款产品会跟别人的产品不同吗？

H：我觉得目前我最想发展的就是我父母的那个手艺。我母亲是做捏雕的花，花是那种特别大的，景德镇很少人能做出这么大的捏花，所以说这种手艺是别人做不来的，包括烧成的工艺。目前是想把这种东西加在我自己的产品上面，就是比较有特色，然后别人没有的东西。

D：按照你的描述，你最终想做的是一种商业模式，是吗？

H：最终是这样，自己做老板。因为现在刚开始，肯定得自己做。假如有一天自己做老板，手下的员工不会，那自己肯定得会，要不然怎么让别人信服？最终的目标还是让别人去做，自己去管理，现在先把手艺学好。

附录

| 231 |

续表

D：那你会在产品中运用到自己的专业知识吗？

H：不多，因为自己不读研，可能就不会太深入去研究。

D：为什么不想着去深造呢？

H：不是很感兴趣，也可能自己学得不是很好，所以还不如把时间花在自己比较感兴趣，且可以做得更好的事情上面。

D：那你产品创新的思路来源主要通过哪些方面？

H：一个是自己现在学，还有就是设计方面的一些书，再就是看淘宝，因为有些淘宝产品的销量比较大，我就先学习一下人家是怎样做的。之后就是去逛陶溪川、陶艺街这些地方，借鉴他们出的新产品，考虑他们的市场走向，他们大概都在做什么类型的产品，再加入一些自己的想法。最后去做一些我觉得还可以、大众也比较喜欢的产品出来。

D：那你现在的店面是你自己租下来的还是属于你自己的？

H：我摆摊摆了三年，现在快毕业了，店面是我自己家里的，目前租给别人。现在没有很多时间去看店，因为要忙毕业的事。

D：那你现在的产品是自己做还是请人帮忙？

H：可以说完全是自己做，我父母会教我怎么做，但是他们不管我。他们会像老师一样把手艺教给我，其他人没有帮忙，就我一个人。我有个同学读的是物联网，我觉得以后发展的话还是人多力量大，我就找了他，所以我就想后面我们两个人一起做，想以后我管产品这一块，找一个合作伙伴管其他的，想找更多的人一起做，会轻松点。

D：那你有其他的兴趣爱好吗？

H：其他兴趣爱好可能就是音乐。

D：那你有没有想过把你的音乐融入你的产品里面？

H：音乐这个还真没有想，我不知道怎么融进去，因为陶瓷是一个固定的东西，而音乐算是一种不同的艺术形式，一个是用耳朵的，一个是用手去摸、用眼睛去看的一个东西，所以目前还没想过。我觉得不太好融入。

D：在你创业的时候有没有政府的政策扶持？

H：目前还没有去了解政府的扶持政策，我打算去了解。像陶溪川那边，或乐天陶社那边，其实就是对我们大学生创业者的一种支持，国家有很多政策对我们这种创业者是很有利的，不过目前来说还在初步了解当中。

D：你摆摊会选择在乐天还是陶溪川或明清园？

H：在乐天那边有，陶溪川那边没有，太累了。我觉得白天摆了晚上还得挪过去，然后运输也是一个很大的问题，路挺远的。我自己目前的交通工具是一辆摩托车，所以说不是很方便。现在也快毕业了，毕业之后有时间了可能会去弄，现在毕竟还要读书。

D：那你创业家人有帮助吗？

H：有，父母肯定有，在身边肯定想多帮一下。我觉得这时候可以教我技能，但是其他的我就觉得不太需要帮忙，自己也想独立一点。我更希望家人把我看成一个徒弟。

D：那你女朋友会跟你一起学习吗？

H：会，她会陪我一起去，跟我一起过去也算学一点东西，她对陶瓷有更多的了解。

D：她是学陶瓷专业的吗？

H：是绘画，我现在的专业也不是画画，所以也会让她帮我做产品。我做造型，她在上面画，我觉得这样就是赋予了产品其他的价值。

D：你现在的话一个月的收入大概有多少？

H：不稳定，像以前的话，我摆摊一周只摆两天，平均下来一个月按 8 天算，2000 元上下浮动，2000 元多属于纯利润，少的时候可能就 1000 元左右，看情况。现在比以前更少，因为现在是旅游淡季，景德镇陶瓷零售还是靠游客，最近都会比较少，然后又分散到陶溪川那边了，所以雕塑瓷厂的人流量现在就比较少。现在在做客户的订单，主要的收入不是靠摆摊了，就是靠一些手头上客户的订单。摆摊少了很多，现在一个月可能就几百块钱，8 天下来可能 1000 元都不到，比以前少了。

D：因为你本身家在景德镇，所以其他开销就没那么大，利润方面就比较多点，是这种情况吧？

H：嗯，这个确实是，像租房其实一个月差不多 1000 元。水、电、房租，1000 元左右是肯定要的，所以家在这边还是挺好的。

D：其实我了解到你的家族背景，你爷爷那一代开始就是工艺美术大师，你为什么不想着去走那条路呢？因为你的基础非常好。

H：个人原因，我想从商，不是很想做艺术这一块。我可以去考一个工艺美术师，但我不要考那么高级，可以考个初级、中级或者说高级，国家级可能不会去考虑，我有机会可能就考个证，暂时是这样想的。

2.17 访谈记录

田野调查素材收集					
姓名	唐某	性别	女	职业	教师
籍贯	江西	年龄	27	所属专业	陶瓷艺术设计
毕业时间	2014 年	创业时间	2014 年	访谈时间	2017 年 12 月 6 日
访谈地点	陶溪川（店铺）		毕业学校	景德镇陶瓷大学	
访谈记录（语音转录摘要）					

D：笔者　T：唐某

D：我想知道你是怎么接触到陶瓷这一行业的呢？

T：我就是大学选择专业的时候选择了陶瓷艺术设计专业，大学毕业后就立马考研，也是学了这个专业。

D：后面你是基于一个什么原因选择在本地创业？

T：首先肯定是对陶瓷这个专业的热爱，其次就是有一点私心，因为本科加研究生都是学的这个专业，并且是本地人，不想离开家乡，所以才会去从事这个专业。

D：那你陶瓷的相关技术是从哪里学来的？

T：一方面是从学校，另外一方面是从社会上。因为我们在读研究生期间的三年，已经在外面跟一些客户或者说有一些平台进行合作了。

D：你是自学的或者说家里有人从事这个行业？

T：自学。一方面自学，另外一方面家里人介绍师傅给我拜师学艺。

D：你现在店里的产品主要是做哪一块？

T：偏向日用瓷那一类，主要是做茶具，餐具比较少。

D：你觉得你的茶具与别人的茶具最大的一个区别在哪里？

T：一个方面是色调，另外一个方面是想法理念。当初我们进驻陶溪川这边也是私人定制，因为我们自己本来就是学这个专业，所以说各方面如成型、上釉，包括后期的绘画都是自己做。我们也是以这个特色进驻到这边的。

D：客户是给你下订单还是你做好样品发给他们？

T：我们一开始开这家店的时候肯定会有在前期备货这个环节，就以我们自己的喜好出很多的样品，因为我是和我老公一起做的，我老公他更多的是做成型这一块，我就是画花鸟和山水，之间没有交叉。陶溪川这边因为是政府打造，人流量逐渐增大，就会吸引一些客户，他们能看到一些样品，然后又看到我们这家店是以定制为主，有些客户他们就会找我定制。有些就是看客户要求，有些就是直接在茶具上面打他们的 logo，开茶社就会定制他们茶社的 logo，还有些就是想要从器型改变的话，那就给他们发效果图出来，我出一个样品，确定之后就开始成批量生产。

D：你产品创新的创意来源主要来自哪？

T：一方面自己想，另外一方面可能在与客户交谈中想到的。有时候跟客户聊天，他们会提供一些题材。比如说云南大理那边，有个客户想做茶文化相关的产品，我经过自己的思考，之后就给他定了个主题，"一山一城一水一云"。以四个单杯为一组，做成一个套组，一共做了 200 套。还有客户是福建那边的，他也是给了一个主题，然后我就提供我自己的想法，借鉴他们那边的市花或一些比较有名的建筑物之类的，就以这些东西画一个系列。

D：会有参考网上的一些元素吗？

T：会的，还要不断去看书。

D：除了这家实体店，你还有其他的店吗？

T：暂时没有，只有这一家实体店。

D：那你在开实体店之前是什么营销方式？

T：我在开实体店之前，有一定的销售经验。我是从2007年开始读大学，大一那时候就在乐天摆地摊，那时候是做首饰。到2008、2009年的时候就开始做茶具。考上研究生之后就跟着自己导师画了三年的瓷板，这三年中途跟瓷立方有限公司合作，那边出售我的瓷器，我就逐渐积累了一定的经验，就知道市面上大概哪些东西会比较受欢迎，哪些东西需要改进。后面我才开始自己开店。

D：你为什么会把店面选择在陶溪川？

T：我之前也考虑过这个问题。在我2012年研究生二年级的时候选择这家店，那时候有几个因素，其中一个是我主要想销售什么东西为主，以什么东西为主就决定店开在哪里，那时候考虑了几个地方。一个是莲花塘，那边是做艺术瓷的，另外一个是当时比较火的一个地方，就是陶艺街。那时候陶艺街以日用瓷为主，并且走中高档路线。当时2012年陶溪川这边只是一个施工图，我是看着那个施工图才租下这间店的。

D：那时候入驻要求多不多？

T：那时候从300个商户里面选80个，并且这80个一定要有自己的特色。当时我选择这边考虑到这里是政府打造的，想着政府打造的，那肯定比我们私人自己的开店前景好。当时就没选择莲花塘，因为那边是做艺术瓷，基本上就定位在大师了。陶艺街我去逛的时候发现那边装修很豪华，作品风格也比较有特色，但是可能存在一些问题，就是它那边没有规划好。比如我们每次过去的时候，一般人正常起来再过去的话大概是早上10点钟左右，但是它那10点钟一直到下午5、6点钟甚至7点钟才开始开门，前面一段时间有很大的局限性。陶艺街那边一开始是由政府扶持的，后面它可能是转手到私人老板，老板再转手出租，所以那边就没有一个系统的管理，这就是它的一个弊端，考虑这点，后面选择了陶溪川。虽然当时选择的时候有很多条条框框，要求就是我定位了这种风格，我就不能中途换风格，或者要求上午10点钟开门，一直开到晚上10点，中途只能容许我们休息一个小时，这些方面对于我们来说可能限制比较多。就比如说现在冬天还要求我们10点过来开门，有时候上午没人也要过来开门。但是每件事都有两面性，肯定政府也希望这边能好，带动这边的经济，我们也要全力配合，无规矩不成方圆，就选在这边。

D：你的产品是自己做还是请师傅做？

T：前期的话全部都自己做，现在就是有时候自己出样品，然后会让自己的学生或自己请的一些画工师傅做，样品环节都是我自己出。

D：那你开店到成型稳定经营花了多长时间？

T：这个没有一个具体时间。大致就是前期需要积累很多经验，以经验作为辅助，然后就是准备东西开店，出样品之类的。大概前期工作准备了一年，一年时间出这么多东西。在后面的运营中出现了各种各样的问题，都是开始没有想到的。后来我开始琢磨怎么样才可以让自己店面销售得更好。比如说跟着市场政策走，实时关注市场需求，还有就是会做活动，通过促销活动来拉动销售。

D：家人会过来帮你吗？

T：主要是我老公，因为我还要上课，老公还是以这里上班为主，我就是晚上过来一下。

D：你平时除了上课和做陶瓷之外，还有其他的兴趣爱好吗？

T：平时就是写课题，也会去培训。比如说最近陶大那边开了国家艺术基金的培训，学无止境，还要不断去学习。

D：没有说要去参加一些展览？

T：有，上个礼拜刚刚参加了一个潮州的设计比赛，是金属材质与景德镇的古彩相拼接。因为有时候陶院的老师也会过来看一下，他们会提出一些宝贵的意见。比如说我们在这边经营的时候可能会有一些利益诱惑，老师会让我们先停下来想一下，是不是应该再多学一些其他东西。

D：你现在的店面一个月的收入大概是多少？

T：一个月的话大概是 8 万元—10 万元。

D：那纯利润呢？

T：纯利润在 6 万元左右。

D：你们开店有没有政府的扶持？

T：有，我们开始进驻这个店的时候它是交一年房租免一年房租，陶溪川还会举办各种各样的活动来吸引人流量。

D：你产品的销售除了实体店还有其他的方式吗？

T：微信，然后我们现在慢慢着手做淘宝，还有东家，现在算是比较热门的平台。

D：网上市场你是打算请人帮忙营销吗？

T：这一两个礼拜我已经差不多学会了。

D：你家庭主要的收入来源除了陶瓷这块，还有其他的副业吗？

T：暂时没有。

D：一年当中有哪几个月的销售状况是最好的？

T：8 月份以后，因为 8 月份以后就是 9 月份，会开始陆陆续续为瓷博会准备，瓷博会结束后就快到过年了，然后是元旦，再是节假日。

D：瓷博会每年都会参加吗？

T：不会，我 2011 年研究生的时候开始每年参加，但是后面既然有店的话，还是以这边为主，因为现在开始陶溪川的人流量很大，每一年来瓷博会的人必定会来这边逛。

D：现在你的店是以批发为主还是以零售为主？

T：零售为主，但是也有很多订单。

续表

D：订单客户是你以前摆摊的时候还是开店之后的客户？

T：开店之后。

D：你现在还会去参加一些集市吗？

T：没有，现在忙不过来了。

D：不忙你会考虑吗？

T：集市可能不会了。当初我们选择店铺的时候，我报得比较早，当时可以两间店选一间。一间是这个区域艺术家的这种，另外一间的区域是主街。那时候我考虑了一下，选择主街的话虽然人流量会更多，但是后来发现主街周三、周五或周六都要摆地摊，摆地摊可能就会吸引原本会进店的客户，最后还是决定在这边。还有一点就是这边紧靠着酒店。

D：创业这么久你有没有觉得哪一年销量最好？

T：一直都是往上升的。

2.18 访谈记录

田野调查素材收集					
姓名	许某	性别	男	职业	陶瓷创业者
籍贯	江苏	年龄	31	所属专业	陶瓷艺术设计
毕业时间	2014 年	创业时间	2014 年	访谈时间	2017 年 12 月 6 日
访谈地点	陶溪川（店铺）		毕业学校	景德镇陶瓷大学	
访谈记录（语音转录摘要）						

D：笔者　X：许某

D：你是怎么接触到陶瓷这个行业的？

X：从大学开始接触。

D：你为什么会选择留在景德镇创业呢？

X：嗯，自己感兴趣，然后就是这个也能养家糊口。

D：当时有没有想过去其他地区应聘公司？

X：当时也想过去当老师，但是后来想想还是留在这边创业。

D：你制作陶瓷的相关技术是从哪里学习的？

X：从学校，然后就是自己摸索。

D：有没有拜师傅学习？

X：没有拜师。

D：完全是靠自己吗？

X：嗯。

D：你现在做的产品主要有哪些种类？

X：釉下的偏多，釉上的也有一点，茶具多一点，餐具偶尔也做。

D：其他还有别的吗？

X：还有花器这些东西。

D：你们的产品和其他同类产品会有哪些不一样？

X：主要是技法方面，技法是自己研创的，跟外面画法有点不一样。

D：比如说这种花纹？

X：这种还是比较普通的，其他的那种。

D：比较简洁的是哪种？

X：像那边茶叶罐的那种，外面有那种凹凸感的。

D：这种茶叶罐是吧？

X：嗯，它那个画面有凹凸感，然后把那个花做成立体造型。

D：那你茶具的创新思路来源于哪里？

X：就是慢慢自己摸索，形成了一个风格，然后就是看网上的图片，主要是看真实的东西比较多一点。

D：会不会去外地看展，还是就在景德镇当地看？

X：会去外地看，但是看得比较少，主要是现在没有那么多时间去。

D：那一开始的时候，你是怎样销售的？

X：先摆摊，然后到现在开店。

D：你是什么时候到这边开店的？

X：去年。

D：你还有没有在其他地方摆摊？

X：没有，在陶艺街那边把东西寄售过一段时间，但是那个店也是我老师的，我就把东西放那帮忙看店，没有收租金。

D：那你除了参加乐天集市，其他集市也参加吗？

X：当时也没那么多，那时候也就一个乐天跟明清园，其他的也没有。

D：你将实体店选择在这里是出于什么考虑呢？

X：主要是这边的氛围还可以，然后在这边感觉也还好，人流量也还行。

D：你的销售对象是以游客为主还是以批发商为主？

X：基本都是游客为主，这边拿货的不多。

D：那你现在老客户还有订单吗？

X：嗯，还是老客户多一点。

D：老客户基本上都是摆摊的时候认识的吗？

X：对，就是前期的积累。

D：你开店的时候有没有积累一些？

X：也有，但是很少，基本上以一些游客为主。

D：你现在产品制作，是自己做还是请人做？

X：请了一些人，自己也做。

D：人员是固定的吗？大概请了多少人？

X：固定的，三四个人。

D：现在产品的产量高不高？

X：产量还好，一般也不是特别多。

D：比如说一个月大概可以产出多少？

X：主要看东西，杯子的话多一点，但是那种大器型的东西就少一点。

D：因为你这边是以零售为主，那在店里一个月的销售额大概多少？

X：这个不一定，有的时候好，有的时候差一点。

D：那你平均下来大概是多少？

X：平均下来5万元—6万元左右。

D：那纯利润呢？

X：纯利润也没有算过，因为钱拿到手上后又投到货里面去了，所以也没有算。

D：这边店租贵吗？

X：不贵，相对来说还好，但是第三年就不知道了。

D：那现在的店租是多少钱一个月？

X：现在的话加起来4000元—5000元的样子。

D：那你除了日常的工作之外，还有其他的娱乐活动吗？

X：有时候会出去看一场电影什么的，或者跟朋友出去玩一下。

D：那你会打牌吗？

X：那倒不会，最多打打游戏。

D：你创业的时候享受到政府的扶持政策了吗？

X：那个倒没有。

D：那你从最初到现在，觉得创业当中有什么经验可以分享一下吗？

X：各种各样的问题，就是关于制作方面的很多问题。比如说那个釉色，那个窑温跟每一家店的釉烧出来的都不一样，再是颜料，然后就是窑里面烧出来的问题。太多了，一下说不完。

D：当遇到问题的时候你是怎么解决的呢？

X：会找老师傅问一下，最主要还是自己慢慢试验。

D：烧很多产品试验？

X：加不一样的釉料去试窑温。

D：你现在有自己的窑吗？

X：现在还没弄，还是搭烧的窑。

D：现在产品销售的方式还有其他的途径吗？

X：就是老客户订货，然后就是这个店的销售。

D：网上会有销售吗？

X：网上现在还没有。

D：那有这个计划吗？因为我看到很多人去推东家这个 APP。

X：有的。

D：那你现在家庭收入的来源除了陶瓷之外还有其他的吗？

X：主要就是陶瓷。

D：一年之中有几个月你产品的销量最好？

X：一年当中 5 月跟 10 月，两个旅游大季。

D：从你创业到现在，你觉得对于你个人来说，产品销售额度是上涨的趋势，还是下降的趋势？

X：应该是一个波动过程，但是整体的话是上涨。

D：从哪一年开始你觉得生意没那么好做了？

X：从今年。

D：以前都觉得还好，是吗？

X：以前都差不多，都还好。

D：从你创业开始达到现在的销售额，你大概用了几年的时间去调整？

X：其实一直都蛮稳定的。

D：那你摆地摊的时候有现在的销售量吗？

X：那时候也有，也是比较稳定，但是没有现在多。

D：达到这个点大概是什么时候？

X：就是从这个店起来之后，也就是今年，去年也不太好，这边没有人，就是跟客流量有关。

2.19 访谈记录

田野调查素材收集					
姓名	白某	性别	女	职业	陶瓷创业
籍贯	河南	年龄	28	所属专业	美术学
毕业时间	2011 年	创业时间	2014 年	访谈时间	2017 年 12 月 8 日
访谈地点	陶溪川（邑空间）		毕业学校	景德镇陶瓷大学	
访谈记录（语音转录摘要）					

D：笔者　B：白某

D：你是怎么接触到陶瓷行业的呢？

B：因为之前我们学的是美术，最开始就是在纸上画，然后就慢慢地画国画和素描，再接触到陶瓷。我老公就是学陶瓷相关专业的，就跟着一起做。

D：那你是怎么会想到在景德镇进行创业的呢？

B：怎么说呢？因为在这里上学，然后我跟我老公结婚了，他想在这边创业，然后我只能跟着了，他在哪里我就在哪里。

D：那你陶瓷制作的相关技术是从哪里学习到的呢？

B：从学校出来后跟一个老师学的，然后差不多学了几个月就没学了，回来自己慢慢摸索研究。我们现在所有的这些产品都是靠时间积累下来的，怎么说呢？也不是说老师教得不好，很多还是要靠自己去实践。

D：有没有特意去拜师学艺？

B：我在 2012 年左右有专门去拜师，我老公他学过浅雕，就是那个青瓷（指向自己的产品）。我们先是学水墨，后来又去学制作青瓷，学着学着感觉青瓷不太适合我们，还是回到原点，重新钻研水墨。

D：那应该是釉下彩绘的多一点吧？

B：釉下、釉上的都有。

D：因为我觉得你们的这种水墨陶瓷绘画比较难，看了很多陶瓷产品，感觉到这种绘画比较难控制，应该是依靠经验积累出来的，对吗？

B：对，它是需要时间的积淀。

D：那你的产品主要是偏向于哪个种类？

B：主要就是摆设或者可以说是陈设，装饰效果比较强一些的产品。

D：我看到你也有销售茶具，那也是你们主要的产品吗？

B：茶具只是顺带着卖的，我们主要做瓷板画，还有室内空间装饰。

D：以装饰品为主？

B：对，以装饰品为主。

D：那你觉得你的产品和其他装饰类产品的区别在哪呢？

B：我觉得我们这个水墨比较现代、比较抽象，像行云流水。你看我们画这小鱼，本来鱼是在水里面游的，但是我们画得像在天空中飘着、飞着的那种，反正就是很抽象。有些东西需要有一种思想，比如那个空间设计，就是需要思考，要有灵感。

D：那你们在进行产品创作的时候，创作思路从哪里获得的？

续表

B：我画画的时候不希望别人打扰，就是一个人静静地画，你脑子里肯定会有自己的思考，没思考画不出来，比如我们这个产品就是根据天空中的云彩加上自己的想法绘制出来的。

D：那你会在创作之前搜集一些展览图片，或是网上搜集一些数据进行参考吗？

B：之前会，刚开始的时候，经验各方面都不足，会搜索一些素材。但是后来画得时间久了，差不多五六年左右，就积累了自己的经验。

D：那你们除了实体店之外还有其他店吗？

B：我们还有一个店在三宝，有个门面在主道上，那里有很多店铺全都是卖瓷器的。

D：三宝的主干道上吗？

B：对啊，就在主干道上，工作室也在那边。

D：当时为什么会想到把工作室定在三宝呢？

B：其实我们刚开始的时候是在老厂，年轻人创业，你也知道没多少资金。后来慢慢地好转了，就想弄大一点的工作室，就搬到了三宝，而且三宝这边最近几年发展不错。我们刚开始搬过去的时候，并没有花太多时间收拾，直到2016年才慢慢地完善。

D：没有实体店之前，会参加摆摊吗？

B：这肯定会的，一般都是在明清园、乐天、雕塑瓷厂，然后就是陶溪川这边。只要有集市就参加，还有陶艺街那边也会去摆。

D：现在你有店面之后还会去摆摊吗？

B：会呀，只要有机会我就去，如果没机会那就不去了，反正一个机会都不能错过。

D：因为我看到有些人有店铺之后好像就不摆摊了。

B：其实如果是这样也好，可以把更多的机会留给别人，很多人还没有店面。

D：那你的产品制作是完全自己制作还是会请师傅帮忙？

B：我们基本上都是自己制作的，像画这些都是自己制作的。

D：器型就是请别人帮忙做，是吗？

B：对。

D：那家里人除了你老公之外，还有人过来帮你们做陶瓷之类的事情吗？

B：没有。

D：当时你们留下来创业的时候家里支持吗？

B：家里面，怎么说呢？反正家里也不支持也不反对。

D：就是一种中立态度？

B：对。

D：那你现在工作之余，还有什么其他的娱乐活动吗？

B：有啊，我除了工作以外还喜欢运动，反正是能运动的地方我都喜欢，还有瑜伽。

D：那你会和你老公一起去吗？

B：嗯，有。但是有时候他比较忙，我就自己去，我约了我的小伙伴自个儿去。

D：那你先生现在就是忙生产这一块？

B：对的。

D：你会请一些店员帮忙吗？

B：嗯，店员的话目前还没有。因为怎么说呢？销售这方面还是要自己把关，因为东西做好了销售不出去，就等于零，销售一定要自己在，销售这方面真的很重要。

D：你觉得如果请店员的话，销售不太好会是什么原因呢？

B：不是说我不相信店员，但是我做的东西，所有的程序，我都知道、都了解，所以跟客户介绍的时候就会很详细，所有的东西都在脑袋里面，都是自己的心血。

D：可能请店员的话沟通不深。

B：对。而且有些时候，客人问到某些问题他是真的不知道。

D：如果我是购买者可能会对工艺制作的流程好奇，会很自然地询问一下。那你从事陶瓷行业时间还比较长，在这个工作环境中，你有接触到一些传统留下来的习俗或者习惯吗？

B：接触到的传统就是很传统的那种青花。

D：那传统庆典之类呢？比如他们在烧窑之前有祭窑神这种风俗习惯，你有了解吗？

B：之前我们在老厂的时候，有一个师傅说过，好像是（20世纪）50、60年代的时候，女人不能进窑里面，说是不吉利。后来随着时代的发展，男女平等了，就没有了这么多讲究。

D：好像以前的规矩还是挺多的。

B：嗯，对的。

D：那政府在你毕业之后，有没有什么实际的扶持政策呢？

B：像陶溪川吧，政府扶助很大。你看像我们现在开的店，都是政府免费提供的，对我们大学生来说就是一个很好的平台，这一点真的做得很好。

D：那你从最初的创业到现在，在生产过程当中，能分享一些遇到的问题和解决方式吗？

B：遇到的问题好多，怎么说呢？如果说是运气好的话，一窑的产品几天就卖完了，还有遇到了喜欢你东西的人，就会觉得工作并不辛苦。

D：你的产品是卖给游客比较多一点，还是批货的采购商？

B：这边一般都是游客比较多，批量的话很少，有倒是有，但是会很长一段时间都遇不到几个。产品肯定是要走量的，只靠游客根本不行，早就不行了。

D：那你的客户是在进入陶溪川之前就已经积累的吗？

B：嗯，陶溪川积累的客户也有，还有之前在外面积累的也有，反正就是各种来源。

D：那你这个店大概一个月的销售额会是多少呢？

B：嗯，大概平均几万块吧。

续表

D：那你这个店的话，一个月的开销大概会有多少？

B：这个成本我还真的没有细细地算，但是说这个成本的话，估计一个月怕要两三万元。你看我们那边工作室，还有生活各方面，这些瓷器压货的可多了。

D：就是备很多货？

B：对的，备货的全部都在里面呢。

D：那你现在除了店面销售，会在线上销售吗？

B：在线上的话，我们跟东家合作。

D：淘宝会不会有？

B：淘宝没有，就是东家有。

D：微信呢？

B：微信上有的。

D：那等于微信主要是对客户做产品展示？

B：对。

D：那你的销售状况哪几个月会比较好一点？

B：应该是每年的三四月份的时候，还有八九月份的时候，就是国庆节那段时间，然后就是三四月份人家开年购货。

D：这个店运营的话，会和游客有很大的关系吗？

B：对，游客肯定会来陶溪川，因为陶溪川在景德镇是个很出名的地方。

D：那除了陶瓷之外，你还有什么其他的副业在做吗？

B：除了陶瓷其他没有做，就是专做陶瓷。

D：那从你创业开始到现在，你觉得哪几年的销路是比较不错的？

B：应该就是我们刚毕业那几年，2010年还没毕业之前的时候做瓷器的人不怎么多。

D：然后到什么时候，你觉得市场慢慢地饱和了？

B：嗯，差不多2014年以后。

D：觉得市场不太好做了，是吗？

B：真的是不好做，客人也挑剔了。

D：那你觉得导致这个状况最主要的原因是什么呢？

B：怎么说呢？不知道是自己做得不够好，还是做瓷器的人太多了，竞争力太强了，应该是各种各样的原因都有。

2.20 访谈记录

田野调查素材收集						
姓名	辰某	性别	女	职业	陶瓷创业者	
籍贯	安徽	年龄	24	所属专业	陶瓷艺术设计	
毕业时间	2016 年	创业时间	2017 年	访谈时间	2017 年 12 月 8 日	
访谈地点	陶溪川(邑空间)		毕业学校		景德镇陶瓷学院	
访谈记录(语音转录摘要)						

D:笔者 C:辰某

D:你是怎么接触到陶瓷这个行业的呢?

C:我原本就学的这个专业,我学的是陶瓷艺术设计,就是设计现代的器型,但是我不太喜欢,后来就自己学了陶瓷绘画。

D:你这边产品主要是以瓷板画为主吗?

C:嗯。

D:这个是用釉色来画的吗?

C:用那个国画颜料。

D:国画颜料也可以烧出来吗?

C:不是,是用的陶瓷绘画颜料,专门的釉下五彩颜料,然后下面的那个国画,用的就是国画的颜料。

D:你怎么会想到留在景德镇进行创业的呢?

D：从网上吗？

C：嗯，网上借鉴。还有就是同行的有时候也会去看一下，但是不会去抄袭，看他们怎么表现的。

D：网上借鉴的话，你是关注国内的网站多一点还是国外的？

C：国内的，其实我本身不喜欢国外的东西。

D：偏向传统的？

C：对，我喜欢中国文化的东西。

D：那你会去看展览什么的吗？

C：会去，会去看一些名人展、书法展之类的。

D：会去外地吗？

C：嗯，如果要是觉得对自己有帮助就会去。

D：现在除了实体店销售，还有什么其他渠道在销售你的产品吗？

C：其他渠道就是微信，其余网店之类的都没有。

D：为什么不去开一个淘宝店呢？

C：太麻烦了，没时间。

D：现在就是你自己在这里做吗？

C：我和我老公。他进行制作，有时候我去画，我俩一起。但是销售的话主要是我这边销售。

D：那你想过请人帮你们销售吗？

C：想过。

D：因为我知道网上营销其实量还挺大的，面更广，不去尝试一下？

C：需要时间，我们现在还在起步阶段，没有这么多时间去打理那些事情。

D：那在开这个实体店之前，你的销售方式有哪些？

C：也是在这个集市上，创业集市之类的，去摆摊，他们给大学生提供了一个场所。

D：那乐天有没有去过？

C：没有去过。

D：明清园呢？

C：之前去过，后来就到陶溪川这边了。

D：那你现在的产品是自己制作还是请师傅帮忙？

C：自己制作，全部都是自己原创的东西。

D：基本的器型会从外面运坯加工，是吗？

C：这个会的。

D：那家里人除了你们两口子之外，还有没有人来帮忙呢？

C：爸爸妈妈有时候会来。

D：你家是外地的吗？

C：外地的，我家是安徽的。

D：哦，还是有一点距离。

C：有点远。

D：除了现在的工作之外，你还有其他的什么娱乐或者兴趣爱好吗？

C：因为我是一个佛教徒，有时候可能会去寺院住一段时间。

D：你的作品中会有一些和你的信仰相关的东西吗？

C：有时候会有，但是我考虑到像佛教是一种信仰，如果把佛像什么的放在器物上，不懂的人就会不尊敬，所以添加得很少，无非就是画一些莲花之类的。

D：你会考虑做一些小雕塑吗？

C：没有考虑到那个方向。

D：还是以画为主？

C：对。

D：除了邑空间这家店之外，在你创业的时候，政府还有什么其他的扶持政策吗？

C：创业到现在主要接触的就是邑空间这一个，别的没有。

D：资金补助呢？

C：资金补助，这里面有一部分，就像这个店面，它是不收取费用的。

D：那你现在家庭的收入来源主要是陶瓷这一块吗？

C：嗯，是这个。

D：其他副业呢？

C：基本没有，主要是陶瓷。

D：那你这个店每个月的营销额大概有多少？

C：这个不固定，平均1万多元吧。

D：那你每个月的固定开销大概是多少？

C：固定开销要五六千元。因为要买材料生产，还有住的地方也是租的，需要交一部分押金。

D：那你现在的产品是销售给游客为主，还是批量订货为主？

C：游客多一点。

D：在一年当中，你觉得哪几个月销售量最好？

C：国庆假期的时候，几个长假相对都比较好一点。

D：那你入驻这里之后，还会去参加其他集市吗？

C：没有参加，如果有机会还是会去。

D：是为了积累客户？

C：对，那样接触的人比较多。

2.21 访谈记录

田野调查素材收集						
姓名	刘某	性别	男	职业	自由职业	
籍贯	河南	年龄	26	所属专业	雕塑	
毕业时间	2014 年	创业时间	2015 年	访谈时间	2017 年 12 月 8 日	
访谈地点	陶溪川（邑空间）		毕业学校	景德镇陶瓷大学		
访谈记录（语音转录摘要）							

  D：笔者　L：刘某
  D：你是怎么接触到陶瓷这个行业的呢？
  L：我在这儿上学，刚开始接触是在高中的时候，听老师介绍了解了一点，考到这里以后就有了更深入的了解。
  D：那你不是本地人？
  L：不是。
  D：你怎么想到毕业以后做陶瓷并且留在景德镇创业呢？
  L：最主要的就是上学期间培养了兴趣，因为我认识一些老师，和他们交流后，我更喜欢陶瓷了。其实刚开始也不是太喜欢，后来上学过了两三年，通过老师的介绍加上慢慢接触，就喜欢上了。
  D：那你这些相关工作经验都是从哪里得来的呢？
  L：就是在外面打工。
  D：在外面打工？就是去作坊工作吗？
  L：对，就是去作坊。
  D：有专门拜师学艺吗？
  L：有。我刚开始在这上大学，大二的时候就自己出去做兼职，然后慢慢开始接触。在大二下半学期的时候，认识了我们的专业老师，他带着我去了他的工作室玩了一下，他老婆也是做陶瓷的，是个工艺美术大师，后来也是机缘巧合，就留在他那了，算是拜在他们下。
  D：开始需要干杂活吗？
  L：刚开始就是做杂活，会给你一点报酬。最主要的就是给他打下手，到后面可以一同创作一些东西。
  D：那么创作产品的种类主要以哪些为主呢？
  L：以动物瓷雕为主。
  D：会做一些茶具之类的吗？因为我看到这里有这种类型的商品。
  L：也会有，但是这些东西不是我最主要的方向，就是自己没事玩一下。
  D：那你觉得你自己创作的瓷雕和别人的有什么不同？
  L：不同？我们老师属于学院派，我的创作受他影响比较大，还有一点就是会有一些传统的手法，但是又比传统的稍微现代一些，那种感觉更贴近于西方写实。
  D：那你的产品风格从开始到现在一直是这样，还是说随着市场的变化有些改变？

L：一直是这样。

D：那你产品的创新主要是通过哪些渠道获得的呢？

L：大部分是看书，然后也从网络上了解一些西方的雕塑。因为毕竟做雕塑这一行你要了解很多，国内传统的，国外先进的，或者是其他的，就是各种渠道，了解以后就结合它们的优点，再加一些自己的想法。

D：比如有集市的话，你会去参观同行的作品吗？

L：会，也会了解，然后和他们交流，就是学别人的经验，使自己的技术提升或者是积累经验之类的。

D：你在这儿还有其他实体店吗？

L：没有其他实体店。我在外面还有一个工作室，也算得上是店面类型的，在老厂那边。

D：那你是租的，还是买下来的呢？

L：现在还是以租为主。

D：租金贵吗？

L：也不是太贵，我那边 600 元左右，有 100 多平方米。

D：那你当初选址老厂开工作室的原因是什么？

L：那边采购材料比较方便，像我刚出来那会，毕竟资金或者各方面都比较薄弱，不可能自己买窑烧产品，所以需要去搭公共窑烧。还有你想找人拉坯或者是烧窑，那些师傅都在那边，找他们比较方便，有什么不会的问题还可以去请教。

D：他们乐意分享吗？

L：乐意啊，只要你去问，他们都会说的。

D：那你现在有自己的窑吗？

L：没有，自己现在还没有，主要还是以搭烧为主。

D：现在的产品制作是你自己做还是请别人做呢？

L：不止我自己，现在有两个学弟，就在一个工作室里面一起做。

D：那除了你们三个人，还会额外请人吗？

L：那要看后期的发展情况，如果要是量大的话肯定还会请。

D：除了工作，你还有其他的业余爱好吗？

L：有，打篮球或者去其他地方旅游。

D：会去看展吗？

L：会。不过我主要关注的展览就是雕塑类的比较多，其他类别的，比如说颜色釉这些，了解的就会比较少一点。

D：那你看展主要是在哪些地方，还是说就在景德镇呢？

L：北京和上海。

D：那你工作也有一段时间了，在工作中有没有接触到传统民俗或者习俗什么的？

L：这个比较少，但是也有。打个比方，就拿吹釉来说，之前吹釉没用气泵，都是用嘴吹的，我也尝试过，不过这个真的很累。

D：那你从毕业创业到现在，有没有在创业方面得到过政府的政策支持？

L：来到这边以后有，但是之前好像不太多，还有就是它会每个月或者三个月组织一次去外面学习。前一段就有组织去杭州学习，这附近就有三家店主去了杭州中国美院学习，也是关于陶瓷类的。政府组织的这些活动我们都会参加。

D：就是组织学习、观摩？

L：对。

D：在开这家店之前你主要是通过什么方式销售产品？

L：最主要的还是在外面摆摊。

D：你参加过哪些集市？

L：乐天、明清园，然后还有这边的陶溪川，之前在国贸还是金鼎那边也有个摊位，忘了那个名字叫什么了。

D：你觉得客户是在店里接触得比较多，还是摆摊的时候比较多？

L：摆摊那时候接触比较多。

D：那就是说现在驻场在这里的交易量还没有摆摊的时候多，是吗？

L：这个也不一定，因为你在外面摆摊的时候，接触的都是外面开店的拿货，他们只是购买你的商品。但是在店里面不一样，在店里面接触的人可能要比摆摊的时候接触的人高一个层次，他如果看上你的话可能就会和你一起合作了，对发展会更好一点。

D：那你觉得从最开始摆摊到现在开店，这个过程中出现过哪些问题呢？

L：摆摊遇到的问题就是下雨天出不了摊，但是在这里就会好很多。

D：那你的店面销售每个月的收入会有多少？

L：大约在 2 万元—3 万元左右。

D：纯利润呢？

L：纯利润差不多每个人大概有 1 万元左右吧。

D：这边开店的开销可能会少一点吧？

L：对。

D：那你想过去外面的街道开店吗？

L：想，后面发展再考虑。

D：那你现在的家庭收入主要是靠陶瓷吗？还是有其他的工作？

L：陶瓷为主，然后也会去接一些散活。因为我大二就出来在外面实习，懂的技术比较多，像在外面吹釉或者是技术方面的一些活儿。

D：那你一年的销售一般哪几个月会比较好？

L：8 月份，然后 9 月份和 10 月份，往前面再说的话，大概是 3 月份、5 月份这几个月。

D：这是否跟假期有关？

L：应该有很大的关系，我的作品偏小，所以游客喜欢的应该比较多一点。

D：那你从入行到现在，你觉得销量是卖给批货的比较多，还是卖给游客的比较多？

续表

L：游客的比较多一点，批货的不是太多，但是也有几个，摆摊时候认识的。
D：我看你的产品像作品。
L：对，稍微会有一点。因为受到老师的影响比较多，我的老师是做作品的，然后我现在最主要的一个想法，就是能让产品被大众接受，这个产品摆在任何一个地方都是一件非常赏心悦目的东西。我觉得传统陶瓷大部分会显得很笨拙，我现在的想法是融入自己的一些新理念，让它显得更为灵巧一点，线条或者是其他方面更美一些，这样摆在家里面可能会更好一点。
D：那你的产品主要是销往哪些地方？
L：上海，然后北京、福州这些地方。
D：都是经济比较发达的一些地方？
L：对。

2.22 访谈记录

田野调查素材收集					
姓名	张某	性别	男	职业	陶瓷创业
籍贯	江西	年龄	25	所属专业	陶瓷艺术设计
毕业时间	2014 年	创业时间	2015 年	访谈时间	2017 年 12 月 8 日
访谈地点	陶溪川（邑空间）		毕业学校	景德镇陶瓷学院	
访谈记录（语音转录摘要）					

D: 笔者　Z: 张某

D: 你是怎么接触到陶瓷这个行业的？

Z: 我是 2010 年来的景德镇，当时大学读的就是陶瓷专业，后来发现陶瓷挺有趣的，就开始钻研，主要是学校的学习加上外面师傅的指导。

D: 那你不是本地人吧？

Z: 我是宜春的。

D: 那怎么会想到毕业之后留在景德镇进行陶瓷创新创业呢？

Z: 为什么留在景德镇？因为我觉得自己对这边比较熟悉，包括生活和陶瓷。这个地方文艺气息比较重，加上自己原本就是学艺术的，觉得这里挺好的，个人比较喜欢这里的艺术氛围。

D: 那你的相关技术都是从哪里学习到的呢？

Z: 主要还是学校，然后就是跟那些师傅和一些老师，他们会指导我，然后自己再多练习。

D: 有没有在外面专门拜师学艺呢？

Z: 有一段时间，半年左右吧。

D: 那你拜师学艺的话，还是遵循以前一样的传统吗？

Z: 现在其实很少这样，但是会礼貌性地带点礼物。

D: 那你当时学技术主要是学哪方面？

Z: 我主要是学釉下彩，比如青花或五彩，就是泥坯上面画的那种，落款也都学过。釉上就是学新彩，因为釉上和釉下差不多，只是用笔和用料之类的可能会有点区别。

D: 那你现在的产品种类主要是偏向哪类？

Z: 茶具跟酒具。

D: 我看你的产品，现在是酒具做得比较多吗？

Z: 对。

D: 那你觉得你的产品和同类产品的区别在哪里？

Z: 我的产品从成型到生产都是自己原创，有自己的想法和原创设计。打个比方，那一套方圆酒具，就是根据那个铜钱的原理设计出来的，你可以看一下（展示产品）。还有像这种杯子是根据鸡蛋的原型，借助三个缺口的设计就会不洒酒。

D: 那你产品的创意来源主要通过哪些途径获得呢？

Z: 其实我觉得跟学校里面的教育有关系，还有就是通过书本了解。

D：会在网络上看一些数据吗？

Z：这个当然有，像一些学校的毕业展都会看，毕竟要不断积累。

D：那你会去看一些专业展览之类的吗？

Z：会啊，像陶院的毕业展，我差不多每年都会去看。外地以前有去，但是最近都在景德镇。我之前去了广西，在广艺看了他们的毕业展，然后还有浙江美术馆的展览我也去过。

D：那你现在销售除了实体店还有别的途径吗？

Z：除了实体店，还有就是在线的，淘宝和微信。有一部分订单会来源于微信，与客户沟通时间积累长了，有部分客户就会觉得你做得挺好的，就会向你直接下单。

D：淘宝销售得还好吗？

Z：淘宝不怎么好，因为不是很专业。

D：那在淘宝上出现的最大的问题是什么？

Z：运营吧，我觉得淘宝还是需要专业的运营人员。因为我有自己接触淘宝，研究后发现它的产品行情选择很重要，还有一些运营模式也比较重要。

D：那你现在店面和工作室的运营是几个人在做？

Z：三个人。

D：那会不会在产品制作的时候请师傅帮忙？

Z：这个会，像我们注浆，如果订单量大的话，那是必须邀请人来一起做，三个人肯定做不了那么多。

D：那你现在家里有人过来帮忙吗？

Z：没有，我是自己在这边做。

D：你一个人在这儿做？

Z：算是吧，就你说家里人的话，就是我自己一个人，我现在还没有女朋友。

D：那你工作以外还有其他的兴趣爱好或者娱乐活动吗？

Z：有啊，比如爱好上网打游戏，但是这两年很少了，以前我还是很喜欢，现在我会玩玩手机游戏，还有就是我比较喜欢书法，会练写字。

D：在你的创业初期，政府有相关的政策扶持吗？

Z：邑空间其实也算是政府的扶持，对我们帮助很大，其他的好像没有感受到，暂时没有。

D：那进入邑空间以前，你的产品销售主要是通过哪些方式呢？

Z：产品销售，就是摆摊，还有就是刚提到的微信，淘宝也会有些利润，工作室有的时候也能卖一些。

D：那你销售步入稳定大概花了多长时间？

Z：进入了邑空间才算比较稳定。我是今年10月份才进来的，之前一直在外面摆摊，总的下来大概两年的样子。

D：两年？就是从创业开始，然后有自己的产品，最后销售比较稳定用了两年？

Z：对。

D：那你现在在邑空间一个月的销售量有多少？

Z：营业额应该是3万元左右。

D：那你还会在外面摆摊增加自己的收入吗？

Z：会。虽然有了邑空间的店面就不允许在外面摆摊，不过雕塑瓷厂的明清园和乐天这些地方可以摆。虽然那边也会说不允许同时两边摆，但是我们还是会参加。

D：就是三个点都可以有？

Z：明清园现在人气不是很高，像我前期刚开始的时候，在明清园也摆过。

D：那你觉得在哪个地方销售实际成交量会比较高一点？

Z：陶溪川那个市集，因为周末那边人气很高，我前期一些客户的订单也是在那边接到的。

D：邑空间的管理感觉很像公司，是吗？

Z：对，这边管理很规范，每个格子、每个铺、每个店铺都要服从这里的管理。

D：那你每个月纯利润会有多少？

Z：你是说个人还是团队的？

D：整个团队。

Z：团队的大概2万多元的样子。

D：那你的成本其实不高，3万多元的收入就有2万多的纯利润，依靠产品创意吸引顾客其实比去公司做职员要好得多。那你觉得一年中哪几个月的产品销量会比较好一点呢？

Z：一般是下半年会好一点。

D：是跟节日有关联吗？

Z：对，有一定的关系。但是主要还是景德镇本身，做瓷器一般都是上半年备货，下半年卖得会比较好。景德镇有句行话是这么说的："七死八活九翻身，十月开张半年春。"意思就是7月、8月是销售淡季，然后下半年慢慢就好了。

D：那你现在的产品是游客买得比较多，还是批发商的比较多？

Z：像这边（邑空间）是游客买得比较多，然后过来拿货的批发商通常是先留你联系方式，到时候在线再联系。

D：一年中游客的消费额和批货的消费额哪个比例会大一点？

Z：还是批发的大一点。可以这么说，其实游客就是做一次生意，一般来买也是自己的需求，虽然价格上可能会比批发的高一点，但是批发采购的量大。

D：那你产品大概会销往哪些地区呢？

Z：嗯，这个有做统计，其实像酒具的话一般北方的比较多，比如这款温酒的，北方那边因为天气比较冷，就会有那种温酒的习惯。然后茶具的话一般是南方会用得多一点，像广东、福建那边，还有一些就是江西本地，成都地区也会买得多一点，那边的茶文化比较浓。

D：那你现在的收入除了陶瓷外，还有其他的副业吗？

Z：之前有，但是像现在这样还是做陶瓷。

2.23 访谈记录

<table>
<tr><td colspan="8" align="center">田野调查素材收集</td></tr>
<tr><td>姓名</td><td>郑某</td><td>性别</td><td>女</td><td>职业</td><td colspan="3">自由职业</td></tr>
<tr><td>籍贯</td><td>浙江</td><td>年龄</td><td>27</td><td>所属专业</td><td colspan="3">美术学</td></tr>
<tr><td>毕业时间</td><td>2015 年</td><td>创业时间</td><td>2012 年</td><td>访谈时间</td><td colspan="3">2017 年 12 月 8 日</td></tr>
<tr><td>访谈地点</td><td colspan="3">陶溪川（邑空间）</td><td>毕业学校</td><td colspan="3">黄山学院</td></tr>
<tr><td colspan="8" align="center">访谈记录（语音转录摘要）</td></tr>
</table>

D：笔者　Z：郑某

D：我看你是黄山学院毕业的，怎么会想到来景德镇创业的呢？

Z：最初我随朋友一起来到景德镇，看到雕塑瓷厂的乐天集市有摆摊，之后又多次到景德镇参观，觉得这边的手工氛围比较浓郁。我本身就对手工艺产品感兴趣，所以毕业之后就开始尝试做手工艺产品了。

D：那你最开始的时候就是做布艺的吗？

Z：嗯，是的。因为我的爱好比较广泛，像布的、皮的、金工（就是打银器），还有就是编绳，都会涉及。这可能跟我专业有关系，因为我学的是美术学，跟手工艺之类的有关联，我都会学习，学美术学就是什么都要学。

D：那当时你来景德镇为什么不从事陶瓷这个行业呢？

Z：景德镇是手工陶瓷的主要生产区，这里大部分都是陶瓷类产品，但我个人觉得看多了会有种视觉疲劳。最开始的时候其实也尝试制作一些陶瓷产品，但是总找不到感觉，后面就没尝试了，加上我家就在金华，那边纺织业比较发达，我小的时候就有缝制各种各样的被子挣零花钱的经历，接触多了，自然也就喜欢了。前期家人也会做适当的指导，但后来我就自己开始研究学习了。

D：你也尝试过？

Z：对，但那是做了给小伙伴玩的。

D：这些布艺的相关技艺是从哪里学习到的呢？

Z：我的家乡是金华，那里纺织业比较发达。我小的时候就会去缝被子挣零钱，从小就会缝补，平时放暑假的时候都要学习。因为小的时候接触了很多布艺，所以就很喜欢。我妈年轻的时候也织过布，我记得她有一条围裙，用那种棉粗布手工织起来的，下面编织了很好看的流苏。但我现在问我妈怎么做的，她就不会了。我就自己去研究，看书、看视频。

D：没有专门去请老师教吗？

Z：没有请专门的老师教，就自己去看、去研究。不过我的金工是在大理找了一位师傅学的，在那学习了一个月。

D：金工是什么？

Z：就是打银器，打一些小耳环，还有包宝石的一些东西。

D：等于打首饰那种。

Z：嗯，对。

D：那你现在产品的主要类型是哪一种？

附录

| 255

Z：我现在主要做的是布艺的包包。

D：布艺的包包为主？

Z：对。

D：有做别的吗？

Z：有做一些其他的，但都是以包类为主，还有就是编织的小饰品。刚开始来这边摆摊，就做了一些皮的包，还有皮跟布结合的一些。

D：那你产品创新思路的来源主要是通过哪些方面获得的呢？

Z：就是看一些图，跟别人想法结合一下。还有就是自己喜欢什么样的就做什么样的，因为看到的都是别人的东西，我还是想做自己喜欢的东西。比如这个就是我最近新做的（指向自己的产品），这是我去年的时候做的。

D：就根据自己的爱好去做一些创作？

Z：对。

D：这个是什么包包？

Z：是一个小花包，这是我做的那个皮带子，就给它连在上面。

D：挎包？

Z：对，我现在比较喜欢做一些比较可爱一点的。其实这个包以前不是这样子的，它虽然是这个型，但是没有绣这些东西，上面钉了一些纽扣之类的就不一样了。

D：那你销售除了这家店还有其他地方吗？

Z：以前的话主要是在外面摆摊，还有就是微信和淘宝店。不过现在因为精力不够，淘宝店不开了，可能就在微信上推一推新产品。

D：你是自己在这里还是男朋友也在这里？

Z：我现在单身，我是8月底搬到这里来的，之前在黄山。以前每个星期五会坐火车过来摆摊，这边之前有星期五跟星期六的夜市。

D：那还蛮远的，特意过来挺不容易的。

Z：我自己觉得还可以吧。因为我喜欢这样子，就是那时候很喜欢黄山的生活环境，觉得那里的环境特别好，加上我在那边毕业，就不想太快离开，就是这样来回跑了大概大半年、一年的样子。

D：当时你在摆摊的时候，大概利润会有多少呢？

Z：利润怎么说呢？一般一个周末摆一次的话，可以卖1500元左右，这只是零售，因为我一般零售比较多。那个时候还没有做得很系统，还在初期阶段，就是什么都做，但是没有系统地去做一些规划，没有什么计划性。

D：那你现在做的这些是完全自己在做还是请人帮忙在做？

Z：现在主要是自己做。

D：全部生产就是你自己一个人吗？

Z：嗯，对。因为之前想过去找人，但是在景德镇比较难找，陶瓷的很好找，但是布艺的会比较麻烦，比较难找。

D：好像布艺是见得很少。

Z：对，这边好像真的是比较少，不过景德镇这个地方，现在是一种趋势，就是很多做手工的人都会来这边，除了布艺的还有金工的，还有一些别的。

D：金工的我真的没见到很多。

Z：有，我认识一个人叫麦子，他是做银器的，做那些戒指和小饰品。我还认识一个大师傅，他教我很多道理，我叫他大叔，他有间店叫"锲而不舍"，但它在黄山。好像上海、江苏也有这样的店。他们做好的铜器时常会拿到这边销售，景德镇好像也有这样的作坊，但好像没有对外宣传。

D：等于是内部渠道销售？

Z：嗯，就是这种集市可能没有，但可能有自己的店面，我没有太了解。感觉这边手工艺就有很多种类，还有一些做染布的，布艺的其实也有，认识几个做得还挺好的，我觉得他们做的东西我都蛮喜欢。

D：那你过来这边，家里是支持还是反对？

Z：他们管不了。

D：就他们也不会特别反对，也不会特别支持，是这样的吗？

Z：嗯，他们希望我去找个稳定的工作吧。但是怎么说呢？他们也不是很确定什么样的事情比较适合我，现在还是比较尊重我，还是做自己想做的，然后觉得待遇还可以的。

D：如果上班的话，应该差不多。

Z：状态可能相对稳定一些，因为老一辈的思想还是比较希望稳定一点。

D：那你在工作之余会有其他的活动吗？

Z：有啊，有出去玩。我喜欢骑山地车，我大学的时候，就经常会去比赛，就是那个山地车，户外的，我还挺喜欢的。然后我们经常会去外面玩，因为这边离黄山很近，你往山区走风景也挺好的。

D：是的，这边四周环山。那你每天上完班，下班回家之后还会做一些什么吗？

Z：我最近有很多想法，会画稿子、打版，也没有什么其他的活动。

D：政府除了邑空间这里，还有其他的扶持政策吗？

Z：因为我现在这个点主要就是在这里，暂时没有别的。

D：那你产品销售的话，除了实体店、摆摊之外，还有其他的方式吗？

Z：用微信。

D：那 APP 有没有？

Z：APP 现在没有推，因为需要找人专门弄这个，系统会推就要多做文案。我现在没怎么做，没有时间做这一块。

D：淘宝有在开店吗？

Z：淘宝现在关掉了，没有时间，因为淘宝真的好麻烦，还要 P 图，可能还要有一个团队。因为如果你要生产，然后你还要做这个的话，就真的是一点精力都没有了。因为我在黄山那段时间就尝试过，就是想把这些都运作起来，但是人数不够。那个时候还有一个朋友帮忙，但他现在不在这，他去西安了，去做韩国代购了，因为那个赚钱真的很快。

D：那你有想过到一定规模之后再慢慢扩大自己的团队吗？

Z：嗯，有在想。

D：感觉找人不太好找，是吗？

Z：对，就是可能同行业的真的很少在这边，然后他们可能都比较有个性，就不太愿意跟别人做过多的交流，会比较少，主要还是人太少。我后面计划扩大规模，就需要找朋友或者是招人，或者让我妈妈过来帮忙。应该是明年，因为今年我也是刚过来，在这边没有待太久。

D：那你现在光是这个店的月销售额大概会有多少？

Z：哦，我是9月份、10月份差不多1万元左右吧，现在是淡季，可能会没有。

D：那你维持这个店和生活的基本开销每个月大概会有多少？

Z：工作室、房租，嗯，一个月大概，基本开销的话，不算买别的东西，只是生活上的话，大概2000元左右吧。

D：你这个还专门有一个工作室，是吗？

Z：嗯，对啊，你不可能只在这里缝，因为你还要打版，要有一个场所。

D：需要很大的工作室吗？

Z：也不用很大，反正就是两室一厅那样子。

D：那工作室和居住是合在一起的那种吗？

Z：没有，我工作室是工作室，居住是居住，因为不能在一起，在一起很混乱。我以前就在一起，乱得不行，还是要分开比较好，要不然你很难有工作状态，每天都会有点晕，这样会很累。

D：那你现在的收入主要就是靠这些，有没有其他的副业？

Z：没有副业，做手工真的很花时间，很花精力。

D：那你一年当中觉得哪几个月的销售量好呢？

Z：嗯，清明之后到国庆吧，这段时间都会比较好，因为一旦有节日、有活动，生意自然就会比较好。

D：所以主要还是游客，对不对？

Z：对，这边的话主要还是游客比较多，因为这边人气比较旺，有人的地方就会好很多。

D：在你这里批量拿货的多吗？

Z：嗯，少量的会有，但不会有很多拿货的。

D：那是为什么？是因为你的产量没跟得上还是他们需要的不多？

Z：第一个就是我刚来，客户积累得不是很多。第二个就是一般做这种销售还是比较少，这种土布的更少，它不像生活瓷会有很多，然后耗损上面也不是很大。

D：那这些布料在景德镇可以拿得到吗？

Z：没有，这些布料你要去找、去收，有的人会去农村收一些老的东西，有的时候会碰到，就会一起收上来，然后再去买、去淘。

D：那你的原料大部分是从哪里收来的呢？

Z：嗯，大部分都是从我那位大师傅那里收的，因为他会经常接触这些人。他会给我介绍，从外地寄过来。一般土布像上海、江苏，就是南方比较多一点，以前这些地方的纺织业就比较发达，收一些他们以前织的布。

D: 那现在除了这个店，你还会参加其他的集市吗？

Z: 会的，都会参加。之前去上海参加一个集市，但是太热了，因为是暑假去的。

D: 本地的话会参加乐天这一类的吗？

Z: 嗯，乐天我现在还没有申请，我之前参加明清园那边的集市。还有这边外面的一些集市。乐天的话，我这个月会申请。

D: 因为卖这个的毕竟很少？

Z: 嗯，对。他们说布艺的会好申请一点，乐天比较严格，可能会选一些更有特色、更系统一点的，整理好了之后再去申请。

2.24 访谈记录

田野调查素材收集				
姓名	吴某	性别	男	职业	自由职业
籍贯	江西	年龄	29	所属专业	陶瓷艺术设计
毕业时间	2009 年	创业时间	2010 年	访谈时间	2017 年 12 月 10 日
访谈地点	新都（工作室）	毕业学校	景德镇陶瓷学院
访谈记录（语音转录摘要）				

D: 笔者　W: 吴某

D: 你是如何接触到陶瓷这个行业的?

W: 大学学的就是这个专业。

D: 那毕业之后为什么会选择留在景德镇创业呢?

W: 一直都很热爱陶瓷，当时是受几个老师的影响，一直在做陶瓷。

D: 有没有想过去公司上班?

W: 想过，去过几家公司，但是可能是我个人的原因，不大喜欢那种氛围，还是喜欢自由的工作环境。

D: 你的陶瓷制作的相关技术是从哪里学习的?

W: 大学里面接触了一点，但是基本上都是在社会上学的。

D: 专门去拜过师傅吗?

W: 有。

D: 那你学习了多久?

W: 因为我在大学接触过这个，真正学的话大概学了半年，也是一边学一边有工资，所以学起来也没有很大负担。

D: 你现在的产品主要做哪些种类?

W: 茶器。现在景德镇大部分人侧重点都是在传统这一块，然后我们是做动漫这一块。因为我们觉得这个时代也需要一些年轻人的东西，陶瓷本身就有一定的记载意义。

D: 你的产品和其他类型的产品的最大区别和特点是什么?

W: 消费群体不一样，还有创新。

D: 你做动漫的创新思路来源是什么呢?

W: 因为我们的客户还有我们都喜欢动漫，我们就开始思考：为什么景德镇整个茶器这一类只有那些仿古的东西？为什么就不能有年轻人所能接触到的东西呢？还有就是现在的茶器，没有体现出一个时代标志，不能表现出这个时代的特质，大部分都是仿造以前老官窑的产品，并没有这个时代真正能够留下来的东西。我们就想用陶瓷来做这个时代的标志。这并不只是涉及动漫，还有很多。"青春鸟"窑是我们这个窑口的名字，所有的作品都会印上这个名字，是一个系列的。

D: 往后还是会延续这个风格吗?

W: 会的，因为前期的话，真正原创的东西比较少，到后期我们会出自己的动漫原创。

D：你销售产品是通过什么渠道呢？

W：产品销售主要是通过我们茶器圈一些有名望的朋友，由他们来帮我们销售。因为我们的销售和设计都不是在一根线上的，销售是由客户整体去销售。

D：你有没有去摆过摊或者把产品放在别人店里销售？

W：这个没有，因为我们有自己的市场，摆摊会拉低整个档次。还有就是景德镇有这样一种现象，一旦发现你的东西好卖，大家就会去抄袭。我觉得做陶瓷的人不应该迷茫，都应该有自己的思想而不是去模仿别人。

D：你现在的产品制作是自己做还是会请师傅帮忙？

W：我们这里有师傅帮忙，但是整体的设计都是由我来把控。

D：画画这块也会请人帮忙吗？

W：有时候会，因为我们的产量也挺大的。我们这个产品并不是一种艺术品，产品需要很多人来做，但是整体都可以确定是出自师傅们的手工绘画。

D：这个图形是你先制作好然后再让师傅做，是吗？

W：对。整体来说我们是走在景德镇设计的前沿。因为相对于景德镇大部分的家庭作坊来说，他们没有自己的设计师，基本都是由画师来定，连老板都不知道他之后要画些什么，也就是说景德镇很多的家庭作坊不知道自己未来产品发展的方向，只是规定了一个大方向，而没有细化到系统的步骤上。而我们就规划得很好，每走一步都有专门的人负责。

D：你的团队有多少个人？

W：有8个人。

D：设计师有几位呢？

W：设计师2位，设计师兼打样。

D：设计师是本地学校毕业的还是从外地过来的？

W：都是本地学校毕业的。

D：那他们本身也对动漫很感兴趣吗？

W：对。因为他们一直都是从事动漫美术这一块的。

D：你在工作之余会有其他的兴趣爱好吗？

W：我的工作也基本上就是我的兴趣了，动漫还有陶瓷。有时候我们也会做一些自己的东西，觉得很有意思。

D：你们做动漫绘画有没有想过去做动漫造型呢？

W：造型这一块也是我们的一个范畴，这个会根据整个工作室的发展。我们前期没有做是因为目前我们的重点是绘画。因为整个制作是在茶器圈，在茶器圈做别的那就很难，等发展到一定的程度我们就会做一些动漫的造型。我很期待做动漫的二次创作，就是把很多动漫的人物现实化，让它们走入我们的生活中。

D：创业初期有没有得到过政府的实际扶持政策？

W：没有，我知道政府有去扶持大学生，但是我们没有。

D：在最初的经营过程当中遇到过问题吗？

W：我记得我们最困难的时候是3个人基本上没饭吃，可能大家都比较穷吧。

那时候参加一个比赛,两个人闷头在一个工作室里面创作一个大型的陶艺作品,将近两个月。当时家里也不理解你为什么会过成这样,特别是我们做陶艺的,大冬天手真的很冷,但是我们一点都不觉得冷,那是我们最幸福的时候。

D:过了多久你的产品市场开始稳定下来?

W:过了大半年,到年底的时候接了一个单子,整体来说还对得起那一年。

D:过了半年就找到自己的定位了吗?

W:对,过了大半年。因为陶艺与现实中的很多东西很难融入一起,很多与生活是没有关系的。

D:你的产品是在哪些地方销售?

W:我们有经销商。现在唯一的经销商在东莞,我们有全国总代,下面还有二级代理,是按照一个系统去做的。如果由我们自己来定价格的话,价格就会乱,这对一个公司发展来说是不利的。

D:公司运营是请的专业人士吗?

W:是的,有一个团队专门帮我们运营,包括线上、线下该怎么去做。我们不会存在全国的差价竞争,只有独家代理。

D:你们这个工作室平均一个月的收入大概是多少?

W:平均一个月的收入,动漫这一块的出货量平均在七八万元左右,平常我们还会有很多仿古类产品,还有一些定制。因为我们最初的梦想是希望能够有一个大的框架,在大的框架下面再细分很多分支,并且希望每个分支都是在某一个领域里面走得比较前沿的。

D:动漫这一块的固定开销有多少?

W:包括成本、人工差不多三四万元左右。但是有时候也会出现很多问题,比如说产品的报废问题,所以每个月的开销也是不一样的

D:一年的销售情况哪几个月最好?

W:我们不存在这个问题,因为我们不是一个商铺,不是像商铺或街边摆摊这种针对游客的市场。我们有年计划和月计划,也不会有库存过大和积货的情况,经销商会包窑把你的货清空。如果不这样做,我们整个工作室的计划会被打乱,比如突然一个月很忙,那原本工作室的运转就会出问题,我们的生活模式也会出现问题,不希望为了赚钱去加班,就按照我们正常的生活来做。

D:你是什么时候开始决定去组建这样一个销售团队的呢?

W:差不多是在 2015 年开始,我们早期也是做陶瓷而不是做动漫茶器。做陶瓷肯定要有基础的,无论传统的陶瓷还是现代的陶艺,都必须要有这个基础才能从传统窑口到现在的动漫窑口。

D:早期销售陶瓷产品有摆摊吗?

W:早期参加过乐天,差不多在 2010 年的时候去过。

D:你们是在这个发展过程中突然感觉有个契机去做动漫这个事情,然后开始去组建自己的一个销售团队的吗?

W:我们做了一段时间之后发现,景德镇整个城市的从业者都在做传统的东西,

为什么没有人来做自己的东西呢？而且很多年轻人根本不懂传统是什么，他们本身对传统文化接触就少。如果他们是做陶瓷的还相对好一点，但普遍都觉得陶瓷带有神秘感，并不真正了解。我觉得可以通过动漫传达我们自己的想法。

D：当初是如何组建这个团队的？

W：大家都是同学，还有跟我一起学习的、在外打工的，我觉得这些人很可靠，可以一起共事。

D：你现在的窑是公窑还是私窑？

W：2012年的时候有自己的窑，现在没有，因为景德镇有很多不稳定因素，包括自己工作室的搬迁，但是计划明年会有自己的窑。

D：为什么选择这里作为工作室？

W：这里接近原产区，人员和材料各方面都比较稳定，而且靠近新都，就像在街边开店一样。

D：新都与其他陶瓷产区的区别在哪？

W：本身新都就是一个生产基地，制作茶器这一类来说，经过这么多年的市场筛选，很多优秀的人才都留在了这里，而且产业链比较稳定。

D：你们做动漫为什么不选择花纸呢？花纸不是效果更好、速度更快一些吗？

W：花纸显得十分没有人情味，太商业、太平面了，达不到我们想要的效果。

D：那这个杯子售价大概是多少呢？

W：市场定价是在560元的样子。

D：属于精品吗？

W：精品还达不到，茶器分为馆藏类的和实用类的，馆藏类的比我们的价格高好几倍。景德镇早期三大茶器窑口能够代表整个景德镇，甚至在整个中国也都算是做得很好的，因为他们的产品设计还有各个方面都算是一流吧，能够达到当年官窑的水平。后起之秀也有很多能达到馆藏水平，一个杯子在5000元到10 000元的价格区间。

D：你们是否也分精品和普通品？

W：我们这种价位不高的，就已经很平民化了。一个杯子，是可以用一辈子的。不像我们的手机或者是街上买的衣服，保质期可能就几年。

D：你们会划分价格区间吗？

W：动漫这一块暂时是一个定价，但是有时会有人定制，这就涉及二次创作，需要我们的设计师把他们的要求（一般是生活画面）以动漫的形式呈现出来。

D：现在的原画设计好找吗？

W：还好。我们会在网上进行招聘、约稿，有一些知名的漫画家也愿意做。不过现在的原画设计形势不太好，日本那边比较多，中国的原创比较少，版权问题也一直存在。

D：那你们的动漫版权问题如何解决？

W：比如我们画一个海贼王机器猫，我们也问过日本那边的朋友。因为我们的产量比较小，就好比自己随便画了一个动漫人物，这对他们的版权问题不会造成太

续表

大影响。但是产量大的话就会涉及版权，因此我们也分了很多步骤，走到一个什么层次，我们就按层次制定相应的办法，等发展到了一定的程度就要开始动漫的二次创作。有一个老师叫王鹤，他就是将传统与动漫进行结合搞二次创作的，他的东西就非常有新意。我们还是非常希望将来有机会和原画设计师或此类公司进行合作。

2.25 访谈记录

田野调查素材收集

姓名	申某	性别	男	职业	自由职业
籍贯	韩国	年龄	36	所属专业	工业设计
毕业时间	2009 年	创业时间	2012 年	访谈时间	2017 年 12 月 11 日
访谈地点	陶溪川（店铺）	毕业学校		韩国湖南大学	

访谈记录（语音转录摘要）

D：笔者　S：申某

D：你是怎么接触到陶瓷这个行业的？

S：通过老师。我是做木头设计的，还有衣服、木头、陶瓷结合的设计，然后老师说陶瓷方向不错，所以我就做了陶瓷。

D：你的本科专业是什么？

S：工业设计。工业设计有三个方向，一个是木艺，一个是陶瓷设计，还有一个是服装设计。

D：你为什么会想着毕业之后来到景德镇进行创业呢？

S：因为我大学毕业的时候在韩国做了五年的青瓷，感觉创作很不方便，就和女朋友一起来景德镇学了大概三个月，回去后我们再回到景德镇。我老婆原本不是陶瓷专业，但是现在也想要学陶瓷，然后我也是。

D：在韩国你有在市场上销售陶瓷吗？

S：有的。

D：所以你曾经来过景德镇，回韩国之后又回来了，然后妻子在这边读书还获得了奖学金，所以你想在这边继续学习，是吗？

S：对。

D：那你陶瓷制作的相关技术是从哪里学的？

S：我本来在韩国就做陶瓷，我很喜欢这种感觉。每天大概 14 个小时都是在做陶瓷，韩国的陶艺老师每天教我们。我们那边和这里不一样，全部陶瓷工序都是自己一个人做，所以我很长一段时间都在学习做陶瓷。

D：在你们韩国就是整个流程工作都是由一个人完成，在景德镇就会分工明确，这边制作陶瓷可能相对来说会更便利一点，对吗？那你主要是做哪些种类的产品？

S：两年以前餐具、茶具都会做，不过现在我觉得餐具比茶具好一点，所以现在主要做咖啡杯、吃饭的东西。

D：那你的产品跟同类产品相比区别在哪？

S：跟这里的不一样。我觉得餐具在韩国是必需的，但是在中国好像不太实用。比如你们做菜会有汤汁和酱料，平底盘容易溢出来，所以要把造型做成圆碗状。其他的都差不多，网上有看到日本的、韩国的，我觉得都差不多。现在在景德镇做这类瓷器的人互相学习，早就差别不大了。

D：你觉得你的设计理念是什么？

S：我用韩国某一个朝代的梨花，我看到的时候觉得很喜欢，原来是皇帝才能用的东西，觉得很漂亮，就把它拿来用了。

D：你看到很多图案，觉得这些图案非常好看，然后你就借鉴这些花样来进行创作？

S：不是这样的，其实是一个韩国的朝代喜欢用梨花（造型），皇家喜欢用。皇家用的花，一般百姓不能用，我很喜欢，就应用在我的产品创作中。

D：除此之外，你会参考网络上的一些素材用到产品里，或者参考一些展览作品的思路应用到你的产品设计吗？

S：不会，全部自己设计。

D：那在开这家店之前，你是通过什么方式去卖你的产品的？

S：乐天摆摊，之前也有在韩国南边光州销售。在中国的时候在乐天，韩国时候在光州。

D：那你的产品制作的话，是完全你自己一个人制作，还是有请师傅一起帮忙制作？

S：以前我自己做，现在我上课的时候，会请师傅帮忙。

D：那你请的师傅是长期帮你的固定的师傅，还是你要赶一批货的时候再请人帮忙？

S：长期请师傅帮忙拉坯。

D：你为什么从乐天搬到这边？

S：因为现在要读书，读书后才搬过来的。

D：那你觉得哪边销售业绩好？

S：我觉得现在都不好卖，因为客人会来我的工作室。

D：那就是很多客人直接去你工作室购买产品，反而在这边比较少？

S：也不是，这里有的时候不好卖，有的时候好卖。

D：那你的客户是朋友介绍的多，还是游客会自己到你工作室买呢？

S：来我工作室多是朋友介绍的，还有三四年以前的朋友。当时我在乐天摆地摊，他们会来找我。现在他们是在网上买的，我的中国朋友有开网店。

D：那在工作之余，你的生活状态是怎样的？

S：回家陪两个宝宝，和韩国同学或韩国朋友一起玩。

D：那你在这边开这个店的时候，政府有没有什么补贴？

S：没有。

D：这边店里的销售额大概有多少？

S：每月不一样，大概平均1万多元。我们这里请的两个人一起卖的时候差不多2万多元一个月，所有开销大概6000—7000元，每月纯利润差不多赚1万多元。

D：那你除了店面销售之外，自己有没有在网络上销售产品？

S：没有，因为我不会写中文。

D：你现在的东西会拿回韩国卖吗？

S：不会。

续表

D：为什么不拿回韩国卖呢？
S：我带回去很麻烦，容易碎，托运不方便，我在韩国没有店。
D：那你现在一个月总共可以卖到 2 万多元，除去开销可能只有 1 万多元？
S：有的时候高一点，有的时候低一点，大概是这个样子。
D：那你的产品主要是销往哪些地方？
S：江西、江苏、北京、上海，因为我的几个客人是那边的人。
D：那你的客人在销售产品的时候，会说这是韩国人的东西吗？
S：会说。
D：一年当中哪几个月的销量是最好的？
S：3 月份、4 月份，还有 10 月份。
D：那你这里产品销售的对象是以游客为主还是以批发为主？
S：批发为主。游客很少，我的东西游客来买的不多。
D：那你一套茶具大概要卖多少钱？一个壶四个杯子这样的。
S：1000 元。
D：那你觉得你比同行价钱卖得高还是低？
S：高。因为在韩国的时候卖得会比这边高，我觉得别人价格很低。
D：你以后还会一直在这边开店吗？
S：我听这里的管理者说学生不可以开店，但是有韩国朋友也在开店。如果后期开店遇到了问题，就得毕业后回家。

2.26 访谈记录

<table>
<tr><td colspan="8" align="center">田野调查素材收集</td></tr>
<tr><td>姓名</td><td>张某</td><td>性别</td><td>男</td><td>职业</td><td colspan="3">自由职业</td></tr>
<tr><td>籍贯</td><td>广东</td><td>年龄</td><td>27</td><td>所属专业</td><td colspan="3">陶瓷设计与工艺</td></tr>
<tr><td>毕业时间</td><td>2013 年</td><td>创业时间</td><td>2014 年</td><td>访谈时间</td><td colspan="3">2017 年 12 月 12 日</td></tr>
<tr><td>访谈地点</td><td colspan="3">湘湖镇流坑圩（工作室）</td><td>毕业学校</td><td colspan="3">江西工艺美术学院</td></tr>
<tr><td colspan="8" align="center">访谈记录（语音转录摘要）</td></tr>
</table>

D：笔者　Z：张某

D：你是怎么接触陶瓷这个行业的呢？

Z：是来这边上学之后才接触陶瓷行业的。

D：那你毕业之后为什么会想到留在景德镇创业呢？

Z：在上学的时候，就去了解了整个景德镇陶瓷行业概况，包括拉坯、修坯、绘画和烧成等工艺。创业之前想着我不要局限于景德镇的某种工艺，所以就先去学了陶瓷烧成，烧成有那个气窑、柴窑和电窑，因为柴窑就危险系数来说是比较安全的，所以最后选择了学习烧柴窑。然后景德镇的这个学习的氛围非常好，就愿意留在景德镇这边建自己的柴窑，向同行以及其他行业的人可以交流学习更多的经验。

D：那你陶瓷制作的相关技术是哪里学到的呢？

Z：有时候是在那种小的作坊，像老厂那些作坊，看那些拉坯师傅拉坯的时候学，然后自己看一些视频教程，还有我大二的时候在我学长那里工作室曾帮忙做助手，也学习到制作陶瓷相关的一些知识。

D：那你有没有专门去拜师傅学？

Z：没有，我完全是自学和看其他人学着做。

D：你产品的种类现在主要是做哪些？

Z：最开始的时候是以餐具、实用具为主。后来自己慢慢接触到了一些佛教，或是一些其他自己理解感受比较多的那种自然的元素，所以就有些从餐具偏向茶具，再后来就是做那种能营造一种氛围的东西。最近做的除了摆件就是香炉，还有灯具。

D：你觉得你做的产品和其他同类产品的最大的区别在哪？

Z：可能自己理解的还是比较浅，在工艺上也没有达到非常的精致，也只是很粗劣地要那种空间感，或是那种能够感受到的一点意境。像我可以把摔坏的杯子改成风铃，风吹动的那个声音，会让人联想到一些其他元素的存在。

D：那你产品创新创意的思路来源主要是通过哪几个方面？

Z：第一个就是自己喜好的，比如说最开始做餐具，只是解决温饱问题的时候，那么每天的三餐都会自己去打理，所以就会关注自己在使用餐具过程中有哪些不合理，然后做一些自己喜欢的餐具，再去使用尝试。自己本身就喜欢喝茶，也会研究一些茶具，特别是柴烧的器物跟禅茶味的一些变化，还有一些上釉的签名，杯子的大小、手感、纤薄，这些都会考虑进去。

D：就是做产品创新的时候会参考网络上或展览里面的一些元素吗？

Z：参考过一些，但是你能看到他们的那些技法，比如说每年陶瓷学院毕业的那种，基本上要么做些雕塑、餐具或是创新的一些技法，能了解的基本上是技法。比如说我最近喝些茶，茶香、茶的一些工艺、水温、杯子这个温度的一些变化，这个是技法上没有办法去突破解决的，只能在自己使用当中去感受一些细微的变化。

D: 那你的产品是不是对器型或者一些纹路类的侧重不是很大，关注于感受的东西比较多。

Z: 对的。

D: 那你产品销售的话有没有实体店？

Z: 我跟一个朋友合作，把东西放在他们店里去卖，也不算是实体店，像寄售的样子。

D: 你寄售的地方在哪？

Z: 在上海，跟一个品牌合作，景德镇没有。景德镇主要销售是依靠工作室，还有市集。

D: 市集的话你会参加哪几个？

Z: 像乐天陶社、明清园，还有陶溪川。但我喜欢选择明清园，乐天摊位费还是贵了一点，明清园很乱，但是我觉得乱里面就是实力派那种，可以看到那些人的档次、审美的层级是有差别的。

D: 那你现在产品主要是自己创作还是请师傅帮忙做？

Z: 全部流程自己制作，包括烧完后打磨都是。

D: 你基本上做一件瓷器或者说做一窑瓷器大概要多少时间？

Z: 一个半月整套。我的泥巴不是干掉了吗？我会用匣钵把它滤干，石膏上滤干后就再用。比如说拉坯、修坏坯了的话就回收，继续泡着，然后再重新利用，天气好可能快一点，天气差就慢一点，约一个月左右能攒一窑。这个窑改小了之后能够装窑半天，烧就两天，开窑再半天，就觉得快了一点点。

D: 家人有没有过来帮你？

Z: 没有，我不希望家人过来，这个自己的小生产空间是自己的精神世界，做的东西都是自己喜欢的，他们过来帮忙是很好，但是会将他们的问题、顾虑，还有情绪上的抱怨强加于你，你自己就会被左右。现在自己是一个人，可以完全放松，更投入去做这个事情。如果父母来了，觉得这个东西不赚钱，就会给你很多的建议，那时候自己的思维想法就会变得不稳定。

D: 工作之余，你有什么其他活动吗？

Z: 找朋友喝茶、聊天、交流，跟一些同行去探讨，比如说我遇到的问题，再比如说一些用料方面的，或烧成温度方面的都会去交流一下。

D: 我看你这里摆香炉，那你有祭祀的习惯吗？

Z: 烧窑前肯定要祭祀窑神的，但我理解的窑神不是那种"神"的存在，而是自然之力，就像做陶瓷的"金木水火土"。比如泥巴是硬的土，掺水就能变软，可以成型；木头是提供燃料，木头是木，提供的燃料是火；土里有微量的金属物，它能烧出金属的光泽，高岭土瓷土中含铁量很少，但它有微量的钴可能看不出来，会泛点青或是蓝，釉料也有氧化物，无机非金属可以形成玻璃。在这些基础上就是窑炉，窑炉吐气，把所有的原料，五行的金木水火土合体了，陶瓷就是这么一个神奇的混合物。木头再怎么讲也是纤维，会分解掉，但它燃烧起来就变成火，却是另外一种物质的转换。土能烧结，温度达到1300℃的热火点后，就会变成达到0℃以下结冰的物质。冰区别于水，但它还是水，空气也是，它有升华或是转化。所以说，"窑神"就是自然之力，完全就是人在按照自然之力去创造新的东西出来。

D：一般可能是烧柴窑多一点还是气窑？

Z：烧气窑也有，我觉得按照陶瓷传统来说，柴窑是必须要有的。

D：类似窑神这种活动你有了解到还有其他类型的吗？

Z：其他的没有了解到。

D：当时你怎么知道要祭窑神？

Z：去看传统的烧窑。

D：那你现在创业的话政府有没有补贴政策？

Z：没有，我这儿还有个小插曲。就我刚住下这里的时候，前面一点是属于国家林业保护的界线，那么这里就很靠山里面的。他说你这个烧火会不会把山点着，要坐牢的，就有干扰过几次。然后我都盖起来了，烧了两窑就没说了，到后面是村里面有人买了块地，还盖了个窑，就是他跟政府说要盖窑，政府就阻拦，因为它是在那个保护的林区。然后那个人就说我在这里都建了，它里面怎么就不能建？那个村里面就有人来找我，我说，我都建了，没有把火烧到山里面，所以后面就没有说了。

D：有没有说要你额外给点费用？

Z：没有，反正村民都没有怎么说，只说不让人到山里砍树。

D：你现在的销售方式除了摆摊和放在朋友店里之外，没有其他方式了？网络有没有弄？

Z：网络弄不起来，太多人弄，自己精力分散不了那么多，我做不了客服，我只能说有个朋友过来这边看，还可以，他就买点，要么就是市集上卖一点。

D：那你现在来说的话，一个月平均下来的销售额大概有多少？

Z：上半年好一些，有3000元到5000元，但下半年整个都不行，可能1000元都不到。

D：收入这样的话你能维持这么多开销吗？

Z：我又没有请人，都是自己做，自己贴了劳动力进去的，所以勉强可以。

D：每个月固定开销是多少？包括房租，这里的所有的开销大概要多少钱？

Z：我今年的房租都挣回来了，柴火钱也挣到了，每月除了自己的生活支出，也就1000元多一点。我没有其他的社交活动，不去喝酒或者聚会。我天天在这里做东西，出去交流基本上是去朋友工作室喝茶，然后聊一些技术上的问题和精神审美意识上的内容。因为每个人学习的精神高度、层次是很难用言语去表达的，对同样的东西可能会有自己的理解和界定。就以大众的消费审美来说，他们可能认为创新就是花样好看，有些人喜欢那种文艺清新的感觉，觉得那就是好的标准。但那肯定只是大众消费审美的认同。若从美学的角度去审视自己的产品，就需要慢慢地去超越这种通识性的审美层级，可能浮于表面的东西就会越来越少。不能单纯地把陶

续表

瓷当成一件工艺品，做得很精致或是花里胡哨，这个节点很难把控，到后面就真的不是在做产品了，而是想传递自己追求的那个精神高度。

D：当初你选工作室在这里的最主要的原因是什么？

Z：这儿的房租便宜，前面三年是1万块钱，刚毕业出来也就攒了1万块钱，就赶紧弄好。

D：比如说他们很多人在老厂那边就贵了？

Z：老厂贵是贵一点，景德镇的行情市价有几个点，有做仿古的，你去那里看的基本上是做仿古的。如果想找些创意的，那么就要去创意市集，像乐天的创意市集和明清园都有很多小清新的东西，但那个东西不是我喜欢的东西，自己也不是追求那种。陶艺街就是走量的，都是大众。老厂都是走那种属于半加工的，那里师傅和窑都多，可能你去那边买个素坯回来加工一下就可以了，那边就是这样子的一个地方，所以那种氛围不太适合做独立工作室。独立工作室像长虹那几个朋友烧电窑的，他们都会有自己的想法，设计感比较强一点。还有三宝那个紧致空间，他们也会帮忙做一些展览。最近这两年，感觉到传统陶瓷受到一些冲击，我去看博物馆样式还是这种样式，那你再去到最火的商业街上也是这样，也是那种纯粹点的装饰。还有一些大师的瓷板画，那么就是去莲花塘那边，那边的瓷板画就是用纸的媒介转到瓷板上，那艺术高度的话很难去表达，也不单只是一个瓷板能表达出来的。我做东西一直都不在主流上，所以就吃紧地来过日子。

D：现在你做个香炉大概要卖多少钱？

Z：600元左右，因为毕竟是柴窑的，你自己也会去想为什么去做这个香炉。比如你现在为什么会一直玩着手机刷屏，可能只是不能让自己闲下来，没办法让自己的脑袋闲下来，一旦闲下来永远都想抓个什么东西，所以手机是一种让人陷进去的东西。比如我上半年在做灯具，我会想到古代没有电的时候他们是用煤油灯，如果是老房子就会感受到微微的光，那种隐隐约约的感觉，瞬间会让整个空间静谧下来，当你处于那种氛围之下，就能够让你心情平静。香炉烧香时燃起的烟，当你去关注的时候，你的注意力就会集中在上面。比如你看手机信息的时候会很快，因为都是碎片的那种信息，看了5分钟的碎片信息，一滑下去又有个碎片信息。你不断地滑，要不断地更新很琐碎的信息，没法集中你的注意力和精神，因为此时的你看到的信息是散的。又比如喝茶的话，我喝过很好的茶，做的瓷器接触到茶具那块的时候，碰到那种真正是用传统的工艺做茶的人，就想着不能做一个太差的杯子去喝那么好的茶，茶杯的容量大小基本上满足两个人喝的量是最好的。一个人独饮的时候，更多的是关注这个茶所有美妙的变化，两个人喝的时候会去分享感受。

D：你现在的产品是以游客为主还是以批发为主？

Z：都没有，只是会有非常喜欢这种感觉和风格的人。如果是游客和散客，第一个是看不懂，第二个也不会花这个价钱，这样的话走批量的应该是没多少。我的产品多以自己的感受为主，所以许多都是零售。

D：那你以现在这种状态，你会一直做下去吗？

Z：会的。

附录一

| 271

续表

D: 那从实际来说，你生活上有没有去考虑，毕竟你有很多问题要去解决。

Z: 对。现在问题就很尴尬了，父母要催着回去相亲了，这个很难去跟别人解释自己所坚持的一个点。像前几天去了上海，去无印良品门店学习，但它有很多东西是走量的，虽然设计感很好，带有极简主义风格，你会喜欢去看，看了就买回家，但是不知道会用几天放在一边就不用了。还有可能一直是自己一个人在弄这些事情，就没有过去那种很多人构成的大家庭一起从事同样的事业，这样他们会去用心去让自己的家庭更温暖、更温馨。人的情感碎片了，像聊微信，人的情感太弱了，没有像以前大家坐在一起看电视。现在许多人都用无线通信聊天，那么大家沟通起来的精神联系就太少了。

D: 像你这样完全自己从拉到烧，在这一块跟你一样的人多吗？

Z: 有的，我学长在山里面开窑，他已经有家庭、有孩子，也是自己做独立的工作室，也是零售，但他的价格会相对平民点。

D: 他们也是完全像你这样的搭窑自己烧？

Z: 因为柴窑现在的市场跟风气比较平淡了，可能就会做一些电窑，都在转型做这些精致的东西。

D: 那你现在还坚持做这些东西？

Z: 我现在工作室要搬迁，可能先停一停才会（继续），但这个一定要做自己感觉想要做出来的东西。

D: 你建造的窑有请师傅帮忙吗？

Z: 我用了 15 天，这一片都是自己弄的，这个窑炉涉及的第一项就是热力学，柴放进去，需要燃烧起来肯定是有氧气。再就是它的能量要蓄积起来，它的热量能够迅速燃烧就需要利用氧气，那么窑炉后面的控制，关键就是你的窑炉气氛能不能控制得好。最后面的是烧窑的技术问题。

D: 你有没有去找一些相关的书看？

Z: 会看相关的书，也实地考察过景德镇很多传统的窑，同时也会思考热力学原理，研究为什么烟囱要那么高，产生的空气对流抽力，还有热能，就是柴火烧出来释放的能量能不能很好地在窑炉内保存。因为烧陶瓷到 1300℃的时候，所产生的热能是辐射状的，会把里面的金属分子氧化，还有空气湿度、气压都会影响每窑的烧成。所以陶瓷学是一门很大的学科，不仅仅是一个成型的技术。到今年已经是我第四年了，就这样子一圈走过来，也没有去走很商业的，去做量的产品。一直在摸索自己内心对所有外部的感悟，到底我们要什么。如果要赚钱，就去找厂房，找人投资生产，那个不是我想要的，你整个最里面的一个自然安静的状态，我本身就是一个自然的状态，回归自己内心。

2.27 访谈记录

田野调查素材收集						
姓名	兰某	性别	男	职业	陶瓷创业	
籍贯	福建	年龄	24	所属专业	雕塑	
毕业时间	2014 年	创业时间	2014 年	访谈时间	2018 年 5 月 26 日	
访谈地点	陶溪川（摆摊）		毕业学校	景德镇陶瓷职业技术学院		
访谈记录（语音转录摘要）						

D: 笔者．L: 兰某

D: 想了解一下你是怎样接触到陶瓷行业的？

L: 我在景德镇读书，所以报的就是陶瓷雕塑专业。然后因为自己比较喜欢，也不想去外面从事其他的行业。

D: 你不是本地人？

L: 我不是本地人，我来自福建。

D: 你们福建也有做陶瓷的地方吧？为什么还是选择了景德镇？

L: 因为当时觉得景德镇比较出名，所以就来了。

D: 那陶瓷制作的相关技术是从哪里学来的？

L: 其实学校学习到的知识只是很少的一部分，毕业的时候在一个学长的工作室里待了一年，在工作室的时候倒是学到了很多东西，也接触到了很多从事这个行业的人。

D: 大概学了多久？

L: 差不多一年。

D: 你是哪一年毕业的？

L: 2014 年毕业。当时中间还有一个实习期，我就没去外面找公司实习，去学长那边待了一年。

D: 学习的过程能分享一下吗？

L: 其实就是一个月时间里，你会有半个月的时间可以自己安排，然后做一些自己想做的东西，平时的时间帮工作室做点杂活。有一半的时间我可以做雕塑，然后有什么问题他会指导我。主要还是去熟悉制作陶瓷的过程，就比如从拢泥巴、接坯、铸浇等小细节都会接触，所以说在那边学到挺多。

D: 你的产品都是一些香炉或者摆件吗？

L: 对，主要是因为以前我做雕塑就是纯雕塑，但是纯雕塑可能销售市场范围会小一点。因为做一个产品需要有实用性，在不影响外观的情况下，要尽量地考虑实用功能，即便当成摆件也可以。

D: 那你这种产品风格和一些种类都是随着你顾客的需求或者是市场的一个变化而发生变化调整吗？

L: 会根据一些顾客的反馈，就像我一开始有些香炉原本是拿来做盖子的，有一些客户说上面可以插香，我就加了一个插香的，卖的效果会好一点。还有人和我说可以做一个倒流香，烟雾往下流的那种，整体的外观我就没有变，就是里面结构改变了一下。

D：在你创作的过程中，还是会根据别人的一些建议做出改变，对吗？

L：对，其实客户反馈的一些意见很重要，也很有价值。

D：你最开始做这一方面的创作思路来源于哪里？

L：我做的思路来源主要还是结合中国悠久的历史，然后借鉴一些传统的雕塑。我基本上都会借鉴查阅一些传统已经有的数据，因为这样会更容易被人接受。你要是自己凭空想象来的话，别人就很难一下子接受你的想法。

D：会上网去查阅数据吗？

L：嗯，上网查一些数据，买一些书来看一下，有的时候还会去陶院的图书馆转一下。

D：你一般是怎样销售的？

L：我目前主要就是摆摊，接触一下新客户，然后现在微信上有一些老客户，他们会零零散散回头再拿一些货。

D：有没有尝试想要自己开淘宝店？

L：开淘宝店主要是没有精力。因为做淘宝店的话，要投入很大的资金去里面进行周转，你还要刷销量之类的，需要投入很多精力去调整。

D：有没有想过跟别人一起合作？

L：我有跟一些淘宝商家合作，但是他们卖得也不是特别好。

D：你的产品一般都是自己手工做吗？

L：对，这都是自己做，暂时自己做的就能满足销售需求了。如果货供给不上的话，就会考虑招一些人，肯定也是招一些像我学弟之类的，可以带着一起做。

D：现在的生活是个什么样的状态？

L：现在好像基本上就是围绕着陶瓷，之前能跟别人钓鱼或打打台球，从今年开始稍微忙了一些，业余活动就减少了很多。

D：你们创业的过程中有没有一些基金扶持项目？

L：有，我们在的地方叫大学生陶瓷创业孵化基地，就是政府成立大学生陶瓷创业孵化基地，大学生可以免费申请。第1年免租金，但是第2年开始就要收取1000元的铺租，在基地里住宿是配套的。此外还有一个免息贷款，2年免息，可以贷款10万元，门槛都不算太高，都已经申请过了。在里面只要运营正常，就证明你在里面确实是在搞创业。

D：工作室大不大？

L：工作室有几种，我待的那间差不多是80多平方米吧，最大的也就差不多100平方米的样子，小的话应该就40—50平方米。其实我们做手工的话正常都够用了，因为我一开始是注浆生产，需要的设备比较多，像注浆台占地面积会大一点，我做手工还要一个桌子放工具和陶泥。

D：手工都能达到固定的标准吗？

L：手工的话基本上都是凭感觉了，多少会有一些偏差，高度什么的会有一定的偏差。

续表

D：会有顾客给你特定的造型订货单吗？

L：有啊，但一般会比较少。之前有客户找我做佛像，但是他要的又不多，就要几个，手工成本很高。佛像和其他产品不一样，它的尺寸都是很讲究的，做下来的话比直接买的价钱高。后来我就建议他不要做，让他去市场里看看能不能找到差不多的。

D：那你这么一个产品大概多少钱？

L：这种大的话，我卖380元一个。

D：小的产品呢？

L：你说那个小件现在更贵一点，因为那个柴烧的。柴窑烧的，所以单价600元一个。

D：你在创业过程中有没有遇到一些困难或者问题？

L：我们卖产品最主要还是市场的问题。一开始做这个的时候，2014年和2015年市场行情要稍微好一点，但是现在市场整个氛围不是特别好，因为好多商户都在搞价格战，所以价格一往下压，市场就很乱。

D：你的产品都很有特色，市场上类似的产品多吗？

L：现在多一点，我一开始做的时候比较少。现在慢慢地雕塑类的手工陶瓷也多起来了，就我认识类似的已经有六七家了吧！

D：造型有没有类似的？

L：因为我是做手工类的，基本上都是偏向传统造型，手法什么的大概都差不了太多，但是东西不可能说一模一样的，都会有一点差别。

D：你的产品制作出来以后是否会有同行仿制？

L：以前有一个人仿过，但是仿制得确实不太像。你拿出去让别人看的话是能看出来仿的，但是它仿的风格又不一样。

D：现在你的家庭收入的来源是靠这个陶瓷吗？

L：主要就是陶瓷。

D：你一年的销量如何？哪几个月销量比较好？

L：一般就是年底会好。其他时间的话就没那么稳定，有好有差。

D：销量会与游客数量有关吗？

L：其实和游客是没关系的，主要是拿货的客户，他们一般都是因为年底要囤一些货，所以说年底客户多一些，游客购买首饰可能会多一点。

D：一般跟你拿货的客户是什么样的人群？

L：基本上都是开店的会多一点，都是外地开店的，年纪也会稍微大一点。

D：男女客户数量有一定的偏好吗？

L：男女基本上差不多，因为他们过来拿货可能是老板，也可能是员工，这个没法统计。但男女数量基本上差不多，就这样一个状况。

2.28 访谈记录

田野调查素材收集					
姓名	何某	性别	男	职业	陶瓷创业
籍贯	江西	年龄	33	所属专业	陶瓷艺术设计
毕业时间	2010 年	创业时间	2012 年	访谈时间	2018 年 5 月 26 日
访谈地点		陶溪川（邑空间）	毕业学校		景德镇陶瓷大学
访谈记录（语音转录摘要）					

D：笔者　H：何某

D：你是怎么接触到陶瓷这个行业的？

H：因为来这边上学。

D：你不是本地人，为什么最后会选择留在景德镇创业？

H：第一个原因是在大学期间，我们学习绘画和陶瓷已经投入了很多的精力，如果毕业出去了怕专业不对口，第二个原因是还想继续学习。

D：你陶瓷制作的相关技术主要是从哪里学习的？

H：学校会教一部分理论知识和实践的一些手法，但主要还是跟同行之间的互相交流和学习。

D：毕业之后有没有专门去跟师傅学习？

H：景德镇是个比较开放的城市，包容性强，不需要你单独拜师，并且创业是需要互相交流的。

D：从你学习陶瓷技艺到开始销售产品，大概经历了多长时间？

H：如果仅仅接触市场的话时间可以很短，但是要产品成熟，大概需要 10 年。

D：你的产品已经形成了自己的风格吗？

H：对，景德镇现有的陶瓷绘画和表现手法，我基本上是能熟练掌握的。

D：你现在产品主要是做哪些？

H：我不定性，是随着自己的兴趣做的。这段时间想表现什么就做什么，雕塑、绘画、陶艺都会接触，也都做。

D：你做产品的时候，是跟着市场导向走，还是根据自己想法来？

H：有市场，也有自己想法。一方面，市场是当下的主流；另一方面，自己想将这些年掌握的素材表现出来。

D：你觉得自己的产品和同行的产品最大的区别在哪里？

H：如果说跟相同平台、市场的产品对比，我要比他们"活"。因为他们比较注重传承，我比较注重创新，这就是最大的区别。

D：你产品创新的思路来源是如何获取的呢？

H：创新有两个来源：一个就是现在处于知识大爆炸年代，通过媒体或网络。另一个是接触一些展览，接触一些有经验的老技师、外校老师或者是外地的艺术家。

D：产品销售除了这边的实体店面，在网络上有开店吗？

H：我没有在网络上开店，之前画瓷板画的时候，有画廊会跟我拿画合作。现在做产品了，会有淘宝商家直接找我拿货。

D：为什么不自己在网上销售？

H：因为我一直把自己当手艺人看待，在创造精力还旺盛的情况下，专心做研发的事情。

D：你现在产品制作是自己做还是请人帮忙？

H：核心技术是不会放手的，如果只是普通的加工会找人。因为陶瓷工序很多，有72道工序，核心的几道工序是掌握在自己手上的。

D：核心工序都是哪些呢？

H：比如色釉技法、绘画技法、成型技法。

D：你现在除了日常的工作之外，业余时间都做什么呢？

H：业余时间就做工作以外的事情，比如画画、写毛笔字、看点书，文学方面的读读诗词，这些在以后陶瓷领域或艺术作品上都会有帮助。

D：做完这些产品之后，有没有想过以后慢慢转回到艺术创作？

H：我现在做的就是艺术品，只是我的艺术品比较平民化。因为创新本身就是在研发，本身就属于艺术品。

D：创业的初期，政府政策有没有给过你一些实际的帮助？

H：这个平台就很好，陶溪川的邑空间就是政府扶持的，扶持大学生创业。这里是受到乐天集市的影响，乐天的创始人是个香港人，你可以说她是个企业家，但还是更像一个艺术家，她向景德镇这些在校生和毕业生提供了一个机会，让大家把自己的所学展现出来，最早的乐天就是这样的。

D：现在你还会去乐天集市吗？

H：现在有条件的话就会去，没有时间的话就去不了。

D：那你在经营过程中，有没有遇到让你印象比较深刻的问题？

H：有，我把产品当成是作品做就好控制，如果一旦做成衍生品，或者说小批量制作的时候，就会出现控制成本和成型技术、烧制技术的问题。

D：在销售方面有没有什么让你印象深刻的问题呢？

H：2008年吧，那时候还没有毕业就开始接触市场，那时候最大的障碍就是人家不认可，大家会觉得你在乱做东西。因为创新本身就跟传统不一样，很多人会觉得你打破了固定结构似的，但现在大家已经接受了，接受程度比10年前大多了。

D：你现在主要的销售范围或者销往的城市一般是哪里？

H：其实最大的市场还是北、上、广、深，因为二三线城市对瓷器需求量不大，瓷器在任何一个时代都属于奢侈品。

D：你现在家庭收入来源主要是靠陶瓷吗？

H：对，这个就够忙的了。

D：你现在一年的销售额可以达到多少？

H：我的流水一般一年会有30万元到40万元，纯利润能达到20万元。

D：一年中哪几个月的销量会比较好一点？

H：年前年后，也就是从10月份开始到次年4月份，这是个旺季。5月、6月、7月、8月是淡季。

D：你从开店到现在，觉得市场是逐年在变好，还是一个曲线发展的状况？

H：市场比以前好很多，我做的不是收藏品，而是老百姓用的瓷器。大师他们

续表

做的是收藏，收藏瓷确实是有市场的影响。

D：你觉得从创业到现在，顾客购买的审美标准产生了什么样的变化？

H：10年前顾客觉得你的产品有点过激，接受不了。现在顾客是不满足于现状，就觉得你的东西缺乏创意，说设计创意怎么还是这样，他们要的是质量更好、想法更大胆的创作。

D：购买你产品的顾客，是男性顾客会多一点，还是女性顾客多一点？

H：我觉得现在的顾客70%是女性，而且是30岁到40岁左右的年龄段。

D：你的产品是面向这个顾客群体，还是面向整个市场？

H：整个市场。因为这也足以证明女性对这类产品的需求量大，男性有可能对这种奢侈品的需求比较低。

D：在邑空间购买你的陶瓷产品是批发商户多，还是游客多？

H：游客多。

D：批发商一般是从什么渠道进货？

H：打个比方，你销售了100单的生意，但有可能游客是90单，批发商是10单。

D：经销商拿货的量会比游客大吗？

H：一个经销商可能抵得上10个游客的量，但是游客占大比例，经销商的量不像以前那么多了。就像我刚才说的，经销商认为我们没有创新，满足不了他们的需求，他们迫切希望缩短出新产品的时间间隔，所以他们不可能跟你要很多货。这次可能买了这款黑色的产品，就有可能期待下个月出个花色的，因为整个市场需要创新的产品。经销商不可能压你的货，他希望下次来有创新的产品拿回去，好销售。

D：现在你产品创新的频率大概是怎样的？

H：最快三个月换一批，我的产品出新是"三三更替制"，三款推出、三款退市。大换血的周期是做不到的，要全盘换掉的话必然会有个空白期，那就没有东西可以销售了。生产有个过程，比如这次研究了三款新产品出来，一旦进入了生产阶段，那老产品就不再生产了，剩下的尾货卖完就算了。

D：你现在工作室大概有几个固定的人在帮忙？

H：正常的工作是有三五个人的配置，也会请临时的工人。

D：你每个月产量大概可以做多少件？

H：我是比较自由散漫的人，想做货或者缺货的时候就会加把劲。如果货够的话，或者有别的事情耽误了，就放慢速度。外面的人称我们是开小作坊的，但是我们自己就叫小工作室，它毕竟不是企业化模式，不是产业性的。

D：这种工作室模式未来会不会慢慢形成真正的企业发展？

H：不可能。如果说企业能代替我们的话，我们早就没有生存空间了。我相信中国不缺亿万富翁的人来投资产业，但他们投资这个产业就必然会死。因为这船大调不了头，我们现在要的是创新，让一个厂商去创新是不可能的。因为企业生产是批量化生产，等你这个生产出来了，然后卖掉，这东西早就过时了。如果你小批量生产，你就没法在厂房生产，就只能是小工作室。

2.29 访谈记录

田野调查素材收集						
姓名	牛某	性别	女	职业	漆器设计	
籍贯	山东	年龄	24	所属专业	油画	
毕业时间	2016 年	创业时间	2016 年	访谈时间	2018 年 5 月 26 日	
访谈地点	陶溪川（摆摊）		毕业学校	商丘师范学院		
访谈记录（语音转录摘要）						

D：笔者　N：牛某

D：你当时为什么会想到留在景德镇创业？

N：其实我毕业的时候是可以去当老师的，但是自己不太想那样。因为我父母工作都很稳定，我觉得稳定之后就等于一眼看到头了，我想去做一些值得冒险的事情。正好我一个学姐在这边考研究生，然后我师兄也在这边做漆器，因为做漆器一个人很难做，每一天只能刷一遍漆，它的工艺烦琐，几乎要一个半月时间才能做出一件产品，有人一起做效率会高很多。所以当他问我愿不愿意一起合作时，我考虑了一下，认为可以担负所有的后果之后，就直接过来了。

D：当时是抱着创业的心态过来的吗？

N：对的。

D：我看你填写的专业是油画专业，之前接触过漆器吗？

N：有啊，我大一的时候就一直跟着一位老师学习，他是学漆画的，然后他看我的基本功不错，就问我愿不愿意跟他一起学点别的东西，也不收费，就当传承一种工艺。我说可以，然后就一直学漆画。其实漆画就是以不同的材料为媒介，进行绘画创作。毕业了之后，觉得没有办法单凭油画执意地往下走，就想把绘画加载在一个载体上，正好想到了漆艺。我们当时去福州也学过漆艺，我拿油画作为漆画的一个垫脚石，就是用它去创作画稿，然后用漆艺去表现。

D：你都有一些什么样的产品呢？

N：一些配件，茶道六君子，茶则然后茶筒，还有一些别的，只要跟喝茶有关的。我们有大型的茶台，但它太大了，带不来。

D：做这种漆器茶具，是不是要了解茶方面的知识？

N：是的，这个我刚开始来，说实话我是不懂的。本身这边都是做陶瓷的，喝茶肯定很在行。来这边我只能品出来茶的类别，但对于具体的茶文化我还是比较外行。

D：景德镇大方向是陶瓷，你做漆器为什么选择了景德镇？

N：嗯，这里有一个很好的展示平台，假如在其他地方，即便是东西做得再好，也无法展示给别人看。加上自己刚毕业，单薄之力也无法自己搭建一个平台出来，刚好陶溪川提供了这样的一个区域。我们主要是想借助这个平台多认识一些朋友，好将自己的产品推广出去。

D：你销售的平台除了陶溪川，还有别的平台吗？

N：我们有固定的一些单子，比如认识的一些客户，他们会给我们下单。或者在微信里面做一些图片宣传，朋友跟朋友之间相互转发。现在基本是这样。

D：有没有在淘宝销售？

N：淘宝还没有。

D：有自己的微信公众号吗？

N：有的，木水工坊。

D：你的产品很独特，你是怎么学习到制作相关的知识的？

N：像我们的产品都是孤品，卖一个再也做不出来一模一样的。在景德镇，陶瓷是最常见的产品，然而漆器和瓷器都是中国最传统的工艺。它们之间是否存在一种传承的共性关系？带着这个疑问做了一些研究调查，发现它们之间其实是有某种联系的。例如你去博物馆看陶瓷，如果它中间的装饰是空缺的、有规律的，而且并不是釉，看起来它好像是有装饰效果，但是已经无法考证，那这种情况下大多是漆的装饰材料被氧化了。其实只要是在密封的情况下，它的装饰便不会掉。如果它埋在地里，潮气进去，那么它的漆面就会全部起开。所以现在发掘出来的陶瓷大多数腰上有一圈东西，但现在没有了，那就是漆。在古代，陶跟漆之间是有结合在一起的。

D：它的工艺跟在木上做是一样的吗？

N：嗯，是一样的，但可能需要一点温度，让漆和瓷稍微结合一下。温度不高，200℃左右。我们没有这样的设备，只能借朋友的自己烤。

D：这个产品上多少层漆就算成品了？

N：其实你看颜色好像没几层，因为它很薄很薄，一旦有一点厚度，像目前天气湿度跟温度刚好的时候，它就会发生一种病态，其实是褶皱。病态了以后，即使你再薄，如果湿度跟温度刚好，它就会褶皱在一起，这是我们画画的时候一种肌理效果。所以我们要刷得很薄，而且可能一层颜色要刷三到四遍，最后一般都是刷十几遍左右。日本有喷漆的工艺，很轻薄，只有一层漆，我们是秉着不要浪费，没有这个资源去喷，一喷上去丢掉的会更多，然后只有薄薄的一层。我觉得中国工艺做东西还是蛮实在的。

D：你们产品的原料从哪里来？

N：葫芦是我老家山东那边的，是一种异形葫芦，只有一个肚子。那天刚好我们拿来也不知道怎么用，大家都说那个葫芦那么丑，买了不知道怎么处理，最后就打算随便玩一下，然后我们就想到了在这里是不是可以跟茶结合一下，也是一个机缘巧合，就把这个产品做成我们工作室的一个标准款了。我们的工作是可以量化的。

D：这种产品的实用度有没有什么限制？

N：日本现在吃东西还是在用漆器，在中国不太现实，因为日本吃冷食比较多，咱们中国喜欢吃热的食物，漆器突然遇到高温，就怕它的胎体受不了，其实漆是无所谓的。像这个葫芦你拿烟头放上面不会有任何问题，但是木头会塌，漆不会塌。所以这个产品就尴尬在这个地方，载体的耐温程度可能是我们要考虑的问题。

D：你还会尝试漆器和陶瓷相结合的产品吗？

N：会。我们现在就是主要以茶为主，然后配件，功能是做一些杯子、壶和茶台。我们也做绘画创作。但这些产品就是没办法拿来，这地方太小了。

D：能否在集市申请大一点的空间呢？

N：陶溪川申请的时候要有一个主题性，不能太杂。

D：你的产品市场和消费人群主要是哪一类？

N：漆器，国内现在一直还是属于奢侈品类，因为前几年还没有太多人了解，这几年游客逐渐开始了解漆器了。消费人群也是比较偏中高端消费水平，需要有一定的文化底蕴和资金才能消费这产品。不过现在我们卖一个壶也就300元或400元左右，那一款漆器（指向产品A），其实就是为了打开市场让更多人知道。那一款（指向产品B）其实就是一个招牌，一个单价200元。大家还是能消费得起，包括很多老师他们来，还有很多客户来，一旦喜欢，价格就不敏感了，懂漆器的客户都知道。

D：为什么漆器的售价会比较高？

N：主要是成本高，就从割漆来说，农民去树上采割漆是很危险的，割漆难，炼漆也难。做漆器的周期长，制作的时候容易过敏，这也是导致为什么很多人不去做漆的原因。割漆的人会过敏，做漆不注意身上也会过敏，所以你能看得到我脸上会有红点点。漆没干之前是液体状态，会有漆霉进入我们的毛孔，它会让过敏的人遭受难以形容的痒，就是很难受。但是一旦干透就无所谓了，它现在已经干透了，没干之前它是有霉菌的，这是活性漆。现在博物馆不是有漆的棺材，还有漆盒吗？那都是过去只有富贵人家才能享受到的东西。

D：从创业到现在大概做多久了？

N：我去年才过来，2016年毕业的。我师兄在这边读研边做，去年发展得比较快一点，前几年都没有在外面销售，在积攒一些产品。

D：你们一个月销量大概会有多少？

N：这个可能没办法每月平均，也就只能刚刚好，跟同行也差不多。但是因为我们成本也高，去掉成本跟大家其实差不多。要是说接单子，那就不属于这个往外售卖的范围了。

2.30 访谈记录

田野调查素材收集						
姓名	张某	性别	男	职业	学徒	
籍贯	四川	年龄	28	所属专业	无专业	
毕业时间	无	创业时间	2008 年	访谈时间	2018 年 5 月 27 日	
访谈地点	陶溪川(摆摊)		毕业学校	无		
访谈记录(语音转录摘要)						

D:笔者　Z:张某

D:你到景德镇有多久了?

Z:10 年。

D:10 年这么长?那等于你 18 岁就过来了。

Z:嗯!

D:当初为什么想到来景德镇这边学手艺?

Z:因为我在重庆做的是城市雕塑,跟我老师一起做,后来想自己发展,就来到景德镇这边了。因为景德镇这边是手工业比较发达的一个地方,就在这边开始学艺。

D:那你现在有专门拜师傅学习?

Z:肯定有的,在景德镇不拜师,你学不到东西的,因为这边师傅他们还是比较传统的。

D:从你学习到自己开始创业大概用了多长时间?

Z:这个都是慢慢学慢慢摸索的,师傅领进门,修行在个人。基本上是师傅把方向和动作要领告诉你,后面靠自己慢慢练,依靠时间积累才能做出好的东西。

D:你学习技术之后到开始卖自己的产品,这个过程大概用了多久?就从学习到开始售卖。

Z:两年吧,最少也得两年时间。但是你学习的时候是一直在用自己以前的积蓄,没有一点收入。

D:我印象当中 10 年前,那时候的景德镇陶瓷市场环境还是很不错的。

Z:前三年我在学徒,所以市场好的时候我没赶上。2008 年的时候是乐天开市,所以说景德镇第一批参与集市的人收入还蛮高的,第一拨人还挺幸运的。比如说我认识一个叫王辉的,他现在已经是省高工了,他以前也是和我们一样摆摊。

D:你具体学的是什么?

Z:我学的是手工拉坯加颜色釉这一块,画画是其他人画,就等于现在大家就是合作的关系,一起去做一个产品。我们也玩颜色釉,但我们都是做墙壁装饰。

D:工业瓷板?

Z:我在重庆时做的就是工业的,工业瓷板就是墙绘。

D:那你现在除了摆摊之外有没有网店或实体店?

Z:实体店现在没有,两三年前开过实体店,在老厂那边。之后因为一方面是房租涨起来了,另一方面是手上有一定客户了,客户他会直接下订单,而且来景德镇的次数会越来越少,后期你接触到的客户也会越来越少,所以你必须得把手上的老客户抓住。

D：现在摆摊的话，会不会有新客户？

Z：新客户特别少，基本上都是老客户，老客户看你产品的话可通过微信了解。我会定期发一些更新的产品，还有些老客户会拿样、打样或寄样品过来给你直接生产。

D：那你在创业的过程中，政府有没有什么补贴？

Z：景德镇的政府补贴，基本上没什么，听说就算申请，好像还要等三年吧，还不一定能下来。但是有一个补贴是关于明清园集市的，因为集市摆摊50元，大学生创业的话，政府会补贴20元，这补贴有三年了吧，就是刚开始创业的时候那边有补贴。

D：现在你的产品大部分销往哪些地方？有了解过吗？

Z：大部分销往北京和深圳那样的一线城市，还有以前做一些花器之类的。花器的话就销往昆明那边，因为昆明干花特别多。

D：云南那边？

Z：对。每一个产品定位不同的话，销售的地方肯定不一样的。比如做家居装饰的，肯定都在广州那边，因为广州做外贸比较多。

D：现在的话除了参加这里的摆摊，其他摆摊也参加吗？

Z：参加，明清园的我就参加。

D：乐天那边呢？

Z：乐天我没有参加，因为也是才出来参加集市，这两年景德镇这边瓷器行业不是太好。

D：这两年不好吗？

Z：对，不是太好。因为景德镇这边主要是做手工业，而且特别量大的，他们都是在潮汕那边去做了。

D：我觉得景德镇主要的产出还是手工瓷。

Z：对，景德镇存活到现在就是靠手工，如果脱离了手工的话，景德镇消亡得比哪都快。没有手工，景德镇就没特色了。在景德镇做一个、十个产品都可以叫订货，但是潮汕没有100套、200套、500套那不叫订货，别人不会理你的。所以说景德镇这是一个优势。

D：现在买你产品的是游客多还是批发商多？

Z：批发商特别少，基本上是游客。

D：有没有想过，为什么现在批发商越来越少了？

Z：早几年，景德镇的瓷器产品便进入了一个泡沫时代，在爆发式飞速发展的同时，也为后来的行业可持续发展埋下了隐患。因为大家都认为陶瓷市场有利可图，便一窝蜂地从事同样的行业。当市场饱和之后，便开始互相竞争、拼命压价，导致在发展中有不少的创业者被迫离开了创业市场。

D：这也是一个原因？

Z：对。

D：我觉得如果像你这样需要迎合市场进行转型的话会有什么办法？有没有想

过这个问题？

Z：想过。因为景德镇有个很不好的现象，就是高仿太多了。还有一个最关键的就是德化或者潮汕都在冒充景德镇，影响整体市场。他们拿些十几块钱的东西冒充景德镇的产品，这个价钱在这边是做不出产品的。还有一个问题是：潮汕那边专门会有人来景德镇定点拿样品。

D：还会这样？

Z：对，他看到你的东西特别好，会拿样品回到潮汕那边自己生产。而且他们那边瓷器烧成的温度现在也越来越高了，基本上他们现在也能烧到1260℃了，他们产品的质量也不比景德镇的差。

D：那等于就是完全模仿。

Z：对。而且景德镇有柴烧，他们也有柴烧。景德镇有什么颜色，他们也会有。所以说在景德镇你很难去做工业量化的产品。比如早期的风铃，最早做的时候可以卖10多块一个，但是过了不久，便只能卖到两三块的价格，因为出现了盲目的价格竞争，大家都在压价。而且一旦某家工作室或作坊对此类产品销售的数量达到了一定规模，就会导致整个产品市场的价格无法随着自由经济的规律重新回升。加上德化或潮汕之类的工业化陶瓷产区，一旦拿到了样品，便可以迅速地规模量产化，景德镇的手工陶瓷产品根本无法与那些陶瓷产区竞争。但是他们会在景德镇找画工。我一个朋友请画工去画画，他问画工在景德镇一个月多少钱，画工说1万多元，把他吓一跳，他说我最多3000元请一个画工。景德镇的画工工资还是蛮高的，因为画得好的，在景德镇也很急缺。还有，他们那边所有的釉料都是景德镇这边的师傅做的，而且陶院的教授还专门给他们做釉，做好了一个配方，卖给他们，几十万元就搞定了。

D：这样的话，这里冲击好大。

Z：对。所以说景德镇只能做手工压制他们，不然做机械化产品，你比不过。